全国教育科学"十三五"规划2017年度教育部重点课题"核心素养视角下的中考数学命题模式研究"(编号DHA170351)的成果

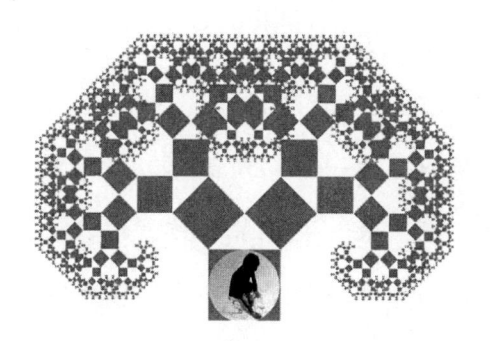

勾股树下　落叶为泥　护根成才
命题路上　花开为景　芬芳成诗

丛书编委会

顾　　问：卓金贤

主　　编：柯健俊

副 主 编：李德煌　陈美新

编 委 会（以姓氏笔画为序）：

方建华　兰一心　刘亚林　陈国文　陈美玲　陈炳莲

肖　强　余　英　余昀仿　张伟川　林季君　林高明

郑合利　郑梓华　周少勇　洪建勋　徐国裕　龚荔群

彭志强　薛朝伟

执行编委：陈美玲　周少勇　林高明　余昀仿

莆田市名师丛书

命题有道
——中考数学命题研究

蔡德清 等◎著

图书在版编目（CIP）数据

命题有道：中考数学命题研究/蔡德清等著. —福州：福建教育出版社，2021.9（2021.10 重印）
（莆田市名师丛书）
ISBN 978-7-5334-9093-5

Ⅰ. ①命… Ⅱ. ①蔡… Ⅲ. ①中学数学课－中考－命题－研究 Ⅳ. ①G633.602

中国版本图书馆 CIP 数据核字（2021）第 139154 号

莆田市名师丛书
Mingti Youdao——Zhongkao Shuxue Mingti Yanjiu
命题有道——中考数学命题研究
蔡德清 等 著

出版发行	福建教育出版社
	（福州市梦山路 27 号　邮编：350025　网址：www.fep.com.cn
	编辑部电话：0591-83726290
	发行部电话：0591-83721876　87115073　010-62027445）
出 版 人	江金辉
印　　刷	福州凯达印务有限公司
	（福州市仓山区建新镇红江路 2 号浦上工业区 B 区 47 号楼）
开　　本	710 毫米×1000 毫米　1/16
印　　张	20
字　　数	295 千字
插　　页	1
版　　次	2021 年 9 月第 1 版　2021 年 10 月第 2 次印刷
书　　号	ISBN 978-7-5334-9093-5
定　　价	59.80 元

如发现本书印装质量问题，请向本社出版科（电话：0591-83726019）调换。

序一

教学主张：名师培养的一把金钥匙

福建师范大学教师教育学院　余文森

名师培养就是把具有名师潜质和基础的优秀教师培养成为实际名师的过程．这里有两层意思，其一，名师的培养对象是优秀教师；其二，名师是可以培养的．根据我们多年的实践研究，要把优秀教师培养成为名师，最核心的工作就是帮助他们提炼自己的教学主张，并围绕教学主张开展系统的理论和实践研究．可以说，教学主张是迄今为止我们找到的培养名师的一把金钥匙．

一、教学主张是教师从优秀走向卓越的专业生长点

名师的培养对象是优秀教师，优秀教师在专业上有两个基本的特征：其一"有经验"．优秀教师在长期的教学实践中慢慢形成和积累了一些行之有效的做法、招数、策略，即所谓的"经验"，这些经验是他们的看家本领．正是有了这些经验，他们工作起来得心应手，成效显著，也正因为如此，他们容易满足于经验，甚至陷入经验主义的泥潭，经验反倒成了自己提升的"樊篱"，不少优秀教师普遍反映，他们在"高原期"一致的感觉，就在于"理论的贫乏"．提炼教学主张也就是引领优秀教师把经验上升到理论高度，或用理论来充实、改造自己的经验，从而使自己的经验拥有"理论因子"，变得更为深刻，更有普遍性、规律性和解释力．其二"有思考"．优秀教师在多年的教学实践中，对教学现象和问题都会产生和形成一些自己的看法、想法、判断，即自己的"思考"，这些思考不乏有价值的见解，但总体而言，是相对零散、不够系统的；是相对浅层、不够深度的；是相对模糊、不够清晰的．只有经过理性加工和自我孵化，教学思考才能提升和发展成为教学思想．教学思想

是教师对教学问题系统的、深刻的、清晰的思考和见解，它具有稳定性和统领性，稳定性意味着思想一旦形成，不容易改变；统领性指的是对教学行为的影响力，行为是由思想而生的.

总之，提炼教学主张，就是引领教师从教学经验走向教学理论，从教学思考走向教学思想，这是促进教师从优秀走向卓越，从而实现自我超越的专业生长点.

二、教学主张是名师的"第三只眼睛"

尼采说过：有各式各样的"眼睛"，因而有各式各样的"真理". 神话小说《封神榜》里的闻仲太师和二郎神因为拥有一只"天眼"，所以能够看到许多常人都看不到的东西. 名师区别于普通教师就在于这只"天眼"，这只"天眼"有时像显微镜，可以看清很细微、很弱小的教育细节；有时候像望远镜，可以看见很远很远的发展未来. 就其本质而言，这是一只专业的眼睛，智慧的眼睛，它能够帮助名师看到普通教师看不到的内在的、本质的、深刻的东西. 正所谓"外行看热闹，内行看门道". 内行为什么能够看到门道，就因为他有这只眼睛. 提炼教学主张就是打造这只眼睛，让名师独具慧眼，能够于平凡中见新奇，发人之所未发，见人之所未见. 不同教学主张的名师对同样的教育问题会有不同的观点、立场和见解，这是名师教学个性、特色、风格的内核和源头，失却教学主张，教师的教学个性、特色、风格就会失去灵魂和品质，就会蜕变为教学"表演秀". 具体来说，教学主张是名师钻研和解读教材的独特视角，是名师发现、挖掘教材新意的探测器，用主张来解读教材，才能赋予教材个性化和生命化；教学主张是名师引领和统领教学的灵魂，是教学活动的导航器，它使名师的教学活动深深地烙上自己的色彩和痕迹，从而展现出独特的韵味、格调、风貌. 从实际来看，成熟的教学主张不仅是名师教学特质、个性的内核和前提，防止教学同质化，而且也是教师教学深度、高度的基础和保证，防止教学平庸化. 名师区别于普通教师不在于一节课上得怎样、水平高低、效果好坏，而在于教学的整体面貌、气质、格调，而这一切的背后决定因素就是教学主张，就是这只天眼！

三、教学主张是名师发挥专业影响力的核心因素和有力凭借

一个优秀教师可能经验丰富、教学有方；可能论文不少、著作等身；可能挂上了高级教师、特级教师的头衔，获得了各种荣誉．但是，缺乏自己的教学主张，从专业上讲，他依然还是一个无家可归的"流浪汉""门外汉"，没有专业精神和学术追求的归宿，为此，他很难产生专业和学术上的影响力．我们知道名师要出名，而出名的目的就是要发挥教学示范、引领、带头作用，简而言之，就是要发挥专业影响力，从而带动大家一起进步．名师发挥专业影响力的因素依靠的是自己的专业学术造诣，而专业学术造诣就集中体现在他的教学主张上．教学主张不仅反映教师独特的教学思想和理论，而且体现教师教学专业成熟的水平，代表教师一生的专业成就．就名师个人而言，提炼自己的教学主张实际上就是"给自己树立一面旗帜""自己定义自己的教育"，这个过程是教学品牌和新的教学理论的培育和创立的过程，是往教育家方向和境界发展的过程．不少地方为了助推名师成长和扩大名师影响力，纷纷设立名师工作室．名师工作室的成员是一个共同体，他们统一在领衔名师的教学主张这面旗帜下，共同创造一个以教学主张为旗帜的教学流派．设想一下，如果没有教学主张的引领和统帅，共同体就没有了共同的灵魂和旗帜，实际上也就不成为共同体了．推而论之，名师对社会的影响力也就在于其教学主张．提到李吉林，我们自然而然会想到她的情境教学；而讲起王崧舟，我们就会不由自主地想起他的诗意语文．提炼教学主张不仅是名师个人专业发展的要求，而且也是名师的专业担当和社会责任．

时代在召唤"教育家办学"，召唤名师！莆田市教育局于2009年启动名师培养工程，旨在培养一批在省内外有影响的名师，提升莆系的教育品位及教育质量．2013年起，我应莆田市教育局及莆田市教师进修学院的邀请，组织专业团队为莆田市名师培养工程作专业引领．经过三年的共同努力，莆田的许多名师培养人选形成和提炼了教学主张，实现了专业上的自我超越，成为真正意义上的名师了．

序二

构创莆田教育文化新生态

莆田市教师进修学院　柯建俊

　　教育从根本使命及意义上来说，是以文化人，即以文养德，以文立人从而达到立德树人。学校是文化创生之地，是精神传承之所，是生命滋荣之根。有境界自成高格，有文化自有气象与格局。

　　莆田市教师进修学院作为当地教育文化重要的引领者及构创者，秉承"植根固本、开放兼容、开拓创新"的精神，努力播植教育专业精神、成就教育智慧、积淀缔造莆阳教育文化新生态。

　　教育就是一种持续的追寻，文化更是持续的生长。持续的生长需要强根固柢，就是《论语》中所谓的"君子务本，本立而道生"。良好的教育文化传统要能传承，枝繁叶茂，其根本就在于追寻教育的本质命义，养护学校的根本理念、根本追求。进修学院致力引导学校沉心静气、深思熟虑地考量及探求：适合本校并在本校已产生积极影响的教育教学文化要素是哪些，应该如何发扬光大？成就优秀教师、名师的重要文化因子是哪些，如何基于自身、发展自身、超越自身，成就卓越？只有开掘学校及师生内在的精神矿脉才有源源不绝的智力宝库。只有认定目标，咬定青山不放松，才能真正积储成学校本身独有的文化品质。

　　文化的力量就是在传承中创新，温故知新，推陈出新。学校是文化培植的发源地，是创新精神的培育所。没有独树一帜的勇气，没有另辟蹊径的智慧，文化将停滞不前，教育将是一潭死水。早在两百多年前，瑞士教育家裴斯泰洛齐就大声疾呼："请你想想！时代在进步，五十年来，一切都变动了，学校还是依然故我。这哪能培养出现代的人才，哪能适合时代的需要？！"进修学院要营造教育生态中美好的"阳光、鲜氧、空气"，积极引导学校及教师，对于教育教学生活中的习以为常甚而习非成是的现象、做法加以辨析，不断调整，让教育回归生命，回归成长．如果借"尊重传统"之名，行不改革不创新之实，也是对学校文化传统传承的蔑视与戕害．

教育改革及课程改革更关心的是文化上的追求，"要重塑学校的课程文化、课堂文化、教研文化、管理文化"，甚而认为建构新的教育文化是教育改革、课程改革的终极追求．构创莆阳教育文化新生态就是着力于教育理想、教育思想、教育信仰、教育智慧、教育能力的培植及涵养．从学校的育人思想、课程、课堂、教研、师生、管理、评价等方方面面来创构"富有活力、生机勃勃"的教育新生态．

"大学之道，在明明德，在亲（新）民，在止于至善．"欲"新"国民，必"新"文化；欲"新"文化，必"新"教育；欲"新"教育，必"新"教师．莆田市名师工作室是"新"教育、"新"教师的"创新力量"．创新教师成长机制，引领更多的教师进行教育的创造，从而产生出更多的名师、优秀教师，创造出喜人、动人的教育新生态！

序三

时间的礼物　命题的价值

福建师范大学数学与信息学院　陈清华

考试在改革中前行，中考改革是以命题技术的进步为支撑的。命题是教学的一面镜子，考试评价作为基础教育体系中重要的组成部分，理论上对考试的研究要走在前面，并且以考导教、以考导学，做到教、学、考相长。

数学考试的本质是解题，没有解题，就无法看透考试的本质；没有命题，人们也无法看透考试的本质；而没有两者，就什么也看不透．目前，一线教师对命题的认识远不到位，大都认为命题是教研员或命题者的事，老师只要会解题就够了。解题策略繁花似锦，命题研究却孤芳自赏．事实上，坚持对试题原创可以有效地保证考试的公平性，对改进、提高中考的有效性，引导课堂教学改革具有积极的作用。同时，认真研究中考试题，活化中考试题也是中考复习的有效途径之一。因此，研究中考试题，不仅是命题者的事，也是教师一项常态化的工作．

因为从事中、高考命题与评价研究，与蔡老师密切联系有大十几年了，对他研究中考命题也极为关注．在阅读本书稿之前，已经知道蔡老师在全省各地多次开展以中考命题和数学文化为主题的讲座，并与福州联合开展命题比赛等相关教研活动，他撰写的多篇命题评价论文被人民大学复印中心转载．当蔡老师将他的书稿发给我时，我眼前一亮，关于课堂教学与解题书籍充斥市场，而命题方面的著作却几乎没有．细读书稿，让我敬佩蔡老师及其命题研究团队的坚持，十年磨一剑，这是一本难得的有关中考数学命题理论与实践兼备的专著，值得细细品味。我认为本书有以下三个特点：

一是理论实在，内容实用。从子课题、市级课题到省级课题，再到教育部重点课题，团队以课题的形式系统地研究中考数学命题，保证了研究的连续性、稳定性、系统性、一致性，研究也从草根走向专业、从粗糙走向精致、从实践走向理论、从个人走向团队。本书第一章全面介绍命题的现状与改革、命题的内涵与本质、命题的目标与价值、命题的过程与方法、命题的评价与反思，重点是评价标准与命题模式，理论不高深但非常实用。

二是案例丰富，特色明显。创新是命题的生命线，没有创新，试题就难以保证客观公正。操作探究、运动变化、观察猜想是命题时常用的三个策略，而开放、探究、创新是试题评价的三个核心要素。本书第二章对中考数学压轴题作了全面阐述，让读者明白了压轴题的结构特征与命题策略。第三章至第九章每章都指向一个命题策略或一类试题结构，每个案例都是一份命题作品。第十至十一章作者关注了"新定义试题""结构不良试题""数学文化试题"等创新题型的命制策略。每个案例都是一种命题实践中个性经验的提升，是一种思维视角的萌发土壤，是一种思考习惯的形成途径。若读者能深入研究，久而久之，相信能悟出命题的规律与模式，这便是命题有道，这更是一种自然的数学呼吸。

三是团队成长，文化立本。数学培根，文化立本；在心为数，远行有诗。福建省初中数学蔡德清名师工作室团队以莆田、福州的老师为主体，中考命题与数学文化研究是工作室的标识和旗帜。命题比赛与命题研修是两地教研共享的一个重要平台，也是教师展示命题作品、提升命题能力的一个独特舞台。在教育部重点课题推动下，蔡老师及其团队立志做中考数学命题的研究者、实践者和推广者，目标把工作室建设成中考数学命题的实验基地、示范窗口。省统考四年来，莆田与福州的中考高分率远高于其他地市，这与两地市开展的命题教研活动有密切关系。

当然本书也存在许多需要进一步完善的问题，如案例水平不一，关联性不强，难成体系；命题策略指向不明，命题方法分析不透，命题模式不够成型等。但这毕竟是团队抛出的命题之砖，也是命题研究的一小步。命题如何从经验走向理性？如何提高命题技术层面的科学性？核心素养立意下的中考命题如何转型？核心素养检测的命题标准如何建立？核心素养的评价体系如何构建？我想这是本书未能回答的问题，也是未来团队努力的方向。

热爱数学，永远能撩拨枯燥生活下那一颗颗年轻好学的心。加强命题研究、完善命题技术、促进命题规范、提升命题质量，让更多的人关注命题、参与命题、研究命题、运用命题。在继承和创新中不断探索，使得中考数学试题呈现出导向明确、区域特色鲜明、试题设计科学合理的局面，这将是一个值得探索的有价值的领域。

因命题研究的前沿性、理论性、复杂性、抽象性，这对以初中老师为主体的研究团队是个巨大的挑战。但，无论如何，本书仍然是命题研究者的必备之素材，对初三师生中考复习也大有裨益。正如泰山不让土壤，故能成其大；河海不择细流，故能就其深。

若从更本原的角度去思考问题，去研究和探索命题。你会发现命题——教育——人——世界，这是一个不断扩大的对象范畴．我们要研究命题，就应该去思考教育，思考人，进而思考世界。我想这是对命题，也是对教育的最大感悟和敬畏。

"端"古汉语有开头、初始的意思，称"端五"也就如称"初五"。《风土记》里说："仲夏端午。端者，初也。"在享受粽子飘香的同时，祝贺蔡德清老师的著作出版，也期待他的团队能以此为起点，"粽"情出发。站在大师的肩膀上前行，站在自己的肩膀上攀升，站在集体的肩膀上飞翔！

2021 年 6 月 14 日端午节于福州

前言

命题有道　研修无界[①]

莆田市教师进修学院　蔡德清

　　命题工作是一项精细的业务工作，也是一项创造性的工作，她是一门技术，更是一门艺术．就像对每一道试题的命制，或抄袭或原创或传承或创新，都是一份创作，每一份试卷都是你的作品．我们要对我们的作品负责，就是对学生负责、对同仁负责、对学校负责、对社会负责，更是对自己负责．命题，需要什么？需要理论修养、教学实践、命题经验、批判精神．没有理论，就没有标准；没有实践，就无法搭建起评价的桥梁；没有经验，就无以体会命题者的心路；没有批判精神，就不可能把作为客体的命题教师和作为主体的学生引向深刻．理论修养、命题经验、教学实践、批判精神都是我们所需要的，但不是最重要的．最重要的是什么呢？是一种精怀，就是对教育的理解以及与教师一起对命题的共同追求，在这追求中所表现的执着和坚持、宽容和爱．

一、命题的力量

　　命题就是一个不断改进自己想法的过程，或者说是一个无中生有的过程．一支笔，一页纸，就能开启命题之旅．在命题人的世界中，这里没有喧嚣，没有掌声，流连于此，时光也放慢了脚步．但一次成功的命题一定是一次诗意的旅行，而每道试题对我们来说都是诗，都是风景，一首精妙的小诗，一道行走的风景．登高才能望远，旅行者（命题者）既要仰望星空又要脚踏实地．

　　清代学者王国维提到人生有三大境界，事实上命题也有三个境界：

　　第一境界是要我命题，是工作需要你不得不去命题，那你很被动，过程

---

① 2021.10.15，再版修订．

会枯燥、单调，也会很苦、很累．有个比喻，如果你想要造一艘船，先不要雇人去收集木头，也不要分配任务，而是去激发他们对海洋的渴望．因此激发命题的兴趣是命题中第一重要的事情．此时命题不好玩．

第二境界是我要命题，意味着你要"自主命题"或"主动命题"．教师对命题技术的接收，只能由他自己来建构完成，以他们自己的经验为背景，来分析试题的合理性．在命题过程中，教师不仅要理解试题，而且要对试题进行分析、检验和批判．此时最好的比喻是"学走路"．"学走路"意味着：路只能自己走，不能由别人"抱着走"或"背着走"．尝试、摸索、跌倒、摔跤之类的错误是成长的正常代价．如果不付出尝试、摸索、跌倒、摔跤的代价，人就不会掌握走路的技巧．"学走路"意味着：命题是自己的事，别人只能提供帮助，但无法代替．成人在某个时候可以"牵"着孩子的手往前走，但这种"牵手"也是需要克制的，在必要的时候需要"放手"．因此命题不是一项观赏性的运动，想学会命题就必须自己动手，亲历亲为！

第三境界是我会命题，说明你掌握了命题的科学方法，意味着"有效命题"，此时命题就像玩游戏．它给出的暗示是：第一，游戏让所有参与游戏的人忘记自己在做游戏，也就是说，游戏有一种"自成目的性"；第二，游戏让人永远生活在希望中；第三，游戏总是为游戏者提供及时的反馈与矫正，此时命题好玩．

命题想说爱她不容易，但有了她却不离不弃．从事命题就是在负重前行，一定有一种力量能让我们不断前行，命题的力量不仅在于数学中的理性，也在于文化中的人文，更在于你不变的情怀．在前行的路上，命题不应该是你肩头的重量，而是助你飞翔的翅膀，它能减轻现实的疼痛感，能让你看到奋斗的意义．命题不好玩，但你必须把它玩好；命题好玩，好玩的是心态；玩好命题，玩好的是专业．

命题，是一个人或几个人的独白，错误与遗憾总伴随着你，光鲜亮丽背后总不缺泪水和汗水．因此命题，是一个开始很难，以后同样很难，结局又很残酷的游戏．只是旁观者清，入局者迷，等真正醒悟过来才发现，前面已经没有退路．行走于命题之路上，你会发现这是一条孤寂之路，你要学会忍受；这是一条狭窄之路，你要学会独行；这更是一条攀登之路，你要学会勇敢；这是一条希望之路，你要学会欣赏；也是一条创新之路，你要拥有智慧！

二、专业的引领

我们发现，命题的研究、设计与实施对教师素质提出了更高的要求，如要有良好的个人素养、优秀的思维品质、丰厚的知识底蕴、敏捷的教学智慧、精湛的教学技术和良好的人格魅力等．

我们利用莆田市教师进修学院、福州教育研究院、福建省蔡德清名师工作室、《福建教育》等平台，通过命题比赛、命题研修、课题研究、论文撰写等活动，让更多的老师关注命题、参与命题、研究命题、应用命题．我们的愿景是培养一支相对稳定的命题研究队伍，让命题工作更加科学、专业、规范；建立一支相对独立的试卷评价队伍，能对命题结果进行客观、公正、专业的评价，为未来的命题积累更多的经验与教训．

1. 比赛推动命题实践

为进一步加强中学教师命题及解题、析题能力，促进教育部重点课题"核心素养视角下的中考数学命题模式研究"的有效有序开展，莆田市教师进修学院、福州市教育研究院于2019年2月份始分别在莆田市、福州市开展了首届数学命题比赛活动．活动旨在以命题实践为中心，以核心素养为导向，以资源共享为纽带，推动命题技术与解题、析题的深度融合，提升了教师命题能力．通过对参赛作品异地交换进行公正评选，有效促进了两地的教研共享．

本书的许多案例选自两地命题比赛一等奖的优秀作品，希望比赛成为教师展示命题作品、提升命题能力的一个舞台，同时也欢迎更多的来自省内外的命题爱好者共同参与．作品要求详见附录．

2. 研修促进深度学习

2019年8月2日至6日，福建省蔡德清名师工作室初中数学命题研修活动在莆田隆重举行．本次研修的主题是"命题有道，研修无界"，旨在以命题研修为中心，以交流分享为纽带，通过命题研究去领悟考试改革．活动得到了莆田市教育局、莆田市教师进修学院、福州市教育研究院的高度重视与支持，全省各地 100 多位教师慕名参与．在开幕式上，福建省普教室教研员张弘指出："这次研修活动为全省老师搭建了一个命题研修的平台，大家在一起交流、学习、实践．真正好的一位命题老师，是可以促进我们对教学的反思，让更多的教师从命题思考走向教学反思"．活动安排了 5 个与命题相关的讲座，分别是省普教室的张弘的讲座《基于质量监测的初中数学命题技术》，省普教室陈中峰的讲座《体现数学学科核心素养的试题赏析》；蔡德清的讲座《命题好玩玩好命题——漫谈中考数学命题标准、技术与实践》；福建师范大学数学与信息学院柯跃海的讲座《不同题型的数学考试命题技术》，他利用高考命题技术来指导初中命题；江苏省泰州市教研室数学教研员、连续十年担任江苏省泰州市中考数学命题组组长钱德春老师，为老师们带来了《十载坚守，只为初心——中考命题实践与教学导向的思考》的讲座．钱老师将他十余年中考命题的实践与思考倾囊相授，他的"源于教材、立足基础、关注本质、简中求道"的命题风格让大家茅塞顿开．

活动还安排了福州、莆田两地十二位命题比赛一等奖获得者的命题作品交流，每一位命题者站在个人独特视角，对中考命题的思考别出心裁．他们的命题作品或自然生成、或动静互变、或画板展示，向我们阐释了数学命题的独特魅力，让与会老师领悟到了命题的方法技巧，也欣赏到命题独特的风景．

莆田市教师进修学院柯健俊院长参加活动，并称赞"活动的组织和策划考虑全面、有理论引领，也有实践分享，活动安排很接地气，也很有示范作用"．

命题给了团队前行的力量，而成果是时间给团队的最好礼物．第二届初中数学命题研修活动于 2021 年 6 月 28 日至 7 月 1 日应约而至，本次研修主题为"时间的礼物，命题的力量"．其中 6 月 30 日上午，来自扬州市广陵区教师发展中心中学数学研训员，江苏省特级教师，正高级教师石树伟老师为来自全省 200 多位教师开设《中考数学试题的来路与去路》专题讲座．

3. 课题引领专业研究

课题研究的意义是能对一个问题进行系统的、深入的研究，同时不受时间、地点限制，能使研究从实践走向理论，从草根走向专业，从粗糙走向精致，从个人走向团队．课题开展过程中得到莆田市教育局，莆田市教师进修学院的大力支持，教育局曾国顺副局长参加课题开题并作指导．各个部门配套相关课题，如由莆田市教师进修学院设立的15个市级课题，以及列入福建省教育科学"十三五"规划的2019年度三个专项课题："核心素养检测标准的初中数学应用命题研究"（主持人：福州教育研究院李霞老师）；"基于核心素养检测标准的初中数学几何命题研究"（主持人：厦门大学附属实验中学王亚坤老师）；"数学文化视域下的初中数学教学模式研究"（主持人：莆田擢英中学朱庆云老师）；福建省中小学教师继续教育中心立项的2019年省名师工作室专项课题"中考中的数学文化"（主持人：龙岩市第七中学饶胜强老师）．

课题负责人，蔡德清老师以教育部重点课题为内容申报的《核心素养导向下的中考数学命题研究与实践》获得2020年福建省基础教育教学成果二等奖．2021年6月28日课题成果公开报告会暨省教学成果二等奖成果推广会在莆田市教师进修学院隆重召开．会上，福建省教科所基础教育研究室郭少榕主任指出这个课题是福建省第一项初中数学教师研究的教育部重点课题，也是福建省第一项关于考试命题研究的教育部重点课题．省教科所吴明洪所长高度肯定团队的问题意识、研究意识、创新意识，并鼓励团队要深化研究和成果转化，争取通过制度、政策、舆论的转化，在全省各地落地生根，开花结果．

4. 写作提升命题能力

当我们命制了让我们引以为傲的一道试题，我们对这道试题能否重新梳理一下？这道试题从何来，怎么来，又能去哪儿？我们从众多的参赛作品中脱颖而出，我们在命制中有什么经验或教训？我们命制的是一道试题，或许仅是偶然中的一个灵感，我们能否总结出更一般性的规律或模式？我们有太多的感悟，能否把她整理出来，成为一篇论文或一本书中的一个案例？《福建教育》编辑陈勇生建议把命题作品以沙龙的形式给《福建教育》投稿，通过《福建教育》这个平台，来促进福建中考命题的研究更上一层楼．于是第一期命题比赛有三篇作品发表于《福建教育》2020年2月，分别是蔡德清、李霞的《命题有道 研修无界》，林攀峰老师的《类比中构造 联系中变换》，章兴姬的《融变换于试题命制 探素养于思维提升》．

我们希望对命题的思考还能与更多的命题研究者分享，并将优秀的作品汇集修改成书．本书第一章命题研究明方向，作者介绍了命题的研究思路与方向，是作者的经验总结更是问题思考，称为抛出问题之砖．第二章中考压轴看数形，作者介绍了命题视角下的中考函数与几何压轴题的结构特征和命题策略，并从作者多年的命题实践中选出一些典型的案例去说明压轴题的发展与变化趋势．从第三章开始，我们分九个专题，从不同视角分享命题的实践案例，这些案例大部分是作者或命题团队的命题论文或研究成果，其他是2019年莆田与福州命题比赛一等奖的作品．

三、学习的智慧

德国数学家克莱因说过："挑选好一个确定的研究对象锲而不舍，你可能永远达不到终点，但一路上准可以发现一些有趣的东西"．千山一脉，万水同源．命题有道，"道"是一种模式，是一种规律，也可以是一种精神、一种理念．"研修无界"可以理解为命题研修，一是无地域界限，无时间界限；二是无身份界限，无经验限制；三是研修无上界，也无终点．如果你是一位命题研究者的话，认真研读本书，相信你能悟出命题的特点与规律，改革与变化，这便是命题之道，从而明白中考数学命题的现状与趋势，导向我们的教与学．附录中我们有原创试题作品征集，邀请你开启命题之旅．希望在命题研究之路上能与你同行，我们在路上等你！

一个人的梦想只是梦想，一群人的梦想就能成真．加强命题研究、完善命题技术、促进命题规范、提升命题质量是我们的初心，也是我们的梦想！法国作家加缪曾经说过：不要走在我后面，因为我可能不会引路．不要走在我前面，因为我可能不会跟随．请走在我的身边，做我的朋友．

"人"字一撇一捺，一撇伸向过去，一捺指向未来．没有任何一门课程可以直接教给我们命题（成长）的智慧，她只能从你丰富的内心世界里生长出来．秋天是收获的季节，学习的季节，2021年金秋，我们邀请您一起走进命题的世界，做命题的朋友，直面挑战，躬身入局．

目　录

第一章　命题研究明方向 …………………………………………… 1
　1.1　为什么——命题的现状与改革 …………………………… 1
　1.2　是什么——命题的内涵与本质 …………………………… 3
　1.3　命什么——命题的目标与价值 …………………………… 6
　1.4　怎么命——命题的过程与方法 …………………………… 11
　1.5　结果呢——命题的评价与展望 …………………………… 18

第二章　中考压轴看数形 …………………………………………… 24
　2.1　命题视角下的中考数学压轴题 …………………………… 24
　2.2　几何压轴题的结构特征和命题策略 ……………………… 29
　2.3　中考几何压轴题的编制过程及反思 ……………………… 45
　2.4　函数压轴题的结构特征和命题策略 ……………………… 51
　2.5　中考函数压轴题的编制过程及反思 ……………………… 62

第三章　立足教材巧改编 …………………………………………… 74
　3.1　转换条件构造图形　因果互换发现本质 ………………… 74
　3.2　图形中建构模型　变化中探索关系 ……………………… 86
　3.3　巧由困惑寻思路　妙用模型悟真谛 ……………………… 97
　3.4　挖掘图形特征　凸显问题本质 …………………………… 103
　3.5　一中双圆画板探究　动中有静分类讨论 ………………… 110

第四章　图形变换重构造 ······ 118
4.1　类比中构造　联系中变换 ······ 118
4.2　融变换于试题命制　探素养于思维提升 ······ 124
4.3　一道填空压轴题的命制过程及反思 ······ 131
4.4　圆与基本几何图形结合的综合题编制 ······ 136

第五章　基本模型再拓展 ······ 146
5.1　几何模型莫泛化　变式有方求自然 ······ 146
5.2　问题设置层次分明　几何轨迹隐含最值 ······ 158
5.3　聚焦基本模型　拓展深度思考 ······ 163

第六章　含参函数最应景 ······ 173
6.1　变换中探究性质　位置中寻找关系 ······ 173
6.2　构造参数函数　考查建模应用 ······ 182

第七章　数形结合融交汇 ······ 188
7.1　对称函数图象融入对称几何图形 ······ 188
7.2　一道融合抛物线、三角形与圆的压轴题的命制与感悟 ······ 201

第八章　初高相连求衔接 ······ 209
8.1　异构同源　彰显素养导向 ······ 209
8.2　起于形象　止于抽象 ······ 218

第九章　数学应用论建模 ······ 228
9.1　一题同源　类比迁移 ······ 228
9.2　以情景立意　考数据分析 ······ 235

第十章　探究开放新定义 ································· 241
　10.1　新定义的中考数学试题的命题阐释与思考 ················ 241
　10.2　素养导向"新定义"　能力考查"新图形" ················ 249
　10.3　初中几何结构不良问题的命题策略与实践反思 ············ 257

第十一章　数学文化显新潮 ································· 267
　11.1　基于数学文化的初中数学命题的设计 ···················· 267
　11.2　源于勾股证明之美　落在数形结合之巧 ·················· 273

附　录
　附录1　关于征集中考数学原创试题作品的通知 ················ 290
　附录2　命题作品示例 ······································ 292
　附录3　格式要求 ·· 294

参考文献 ·· 295
后　记 ·· 298

第一章　命题研究明方向

1.1　为什么——命题的现状与改革

考试,是一种严格的知识水平鉴定方法.考试具有诊断和反馈功能、引导和导向功能、激励和强化功能、评价和选拔功能.

初中学业水平考试,简称"中考".它是检测初中在校生是否达到初中学业水平的水平性考试和建立在九年义务教育基础上的高中选拔性考试;水平考试用于衡量毕业,选拔考试用于区分升学,目前大多数省、市中考都把毕业与升学考试合二为一.

毕业考试属于标准参照考试,是以初中数学课程标准和考纲作为"标准",以学生是否达到"标准"来确定学生的成绩好坏,能否毕业,因此这种考试是绝对的测量.而升学考试属于常模参照考试,学生成绩的好坏以学生的成绩和常模(平均分)比较来定,将学生按程度分高、中、低不同层次,因此这种考试是相对的测量.显然,毕业与升学这是两种不同性质的考试.

中考对于初中教学的"指挥棒"作用长盛不衰,同时中小学"素质教育"和升学考试制度始终处于尖锐矛盾的状态.毕业与升学两卷合一,以及"一张试卷定终身"的片面选拔机制,给初中教育教学带来了诸多消极影响和弊端,严重困扰和制约着基础教育的健康发展,乃至影响到创新拔尖人才的培养.

一张试卷、一个分数,它是中国考生多年学业的阶段性总结,是各校办学实力的集中展示,也是中国家庭历来关注的焦点.可以说,过往中考改革只改变了选拔的方式,并未触及中考高利害、高竞争的根源,不去试图解决资源不均的根本问题，采用"头疼医脚"的办法，最终只能使问题变得更为复杂. 中考改革无论怎么改，终将用一种考试代替另一种考试，在考试制度维持不变的前提下，研究命题并改革命题，对我们教育工作者尤其是命题人员显得尤为重要. 研究中考的历史沿革，研究历年命题的优劣得失，或许有助于我们找到困扰、制约基础教育健康发展的瓶颈.

基础教育中"考、教、学"三者之间关系密切，在应试制度之下，考试被喻为指挥棒，成为教和学的中心. 考试评价作为基础教育体系中重要的组成部分，理论上我们对考试的研究要走在前面，并且以考导教、以考导学.

目前一份试卷如何兼顾毕业与升学两方面，尚无科学的论述、论据. 因此对中考命题的研究不深、理解不同，中考试卷易受招生政策、教学现状，还有命题者的知识爱好、能力水平等因素影响. 试卷的命制更多依靠命题老师的经验进行，过程不够规范、科学，偶然性因素很多. 同时数学试卷的评价人员往往也是命题人员，评价亦难确保客观、公正. 况且命题队伍不能保持稳定，培训不够系统，对命题的技术研究不够深入. 难免出现中考试卷整体平淡，缺乏活力，人为硬性凑合试卷现象；设计的问题过大、过难，脱离了考试的实际可能，不利于考生充分发挥自己的水平；同时有的试卷系统误差较大，试题或题意晦涩难理解，或文字表述过长、字母过多，评分标准的设定缺乏预见性、公平性和科学性，或题型使用不当、试题结构不合理而导致考生选择解题策略的不公平性和不等值性等；还常出现一些表述不够严谨、试题不够科学，甚至是一些原题或不经过实质改造的题目，等等. 应该说，中考命题远未成熟.

中考与考生玩"猫捉老鼠"的游戏，一直被大家所诟病，中考命题一度走入偏题、怪题的死胡同. 课改后，各地加大了对现代测量学的研究，命题逐渐从经验走向理性，建立起考前、考后与中学教师、教研人员的密切沟通机制. 考前沟通，是为了了解教学实际；考后沟通，是为了了解试题的实际影响. 改革的阵痛和困惑，对未来数学教育给出了诸多启示与警醒，尽管成绩卓然，中考命题与课标、核心素养的对接仍需我们深入研究；考试结果对于教学的诊断与引导价值仍有待开发；命题技术层面的科学性、创新性仍有待提高……

考试最核心内容便是命题,中考命题是一个非常严肃而且敏感的话题,因为纪律制约和认识误区,让中考命题变得过分严肃神秘,甚至高深莫测,有不食人间烟火之味,更有高处不胜寒之冷.命题人员往往不能够随便发声,普通教师很难听到关于命题的真实声音,从而也很难掌握命题的技巧,使得中考命题越发神秘并且困惑重重.

在中考命题中如何设计恰当、合理、科学的试题,去考查学生数学思想方法的获得、数学活动经验的积累情况;去评价学生的数学学习能力、问题意识、创新意识;去关注初中数学核心素养、数学课程改革的理念,在继承和创新中不断探索,使得中考数学试题呈现出导向明确、区域特色鲜明、试题设计科学的局面,这将是一个值得探索的有价值的领域.命题,是一项技能,更是一种事业.它不需要神圣的光环,也不该被无理地苛责.我们对命题在专业方面的评价多一些,数学教育才会变得更好.

中考在改革中前行,每走一小步,几乎都会有争议,然而,迈步却是不可阻挡的历史趋势.着眼未来的中考改革,关键是考什么,这会对整个义务教育阶段的教学产生重大影响,而这也是未来中考应当着力突破的关键点.

从事中考命题,对教研员或教师都是一种荣誉,更是一份责任,一份沉甸甸的责任.每一次有机会参与命题,我都要带着三个问题:命题要把教学或学生带到哪儿去?你怎么带?有没有带到?这三个问题,实际上便是命题的目标、命题的方法、命题的评价.关于命题的智慧思考也是哲学思考,应重点研究以下四个问题:命题是什么(内涵、本质)、要命成怎样(目标、价值)、怎么去命题(过程、方法)、结果又如何(评价、反思),这是命题研究的核心内容,也是为什么要研究命题的意义所在.

中考改革是以命题技术的进步为支撑的.《教育的革命》一书中说:"我们看到了问题,也就看到了希望和方向."

1.2 是什么——命题的内涵与本质

创造一个问题比解决一个问题远为困难,创造问题几乎没有什么一般的准则. 据我所知, 在命题者的行列中, 还没有一位写出过一本名叫《怎样命题》的书籍.

——Arthur Engel

何谓命题? 命题直译便是出题目或命制题目, 中考命题便是命制在中考中要求解答的问题, 此时命题是个动词, 侧重在命制的过程; 命题也可以指命制的题目, 侧重在题目, 此时命题是个名词, 关注的是对题目的评价, 如题目的特点、考查的内容、能力的要求、试题的价值等. 中考数学命题受命题政策的影响, 也受命题者的知识、理解、爱好、能力的影响. 研究命题不是猜题押题, 而是研究命题背后的数学知识、技能、方法、思维、能力、思想、活动、素养等数学本质.

爱因斯坦曾指出: "提出一个问题往往比解决一个问题更重要, 因为解决一个问题也许仅是一个数学上的或实验上的技能而已, 而提出新的问题, 新的可能性, 从新的角度去看旧的问题, 却需要创造性的想象力, 而且标志着科学的真正进步." 正如数学大师华罗庚教授所言: "出题比做题更难, 题目要出得妙、出得好、要测得出水平."

命题是从已有的知识、方法出发, 演绎出新题, 而解题则是把问题化归为与知识、方法有联系的问题; 命题是将较简单的问题、平凡的事实逐步演绎成复杂的、非平凡的问题, 而解题则是把复杂的问题、非平凡的问题转化为简单的、基本的问题. 解题只是命题的基础, 解决的是"原材料"的问题. 解题的思维核心是思路探求, 命题的思维核心是方向与策略. 作为命题者, 对题的关注不能停留在"怎样解"的层面, 要尝试读懂并理解别人的题目, 还要结合命题理论琢磨一道好题、一份好卷是怎样构成的.

在信息时代, 用一些搜题工具一照, 试题就现出原型. 对已有试题的直接移用或简单改编(借用或改编外地市中考或质检题、竞赛题、中考题的下放等), 由于公平性等原因, 不适宜出现在高利害的中考中. 目前基层教师对命题的认识远不到位, 大都认为命题是教研员或命题者的事, 老师只要会解题就够了. 命题工作处于自发状态, 基本形式以选题、拼题以及简单的编题为主, 体现在: 离原创远, 与改编近; 离改编远, 与抄袭近; 离创新远, 与模仿近；离合作远，与单干近．数学老师都会解题，但会命题的老师屈指可数，这是一个值得反思的现象．

命制一份高质量的数学试卷，可以有效地检测学生的数学学业水平，反馈数学教学成效，发现并矫正教学中存在的问题，从而提高数学教学的有效性，大面积提升教学成效．数学试题及试卷的命题技术是数学老师必备的重要技能之一，也是一项高级技能．正如福州教育研究院李霞老师所说的："在诸多教育教学的技能中，命题是最累的，也是最有创造性的一项技能．这需要老师要有一种对试题命制研究执着的情怀，更需要对教材教学的深刻理解．"福建师范大学数学与信息学院的柯跃海教授有个形象比喻"熟练的教师选题用于教学，骨干教师改题用于教学，教学名师编题用于教学"．事实上名师未必会命题，而会命题的老师一定会成为名师．

关于命题有几个形象的比喻：

1. 命题相当于一种特殊对话

命题是一种对话，主要是与教材对话、与课标对话、与教学对话、与教师对话、与学生对话、与自我对话．与教材对话：教材是命题的重要载体，怎么演绎？与课标对话：课标是命题的重要依据，怎么理解？与教学对话：命题是对教学的一种导向，你要导向哪儿？与教师对话：教师是命题评价的桥梁，关心通向哪儿？与学生对话：学生是命题评价的主体，检测公平公正科学吗？与自我对话：命题是命题者对课标、教材、教学的一种理解、演绎、解读，更是对自己知识的检索、智慧的考查、灵魂的鞭挞．

2. 命题相当于工程师对待工程问题

发现问题，提出解决思路，然后用模型把自己的想法"可视化"，最后进行测试反馈．在设计问题的过程中，失败也没有关系，设计问题就是一个不断改进自己想法的过程，这是工程师对待工程问题的设计模式．当设计一个题目后，需要真实的需求者来测试，然后得到真实的反馈，继续改进．命题的过程相当于工程师设计工程问题的过程，有一个待设计的问题，一个正在尝试的方法，若把这两者结合起来就叫命题．

3. 命题相当于厨师做菜

一题一道菜，一卷一桌席，好的试卷相当于满汉全席．一道菜要求色香味俱全，后来又延伸到色香味形意养俱全．色：色彩，颜色鲜艳，看得舒服，如试题不偏不怪，自然和谐；香：嗅觉，扑鼻香味，相当于试题的情境新颖，能力素养考查到位，解法多样，创新而不呆板；味：适口，不同菜系有不同口味，众口难调，试题就要求公平，追求通性通法，依纲靠标，取材公平等，同样也只能相对公平；形：菜的形状及装饰，正如试题的结构，文字图表搭配合理；意：像喝茶要讲究意境和气氛一样，食物要体现出文化内涵来，菜品名称能与材料、成品的菜的品相呼应，正如命题要求试题的难度、信度、区分度都适宜等；养：营养，菜要有营养，荤素合理搭配，正如试题要有价值，要考查数学的核心本质，如理性思维、数学探究等．

研究中考试题，不仅是命题者的事，也是教师一项常态化的工作，要认真去感知问题的发生、发展过程，明晰问题的来龙去脉，寻求问题的解决方法，探求问题的拓展延伸，揭示问题的本质特征，才能领悟中考命题的意图，向学生讲清楚试题的实质，发挥试题的巨大功能．

1.3 命什么——命题的目标与价值

命题是命题者用适当的方式把师生带到正确的地方，这个地方一定是有意义的、有价值的，这种方式一定是科学的、合理的；从公正的角度来看的话，这个地方应该是相对公开的、透明的．这样，命题者首先要关心"去哪儿"，清楚中考数学试题的标准和价值、目标和追求．

一、命题指导思想

最新高考评价体系指出高考考查"四层"内容："核心价值、学科素养、关键能力、必备知识"，试题满足"四翼"要求："基础性、综合性、应用性、创新性"．传统的"知识立意""能力立意"评价向"价值引领、素养导向、能力为重、知识为基"综合评价转变，这种命题的指导思想也将会引领中考的命题改革走向．只有根深基稳，才能枝繁叶茂．基础性试题以问题情境为载体，加强对基本概念、原理、思想方法的考查，体现试题的"基础性"；综合性试题注重选择生产生活中的真实案例，参照学生的实际认知水平，进行合理的简化或处理来设置问题情境，有效考查学生综合运用知识和能力的水平，从而体现出试题的"综合性"；应用性试题通过提供多种形式的材料，命制结论开放、解题方法多样、答案不唯一的试题，增强试题的开放性和探究性，引导学生打破常规进行独立思考和判断，提出解决问题的方案．这是考查学生学以致用、应对生活实践问题情境的学科素养，体现了试题的"应用性"；创新性试题的问题情境，具有现实意义和价值引领作用，要求学生多角度、开放式地思考问题．这类试题旨在考查学生独立思考，对问题或观点提出不同看法并进行论证的能力，考查学生敢于质疑、敢于批判的思维能力，考查学生的创新思维和意识的"创新性"．

二、一道好题标准

命题对教学有较强的导向作用，因此代表地区最高水平的命题一定要体现该地方的教育特色、教学追求．但命题也不能被教学绑架，试题应体现数学的知识、技能、方法、思维、能力、思想、活动、素养等数学本质，还应体现立德树人的教育价值，理性思维与人文精神的有机融合等．

一道好题并不在于它的深奥，而在于它的导向和示范作用．好的中考试题往往不一定都是新题，它往往来源于教材，既能引导师生重视教材作用和对基本知识的学习，又能让师生意识到仅仅靠题海战术和死记硬背是无法在中考中取得高分．什么样的试题是一道好题？什么样的试卷才是一份好卷？评价的标准是什么？显然这是命题人要特别思考的一个基本问题．

命制试题时要根据学科的特点，选择不同的情境，发挥不同水平必备知识、关键能力和学科素养的功能，共同实现核心价值的引领作用．数学素养测试题应该坚持内容维度、过程维度、情境维度的有机结合，注重考查学生在真实情境下解决实际问题的能力．一道试题的核心构成要素包括知识技能、能力素养、思想方法和情境立意四个维度，调整试题四个要素中任何一个的个数、综合程度及其联结结构，都会改变试题的信度、效度、难度、区分度、厚重度及其内在的自洽性. 故欲对一道试题进行评价，应对其核心构成四要素进行全面深入地内在剖析. 一道好题的标准至少应满足下列一些原则：

1. 符合贴切、适度准则

试题考查目标包括知识技能、思想方法、能力素养等方面，目标明确、具体、自洽. 试题考查内容和要求严格遵循课程标准、考试大纲和考试说明，未出现超纲或超标的试题，考查到位又不越位. 试题素材源于教材但又不拘泥于教材，试题的情境、叙述方式等符合学生的学习和生活实际和教学实际. 考试难度符合课标或考纲的相应要求，符合考生的实际；考后实测的统计指标落在预定区域范围，预设考查目标达成度高，考生的实际得分与其学业水平相一致.

2. 符合科学、规范要求

试题符合学科的科学要求. 无论是试题的情景材料、设问还是答案、评分标准都必须符合学科的概念、原理、规律和逻辑的要求. 试题的表述科学、准确、清晰、规范，没有歧义，图文匹配，字符图表符合出版物排版基本规范，试题中特定字符的字体、特殊图形等的表示和排版也要符合规范. 评分标准合理，评分标准预见性好.

3. 具备公平性、新颖性、导向性特点

试题的选材及情境创设具备公平性、思想性和新颖性，具有良好的时代感和导向性.

公平性是好题的先决条件之一，特别是高利害考试中的高区分度试题，必须保证素材、背景、问题情境、表述方式等对不同地域、不同性别、不同生活经验的学生均公平合理. 公平性主要关注：一是试题的材料是否会对不同子群体造成潜在的理解上的差异；二是对试题材料的理解是否需要一些特殊的背景知识，而使具有这些背景知识的考生获得优势.

新颖性是指试题情境与设问新颖别致，具备开放性、探究性、应用性、可选择性等特点，同时具备突出的时代感或地域特征.

导向性是指试题的立意符合当前教育改革趋势，体现课程改革理念，反映时代和地域特征，具有政治思想性和教育性.

4. 具有适当的厚重度、良好的自洽性和可推广性

小题（选择题与填空题）以 2～3 个考点综合即可，防止小题大做. 大题以 6～10 个考点为宜，涉及的数学思想方法以 2～4 个为宜，涉及的能力意识以 2～3 个为宜，试题的题干字符数、图表数、运算量、思维量及解答总工作量等均应恰当.

自洽性是指试题内在结构和谐一致，能形成具有同质性的考试结果的程度，如试题考查的内容、难度、区分度等与其所处的位置、题型是否匹配，不同考点之间融合交汇是否自然，不同考查目标之间能否功能互补，考题能否自我校正题目误差，使试题功能最优化.

可推广性是指严格按照课标要求来设计考题，注意所考查的数学知识之间的内在联系和题目设计所抽象到的它的上位知识，强化对数学思想方法和能力意识的考查，确保考试的结果能成为判断考生当前达到课标所规定数学学习水平的依据.

课标指导下的中考数学命题，从价值论的角度来看：一是考试目的要注重发展性；二是命题构思要注意整体性；三是编拟试题要注重开放性；四是试题的内容特征要注重实践性；五是试题的内涵价值要注重教育性；六是选拔性试题的选材要侧重于数学生活化. 一道核心的试题成为好题，首先情境要有新颖点，考查的内容是核心知识，解题方法多样，以通性通法为核心，同时试题必须是发展的、可推广的. 正如章建跃先生所说的好的题目应该追求简洁呈现、自然生成、渐次展开、易进难出等特点.

三、一份好卷标准

有了好题，才能有好卷，所有好题集中起来很难成为好卷. 课标提出初中学业质量的要求，并明确评价要聚焦学生数学学科核心素养的形成和发展，促进学生在初中学段核心素养水平的达成. 课标是考试目标设置的依据，但考试内容不是对课标内容的简单罗列，对"相关内容如何组合与联系""考试内容对考生学习水平要求达到什么程度""可测量的行为目标涉及内容领域哪些方面"等问题,命题者须作较为具体的、可观察的描述.命题者要研究课程、教学大纲、课程标准,以"教—学—考—评"协调一致为准则,从而保证命题内容能在义务教育的范围内进行,防止把高中的知识作为试题载体的现象发生.因此一份好卷的基本标准:①符合科学、规范性准则;②符合教育、思想性准则;③符合和谐、创新性准则;④符合贴切、稳定性准则;⑤符合导向、可推广性准则;⑥符合自洽、一致性准则.

核心素养背景下的命题应在命题理念、基本立意或命题技术等方面进一步加强,一份好的试卷应体现以下几点:

①要依据内容标准和学业质量标准.注重考查数学核心素养的内涵和表现水平,协调好数学核心素养和"四基四能"的内在关系.未来命题在制作双向细目表时一定要添加核心素养的要素和具体表现两个栏目,这样核心素养的考查才能真正落在实处.

②考查内容应反映数学本质和数学核心素养的内容与通性通法,从基础性、综合性、应用性、创新性四个层面进行评价,对高中知识改造后进入中考试卷要慎重.

③关注应用意识和实践能力.在考试命题中,应用题的情境应真实、合理、自然,重点强调知识在不同环境中的应用和形成面对实际生活挑战的能力.试卷中有实际问题背景的试题要控制在4~6道,阅读量较大的试题要有1~2道.

④题型搭配合理.考试命题应包括开放性试题、猜想探究性试题、新定义试题,特别要有动手实践、方案设计、解决问题或提出问题、表达观点的内容,去考查学生的思维过程,考查数学核心素养的思维品质等,这样的试题要有1~3道.

⑤试卷题量适度.试卷应给学生足够的思维时间和空间,考试应逐步减少选择题、填空题的题量;适度增加试题的思维量;关注内容与难度的分布、数学学科核心素养的比重与水平的分布;同时考试命题应具有较高的信度、效度、区分度和适当的难度.

⑥降低压轴题(选择题最后一题、填空题最后一题、解答题倒数两题)

的难度和繁杂运算．难度体现在数学思想方法和数学推理等思维能力要求上，不是在技能、技巧上为难学生，更不能在已经降低要求的内容或高中的内容设计试题．增加考试范围内容、广度而不是难度，纠正压轴题奇、难、偏、怪．

中考数学试卷应设计以下四种类型的题目．一是基础性为主的试题，二是综合性为主的试题，三是应用性为主的试题，四是创新性为主的试题．试卷命制要从关注数学本质出发，有利于回到教材、回到基础、回到源头，不能偏离核心内容、主干知识和重要思想方法，更不能玩技巧、搞噱头．试卷中应包含一定比例的基础性试题，引导学生筑牢知识基础；试题之间、考试内容之间、学科之间应相互关联，交织成网状的知识测评框架，实现对学生素质的综合考查；采用贴近时代、贴近社会、贴近生活的素材，鼓励学生理论联系实际，关心日常生活、生产活动中蕴含的实际问题，思考课堂所学内容的应用价值；合理创设情境，设置新颖的试题呈现方式和设问方式，促使学生主动思考，发现新问题、找到新规律、得出新结论．依据课标，建立相对规范、统一的中考数学试卷结构，势在必行．

未来中考数学试卷基本上会呈现出以下特征：一是知识考查基础化；二是题材选择生活化；三是能力要求层次化；四是思维模式开放化；五是试卷结构格式化．命题的基本趋势是：注重基础、注重应用、注重探究、适度综合．

命题对教学有导向作用同时也不能受教学所绑架，同时尽可能不受或少受命题者的爱好、理解所影响．只有突出试题的原创性，才能保证把裸露的数学问题用丰富多彩的情境包裹起来，才能遏制题海战术，试卷的导向性与公平性才能得以落实并体现．

1.4 怎么命——命题的过程与方法

数学试题的设计是一项理论性、技术性很强且十分辛苦的工作．数学试题大体可分为两大类：一类源于经验，来自外部世界的实际现象；另一类来自数学内部，借助逻辑组合、一般化、特殊化，巧妙地对概念进行分析和综合，提出新的问题. 波利亚在《怎样解题》一书中曾说："我们几乎不能想象有一问题是绝对的新颖，和我们以前解决过的任何问题都不相似，都无关系."综合来说，数学试题来自现实世界和数学自身.

一、命题常用方法

核心素养检测下的命题遵循许多原则，如科学性、导向性、适标性、公平性、有效性、规范性、发展性、创新性等. 命题立意从知识立意、方法立意、能力立意到情境立意、过程立意、素养立意并重，寓生活、文化、教育于问题之中.

命题是个"从无到有"的过程，核心是方向和策略，重点要学会对一个基本构架进行添砖加瓦，此时我们要考虑能产生哪些问题？是否具有需要的考查价值？选择适当的问题与设问方式，使之符合需要.

命题要培养学生发现、提出、分析、解决问题的能力，提出有价值、有质量的问题. 问题是关键，问题是思考的结果，也是深入思考的开始，有问题也是创新的开始. 问题的设置要有层次地展开，以探究为特征，渗透探究的方法.

命题主要有两个来源：一是采用他人的现成试题；二是自己编写新试题. 自己编写的新试题通常有改编和原创两种方式.

改编是指在已有试题的基础上，保持原题优点的基础上，通过分解与重组，考点的增加、删减、组合，命题的变更等手段，对其立意、情境及设问进行适当的调整与改造，从而命制出适合试卷要求的试题. 改编试题，是从形式上、考查功能上对原有试题进行改造，产生新试题.

原创是根据需要考查的知识点创设一个新的问题，要求情境新、材料新、设问新等.

事实上真正的原创很难，所谓的原创大都是改编，改编到一定深度我们默认为原创. 因此改编是命题中最重要的技术. 改编试题的方法有很多，包括改变设问角度、改变命题结论的形式、置换题设与结论、强化或弱化条件、采用运动图形、置换题目背景、一般与特殊之间互化、转换题型、题目重组等. 对中考来说，教材是获取命题材料的非常好的渠道，教材中的许多例题、习题的背景都非常新颖、非常贴近现实生活，是很好的命题素材. 命题中常用的方法如下：

1. 演绎法

从一个基本问题、基本定理、基本公式、基本图形，或一组条件出发，进行逻辑推理，从易到难，逐步演绎深化出一个较难的问题. 解题中的观察、类比、化归、变换、赋值、放缩、构造、一般化、特殊化、数形结合法或技巧，都可以从相反的方向用于演绎深化命题之中. 所不同的是命题着眼于扩大条件和结论之间的距离，力图掩盖条件和结论之间联系，而解题则反之. 或者说解题是从未知到已知、从简单到复杂、从陌生到熟悉，命题则反之.

解题的思维核心是思路探求，命题的思维核心是方向与策略. 命题有两种思路，一是由低到高、由简到繁、由浅到深，这一种思路常把简单的问题变为复杂的问题；另一种思路则是由高到低、由繁到简、由深到浅，这一种思路常把复杂的问题变为简单的问题.

2. 推广法

一个数学命题由条件和结论两个部分组成，正确的数学命题揭示了条件与结论之间的必然联系. 一个数学命题的条件改变了（添加或删减、强化或弱化），其结论也往往随之发生相应的变化. 推广就是扩大命题的条件中有关对象的范围，或扩大结论的范围，即从一个事物的研究过渡到包含这一类事物的研究. 在数学命题推广的过程中，所使用的主要方法是归纳和类比. 从推广的方向看，有纵向推广和横向推广. 学科命题在本学科内深入发展叫做纵向推广；将本学科命题移植或类比引申到别的学科中去叫做横向推广. 具体操作推广时，主要从考察命题的条件、结论或解题方法入手获得启发推广.

（1）从低维到高维的推广

如从线段到直线的推广，未知数个数、变量个数、方程的个数的推广等.

（2）从特殊到一般的推广

概念型：先找出命题中和条件或结论中的某个对象，把它作为类概念，然后扩展到与它邻近的某种概念.

状态型：把特殊状态（位置）成立的命题，推广到对一般状态（位置）都成立. 常体现在图形的运动与变换中.

生活离不开猜想，命题更需要尝试、猜想，科学研究建立在猜想之上. 观察、实验、猜想是科学研究的重要方法，通过观察和猜想提出问题，再进行猜想和假设，最后通过推理去证明猜想和假设是一种重要的科学研究方法. 因此从特殊到一般，由简单到复杂，从部分到整体，从低维到高维，从具体到抽象，提出猜想、拓展问题、推广结论是打开命题闸门，发现新问题、新结论的重要方法.

3. 变形法

简化变形：将一些著名的数学试题作特殊化、具体化、局部化、低维化、简单化处理，可以得到背景深刻的中考试题. 如高考中的数学问题取其特例，加以简化，改头换面，可以变成一道中考数学试题.

易位变形：将陈题中条件部分所含有的事项与结论部分中所含有的事项互易位置，从而得到新题，易位又分为全易位和部分易位，将命题中的条件部分与结论部分全部同时交换位置称为全易位；若命题的条件部分与结论部分所含有的事项均不止一个，当我们将这些事项分别地交换位置时，就可得到几个命题，这样的易位称为部分易位. 易位变形实质上是通过构造已知命题的逆命题而得到新的命题，由 4 种命题的关系知，易位变形后的命题不一定真，若变形后的命题是真的，可以构造出证明题；若易位变形后的命题是假的，可以要求构造反例.

4. 模型法

数学模型是用数字、符号、图表等来体现和描述现实原型的各种因素形式以及数量关系的一种数学结构，它通常表现为定律、定理、公式、算法以及图表等. 构造模型编拟数学试题是指命题者经过对实际问题或数学问题的观察、分析、综合、概括、抽象而得到一个概括的结果，然后加以演绎、浅化，从而生成一类试题的方法. 构造试题的途径主要有两种：一是从实际问题中抽象出数学模型，生成试题；二是受已知数学模型的启发，构造新的数学模型，演绎浅化生成试题．模型法是命制应用题时常用的策略．

5. 组合法

由某些概念、性质或简单的基本问题出发（它们多数来源于教科书或相关资料），将它们与初步确定的考查要求联系起来，进行分析和思考，将有关的知识点和基本的方法，进行适当的组合，逐步形成综合模式的解答题．如图形的叠加：从两个基本图形出发，通过图形的特殊叠放，或在此基础上添加适当的线段，从中找出有价值的结论，进行编题等.

二、试题的命制过程

一道试题的命制过程正如盖一幢房子，需要经历规划设计、具体施工、装修优化、竣工验收四个阶段，具体如下：

1. 选材立意（规划设计）

单题的立意要鲜明，立意包含立足点和考查意向两个方面．立足点也就是试题的中心，考查意向也即考查目的，考查目标．一道试题，既可用知识内容立意，也可用能力和素养立意，还可用问题和情境立意．当考试的试题是以知识考查为主线时，多数试题将以知识内容立意．当试卷是以能力素养考查为主线时，多数试题则应以能力素养立意．而一些综合性比较强和实际应用型的试题，则宜以问题和情境立意．选材是根据一定的考查目的（立意）和中心进行的，立意与选材两者之间，往往交织在一起．不管谁先谁后，实际上两者都必须一起考虑，互相兼顾，经过反复多次的修剪，才能趋于目标一致．进入构题的阶段，将较为朦胧的想法具体化和明朗化.

题材来源于现实世界、现有教材、教学实践、经典试题、竞赛试题、国内外文献资料、各种版本的教材、数学史、上位知识（大学与高中知识，特别是高中知识）等.

2. 构建题坯（具体施工）

设计试题的框架结构时，应以所选的题材为依据，采用与之相适应的结构架式．建立试题的框架结构时，应注意主干硬朗、层次分明、清楚，有了架构，再形成题坯，把题设和提问写出．不必忙于文字处理，只需写出要点，

15

提问可以分步设问，也可一步到位只提出一个问题．同时要把基本答案和各种可能出现的解答方法一一列出，以便比较．作为试题模坯，应力求留有余地，使之具有一定的弹性和伸缩性．也即题设条件要便于增加或减少，提问有多种角度可供调换，试题的难度容易调节．这样做，为的是方便下一步骤的加工和调整．

在构建题坯这一环节中，往往伴随着题材的修剪和重组．这时应注意不迷失方向，不要脱离原先的立意，否则会喧宾夺主，前功尽弃．要是出现这种情况，无异于重新开始，这是在不得已时才要面对的，应尽量避免．

3. 调整设问（装修优化）

有了初步成形的试题（题坯）之后，接着的工作是深加工和细琢磨．包括试题的陈述和答案的编写，评分标准的制定，都得在这一步骤中完成．试题的加工和调整，首先要确保试题的科学性和适标性，其次是精心调节难度．试题的难度调节，必须以整卷的难度分布为依据，常用的调节方法有：

改变提问方式，例如，把证明题改变为探索题．将结论隐蔽起来，可提高难度；增加中间的设问，把单问改变为分步设问，无异于给出提示，可降低难度；改变提问的角度，往往也会改变试题的难度．

改变题设条件，例如，适当增删已知条件．隐蔽条件明朗化，明显条件隐蔽化，直接条件间接化，间接条件直接化，抽象条件具体化，具体条件抽象化，乃至条件参数的变更，等等，都可使试题的难度发生变化．

改变综合程度，例如，增减知识点的组合，调整解题方法的结构，变换知识和方法的综合广度或者深度，等等，也都会使试题的难度有所变化．

此外，为了提高试题的质量，在加工和调整这个步骤中，还应注意加强试题的针对性和有效性，安排好难点和陷阱的分布．

4. 审题定稿（竣工验收）

经过精细加工的试题，往往已经不是孤立的单个试题了，而是一组姐妹题，即围绕一个中心问题，难度层次不同，形态相近而又有所差别的若干个试题，以供整卷搭配．对这样的一组题目，必须反复审核，细加推敲，严防疏漏和失误，尤其是要杜绝科学性的失误．

三、命题研究方向

为了追求考试与《课程标准》、教与学、评价相一致，至少需要从以下五个方面认真研究命题的技术：

其一，以核心素养为纽带，根据相关数学知识、方法的地位和作用，从有利于保持《课程标准》、教与学、评价的契合的角度，确定拟考知识点与方法及其权重；

其二，在相关核心知识的交汇点处命制综合性试题或实际应用题；

其三，在已有知识的基础上，引入新的知识背景，设计让考生重新经历学习过程的试题；

其四，设计对旧知识进行多角度思考并对熟悉知识进行进一步探究，从而发现新知识的试题，让学生从事开放性与探索性活动，评价学生的数学创新意识和探究能力；

其五，设计综合探究试题，考核学生通过合情推理提出猜想和运用逻辑推理证明猜想的数学思考水平，等等.

命题技术影响命题，除了命题思路，还有一些与命题相关的智慧，如命题灵感等.

命题思路主要是指命题者对学科知识的组织方式和提问方法. 知识有不同的分类，不同的教育工作者，又往往会持有不同的知识取向，这些学科知识观的差异势必影响到命题思路的多样性. 此外，提问的方法往往取决于命题者对知识理解的切入角度，角度越新奇、独特、多样，就越能开拓考生的思维，激发考生的创造力. 一份好的试卷，应该有灵活多变的思路，这意味着对学科知识有多种多样的组织、理解和应用. 当然，任何学科知识都源自人类的社会生活实践，好的命题思路也源自命题者对学科知识深入透彻的理解，否则就容易产生偏题、怪题.

命题需要思路，也需要灵感.《学习革命》一书中提到产生灵感的方法：

界定你的问题.

界定你认为理想的结果并使之有形化.

搜集所有的材料：特殊的、一般的.

打破模式.

走出你自己的领域.

尝试各种各样的组合.

使用你所有的感官.

关掉——让它酝酿.

使用音乐或自然放松.

把它带进睡眠.

我找到了！它突然出现了.

再检验它.

好的命题思路源于创新，源于灵感.《西游记》中的孙悟空是从一块石头中蹦出来，那块石头或许一直都在那儿，因此我们要发现那块不一样的石头.这就需要一双命题的慧眼. 在命题之路上，你需要一双慧眼，让你在万千试题中寻找命题的源泉、激发命题的灵感、产生命题的思路、掌握命题的技巧.

其实没有人能教会我们命题的智慧，它只能从你的实践中，从你的内心世界中成长出来！

1.5 结果呢——命题的评价与展望

经过多年的中考实践，现在的中考试题情境新颖，构思独特，设问别致.这其中有命题者的大量心血，但命题者研究设计的路径却隐藏于题外，若解后不注意反思、总结，则很难捕捉中考命题的基本走向，试题考查的深度与广度也不易被发掘，久而久之，只能是广种薄收.

每年中考数学考试刚结束，网络中便有一番喧嚣几多舆论，充斥于网络中的声音往往是片面的、零星的，也有起哄的、闹情绪的，声音繁杂. 而来自权威机构的声音少之又少，喧嚣舆论之后研究才能重新冷静出发. 试卷中我们看到了什么，又能想到什么？试卷传承了什么，又能预示什么？核心素养的提出意味着考试要转型，怎么转？结果如何？基于核心素养的试卷检测有没有落地？中考数学命题时有经典三问：想去哪儿（命题目标），怎么去（命题技术），结果呢（命题评价）？评价最重要的意图不是为了证明，而是为了改进.

任何一份试卷核心构成要素包括知识结构、认知结构、能力结构、题型结构、难度结构、情感结构等多个维度. 评价数学测试题，常从命制的立意，试题的解法、试题的背景、试题的变化、试题的导向等几个视角进行. 运用测量学的有关理论，进行效度、信度、难度、区分度等方面的数据分析. 分析一份试卷应从定量和定性两个方面关注试卷的数据和指标. 定量依据测量学中难度、信度、效度、区分度等，体现了检测的工具性，特点是可观可测；定性从导向性、科学性、适标性、公平性、教育性、思想性、创新性、可推广性等对试卷进行描述，反映试卷的目标和追求，体现检测的价值性. 试卷从知识出发，以素养为归宿. 试卷的分析不仅要关注知识点的分析，更要关注数学核心素养的达成. 还要看试卷能否起到良好的启示与导向作用，也就是定量分析与定性解释.

认真研究中考试题，活化中考试题，进一步开发中考试题，拓展其教育功能，是中考复习的有效途径之一. 以中考试题为基本素材，对试题进行命制探究、变式拓展和背景解读，实际上就是对中考试题的"二次开发"，为教师的授课提供有益的、切合学生学情的案例，其目的就是让中考试题更有利于学生对数学知识的理解和思维的发展.

《学习的革命》一书中说："预测未来的最好办法就是现在创造未来."核心素养理念下的中考数学命题从知识立意、能力立意、方法立意走向情境立意、过程立意、素养立意并重的科学命题之路上. 试卷不仅考查基础知识、基本技能，更重要的是考查在真实情景中解决问题的能力，试卷从单纯的知识测试向数学核心素养测试转型.

1. 更加关注核心素养的考查

展望今后的中考命题，将以数学核心素养考查为出发点和落脚点. 从数学抽象、逻辑推理、数学建模、运算能力、直观想象、数据分析等方面立意，突出对数学核心素养的考查. 如运用符号表达，从感性到理性，逐步体现对抽象全过程的考查；从单纯的模型应用，逐步向建模过程的综合考查发展；从将运算作为工具的考查，逐步侧重考查算理和算理的应用；从简单的图形描述和分析发展到利用图形探索和解决数学问题；从统计量和统计图表的考查逐步向注重数据分析倾斜等.

2012年PISA数学素养的定义如下：个体能够在不同情境中形成、运用、解释数学的能力，包括数学地推理，运用数学概念、程序、事实和工具来描述、解释、预测，帮助个体理解数学在社会生活中的作用，并且能够作出好的决策和判断. 测评框架有三个分析维度，分别是数学情境、数学内容、数学过程. 吸收、学习、借鉴、模仿、创新，是对核心素养视角下的命题的最好认识与思考.

2. 更加关注试题的创新

"新定义试题、阅读理解题、课题学习"等新题型应在中考试卷中得到进一步体现. 这类问题往往要经过"感受新知、理解内涵、探究规律、应用拓展"这一学生学习的全过程，能更容易考查学生的学习能力，是综合考查学生数学思维和基本素养的一个有效工具. 常见的问题有以实际问题为背景考查数学建模与应用意识，以数学问题为对象考查数学探究与推理能力，以概念学习为手段考查阅读理解和学习应用能力，以类比知识或方法来考查创新能力，以归纳和猜想来考查合情推理与归纳能力.

3. 试题取材更具教育意义

试题取材应基于教育性、公平性、科学性、普适性，同时也应关注人文性、生活性、应用性、趣味性等，特别是尽可能选择大家都熟知或都陌生的相对公平的载体. 中考多数试题取材于教科书，试题的构成是在教科书中的例题、练习题、习题的基础上通过类比、加工改造、加强条件或减弱条件、延伸或扩展而成的.

数学文化融入中考试题，有助于引导考生在解答问题的过程中了解数学在整个人类文化发展中的价值，领略数学文化的魅力，体会数学的科学价值、应用价值、人文价值、美学价值. 以数学文化为依托命制试题，能增加试卷的人文气息和数学底蕴.

4. 更加关注数学过程的考查

中考试卷侧重于知识和技能的测试，过程与方法维度测评相对较少．试题应关注知识（概念、法则、定理、公式等）的形成过程，关注问题的解决（发现、提出、分析）过程，关注思维的探究过程，关注数学活动的积累过程．过程性的考查需要设计合适的数学活动，让学生通过观察、实验、猜测、推理、反思等，感悟知识的形成和应用．知识的形成活动体现"知识背景—知识形成—揭示联系"的过程，知识的应用活动体现"问题情境—建立模型—求解验证"的过程．

5. 更加关注数学应用的考查

数学具有广泛的应用性，在命题中应关注真实性问题情境的创设，强化现实问题向数学问题的思维转换，且提高学生对不同表征形式的数学问题的理解和转换能力，从情境维度测评学生数学素养．

数学建模是数学核心素养之一，要求对现实问题进行数学抽象，用数学语言表达问题、用数学知识与方法构建模型解决问题．主要包括：在实际情境中从数学的视角发现问题、提出问题、分析问题、建立模型、求解结论、验证结果并改进模型，最终解决实际问题．数学建模的考查，要避免过分强化模型的应用，而应注重考查学生抽象的过程、建模的过程．

6. 科学有效衔接高中

初中与高中在知识梯度、学习方法、思维层次、能力要求等诸多方面都有较大变化，新课程改革使得许多重要知识在初中教材和中考命题中均不作要求．若只把一些高中知识或不再要求的知识作为命题的载体出现，可能会加大学生的负担并不利于教学导向．衔接高中，重要的不是衔接知识，而是衔接思想与方法，思维与能力等．因此抽象思想、函数思想、方程思想、参数思想、代数推理等都是我们要关注的．

中考命题是一项专业性很强又富有创新的工作，命题时应当深入研究当地的数学教育教学实际，把握数学教育教学的新动向，为提高考生的数学素养，教师的数学教育教学水平，从命题的角度做出科学的指导和引导，从而保证试卷的科学性、连续性、合理性．由于中考每年都只进行一次，而误差来源的方式与途径又比较多，怎样提高中考数学试卷的内部一致性需要我们花大力气进行研究，以确保中考数学考试结果尽可能只受到数学知识与技能、方法与能力的影响.

合格、合理、独立的命题组和审题组是中考数学试卷质量的保证. 目前对命题人员的培训很多流于形式浮于表面，不够系统化、条理化，缺乏深度. 抽取的命题人员不具备专业的命题技术等. 加强命题管理，根据自愿原则，有针对性地、系统地培训部分数学教育测量专家型人才，建立命题人员数据库，优化本地命题队伍. 进一步加强命题教师必要的命题技术和知识的培训，提高命题人员的理论和实践水平，尤其是教育测量理论在命题实践中的应用，进一步提升命题技术，以减轻和避免因试题命制带来的负面影响和干扰，保证中考命题的质量，确保中考数学命题发挥对初中数学教学的正确导向和激励作用.

命、审题人员和评价人员重叠，影响试卷评价工作的公平性. 进一步建立科学、有效的评价体系，将命、审题人员和评价人员分离，成立"初中学业考试评价组". 中考评价组应介入阅卷的全过程，了解学生的答题情况及反馈，结合实测数据（难度、区分度、信度、效度等），客观地做好考试命题的分析与评价工作，保证评价的客观性和准确性，发挥中考评价的良好导向性，从而提升初中数学学业考试试卷质量，较好地发挥其对中学数学教学的导向作用和激励作用.

我们对中考数学命题的愿景是：

①建立一支相对稳定的命题研究队伍，让命题工作更加科学、专业、规范. 为此需加强对命题队伍的筛选、培训.

②建立一支相对独立的试卷评价队伍，对命题结果进行客观、公正、专业的评价，为未来的命题积累更多的经验与教训.

③让命题逐步走向公开化、透明化、专业化，构建命题与教学之间的良性互动关系，从而让命题能对教学起到更好的导向作用.

④建立基于初中数学核心素养检测的命题标准，进而建立数学核心素养的评价体系是所有命题主管部门与命题者的必然追求！

当我们走得太远时，往往会忘记为何出发. 考生是我们命题的一面镜子，当我们关注什么的时候，我们的考生就得到了什么，而此时我们要不断地学会从考生这面镜子中来"看到"：作为一位命题老师，我们到底要提供给考生什么？我的学科追求到底是什么？这样的思考，必然会带着我们在学科上更好地成长、更真实地成长，最终这段过程回报给我们的将是：拥有数学教育的真谛，享受数学教育的幸福！

第二章 中考压轴看数形

2.1 命题视角下的中考数学压轴题

"压轴"原本是戏曲名词，指一场折子戏演出的倒数第二个剧目．因为最末一个剧目称为大轴，而倒数第二个剧目紧压大轴，故得名压轴戏．压轴本意是指倒数第二个节目，而不是人们常说的倒数第一个，第六版《新华字典》已把倒数第二个节目改为倒数第一个，第八版《新华字典》又把倒数第一个节目又改为倒数第二个．在中考试卷中我们习惯上把倒数两道试题统称为压轴题也比较应景．

命题视角指的是从命题的角度来分析中考数学压轴题，基于核心素养的命题至少应该关注以下三个维度：①数学课程内容体系：如知识、技能、方法、思想等；②数学核心素养：如内涵、价值、表现、水平等；③表现形式：如情境与问题、知识与技能、思维与表达、交流与反思、学习过程（发现与提出问题、分析与解决问题过程），学习能力（阅读理解、概括提升）等．本节从压轴题的考查功能、考查内容、题型设置、命题策略等维度来探究压轴题的本质特征．

一、压轴题的考查功能

压轴题的目标是选拔功能，意图通过压轴题考查学生的综合素质，尤其是分析问题、解决问题的能力，发掘学生继续升学的潜力．因此，压轴题给人的印象是难度大、区分度高，但压轴题一般设置层次分明的台阶，入口宽，上手容易，深入难，综合能力强．

压轴题常以支撑整个初中数学的核心知识与重要思想方法为载体，突出能力与核心素养的考查，对学生的阅读能力、计算能力、理解能力、思维能力、创新能力有较高的要求．压轴试题重点关注数学的理性思维和数学建模的考查，体现探索性、开放性、综合性、应用性和原创性，突出了对数形结合、归纳概括、迁移类比、转化化归、分类讨论、演绎推理、函数与方程等主要数学思想方法的考查．因此，压轴题集中体现试卷的区分度和综合性，渗透了命题者对中考方向的理解，同时也为初中数学教学指明方向．

二、压轴题的考查内容

研究近几年全国中考数学卷压轴题的考查内容，若以知识为载体，大致可分成以下两类：一类是"以几何为载体考查函数或几何"，另一类是"以函数为载体考查函数或几何"，如下表：

中考数学压轴题的分类

试题载体	考查内容		
以几何为载体	考查几何	考查函数	考查几何与函数
以函数为载体	考查几何	考查函数	考查几何与函数

其中几何的载体有三角形、四边形、圆、组合图形（由基本图形构成）等，其中以三角形、四边形为重点．函数的载体有一次函数、二次函数、反比例函数、复合函数（由几个学过的函数构成）等，其中以二次函数为重点．

几何考查的内容有图形形状的判定（等腰三角形、直角三角形、平行四边形、梯形等）、图形的大小（角度的大小、线段的长度、图形的周长或面积的大小等）计算与推理、图形的关系（相等、倍半、平行、垂直、相似或全等）判定与证明、图形变换（平移、旋转、对称、放缩等）的特征与变化等．图形就运动对象而言有点动（点在直线或曲线上运动），线动（直线或线段的平移、翻折、旋转）和面动（部分图形的平移、翻折、旋转）等．

函数考查的内容有求函数的解析式、求相关点的坐标、求函数的最值、求变量的取值范围、研究函数的图象、函数的性质，研究函数方程不等式之间的关系，研究两个函数之间的关系等．代数方面涉及的知识主要有方程、函数、不等式、坐标和解三角形（三角函数）等.

几何中考查代数，代数中考查几何，代数与几何融为一体，是数形结合的完美体现，这类试题具有较强的综合性、灵活性和开放性. 根据这样的分析，可把压轴题分为两类，也有人把压轴题分为三类，分别为几何压轴题、代数压轴题、代数与几何结合的压轴题.

三、压轴题的题型设置

1. 开放型（条件开放、结论开放）

开放型试题可以培养考生的问题意识，关注学生发现问题、提出问题的能力，让考生充分展示不同的思维品质与个性特征. 常见的开放有条件开放、结论开放、解法开放、答案开放等. 命题中问题设置常见的有开放性、存在性、不确定性、方案选择等.

2. 活动型（操作型、运动型）

活动型试题将数学问题活动化，设置经历数学问题的提出过程、解决方法的探究过程、问题结论的深化过程、方法能力的迁移过程. 常见有关注知识（概念、法则、定理、公式等）的形成过程，关注问题的解决（提出、分析）过程，关注思维的探究过程，关注数学活动的积累过程. 知识的形成活动体现"知识背景—知识形成—揭示联系"的过程，知识的应用活动体现"问题情境—建立模型—求解验证"的过程. 在考查学生合情推理与演绎推理能力的同时，渗透特殊与一般、数形结合、类比、模型等思想. 解决问题过程蕴含了让学生经历观察、操作、猜测、变换、归纳、类比、推理等数学活动.

操作型试题所设置的问题基于实验与操作的前提，常以裁剪、折叠、拼接为载体，通过观察、分析、猜想、试验、推理、反思等系列活动，让考生经历了直观感知、操作确认、推理论证的过程. 这种命题方式使问题的展开方式和过程有助于考查学生数学学习经验的积累，而且对于改进、引导教法和学法也有积极意义. 运动型试题通过点、线或图形的运动，研究图形中的"变与不变"问题，研究图形中的变量关系问题.

数学活动经验的积累是提高学生数学素养的重要标志．通过设置开放型、操作型、探究型、运动型等具有过程性特征的试题，多角度、多层次立体地对学生解决问题和分析问题的基本数学活动经验积累情况进行考查，感悟数学的理性精神，形成创新能力．这样的试题具有良好的效度和推广性．

3. 学习型（新定义、阅读理解）

通过学习、理解、应用的问题称为学习型试题，常见的问题有以实际问题为背景考查数学建模与应用意识，以数学问题为对象考查数学探究与推理能力，以概念学习为手段考查阅读理解和学习应用能力，以类比知识或方法来考查创新能力，以归纳和猜想来考查合情推理与归纳能力．常见的命题策略有利用设计阅读材料，让学生获取和处理有关信息，形成解决问题的方案；或创设新的富有思考性的问题情景，让学生分析、归纳、说理；或设计操作性活动，让学生经历折叠、拼画、观察、思考、猜想、分析的活动过程；或采用动静变换，让学生研究新的位置和数量关系，考查学生的空间观念、合情推理．

学习型试题对数学学习过程的关注，对数学学习能力的要求，富有很强的教育意义，在中考试卷中命制此类试题，对教学具有积极的导向作用．教师会逐步改变基于"题海战术"的应试策略，转向重视过程性教学，关注学习方法的指导．

4. 应用型（生活实践、学习探索）

"生活实践"这类情境与日常生活以及生产实践密切相关，考查学生运用所学知识解释生活中的现象、解决生产实践中的问题的能力，偏向生活实践的应用．

"学习探索"这类情境源于真实的研究过程或实际的探索过程，涵盖学习探索与科学探究过程中所涉及的问题，偏向学科的交汇应用．

应用型试题坚持内容维度、过程维度、情境维度的有机结合，注重考查学生在真实情境下解决实际问题的能力，关注学生的应用意识和实践能力，重视数学的应用价值，在命题中得到追捧与加强，这也是一种趋势．

四、压轴题的命题策略

1. 取材背景

从压轴题的取材背景来看，中考数学压轴题追求试题背景的新颖性与独特性，常常是在"课本知识"的基础上往高中数学、竞赛试题、阅读理解、建模应用、中考经典试题等背景上集中．对高中知识或高考试题改造后当作压轴题要非常慎重，知识点、思想方法、能力素养、题型搭配、难度设置、取材背景等都是压轴题必须关注的，压轴题还要关注试题的导向性、公平性、综合性、应用性、创新性、发展性等．

2. 难度设置

压轴题难度系数不超过 0.3，其中最后一道压轴解答题的难度系数多在 0.2 或 0.1 附近，当然，也会出现 0.1 以下的低效题．有时是因为前面的题目较难，增大了压轴题的位置难度；有时是因为压轴题本身的绝对难度较大，超越多数考生的认知负荷．压轴题难度过大，考生普遍不得分，就形同虚设了．而压轴题的难度系数大于 0.3，则成为中档题，俗称"压不住"或"没压住"．

3. 增加梯度

中考中存在这样的事实：压轴题难度过高可能使绝大部分考生有一种压轴题高不可攀的心理压力，从而干脆放弃，使得压轴题形同虚设，导致试卷的信度下降．针对这种现象，从不同角度对同一问题由浅入深地考查，增加压轴题的梯度的做法较为多用．

4. 多题压轴

难度高的问题不集中在最后一题，而是设计二、三个难度相当且有一定梯度的较难问题作为压轴题．这样做在一定程度上可以帮助考生克服畏惧压轴题的心理，发挥出自己的真实水平，有助于提高试卷信度，值得在中考命题实践中进一步加以发扬并完善．

中考压轴题是经过命题者精心编制的，具有典型性、示范性、拓展性、研究性，只有师生共同认真钻研，学会拓展延伸、类比迁移，才能让自己从一个单纯的执行者转变为开发者，从而能够更好地训练学生思维的创造性，改变"记题型，对模式"的僵化、死板的学习方式，能够促进学生生动活泼、积极主动、勇于探索学习，致力于学生学习方式的改变；给学生以再发现、再创造的思维空间，促进学生独立思考、探究精神的养成，能使学生通过自主参与，主动地接近、发现和体验所学的内容，从而获得新的知识和技能；培养学生运用观察、猜想、抽象、概括、归纳、证明等手段解决问题的能力，提高学生独立获取知识和独立思考的能力.

压轴题是知识、能力、思想、方法、素养的综合，是中考试卷中的核心、重点、难点、热点、灵魂. 有一句名言：得压轴题者得中考，指的是压轴题在考试中的地位. 命制试卷时，压轴题往往最先开始命制，命完压轴题可以说试卷完成了一大半，因此压轴题更是命制中考试卷中的皇冠.

欲戴皇冠，必承其重！

2.2 几何压轴题的结构特征和命题策略

课标中对几何知识的要求：经历图形的抽象、分类、性质探讨、运动、位置确定等过程，掌握图形与几何的基础知识和基本技能. 在参与观察、实验、猜想、证明、综合实践等数学活动中，发展合情推理和演绎推理能力，清晰地表达自己的想法. 命题时注重知识的系统性、整体性和结构性，同时核心试题一定会渗透一些重要的数学思想方法，如数形结合、等价化归、特殊到一般、迁移类比等；关键能力，如逻辑思维能力、运算求解能力、空间想象能力、数学建模能力和创新能力；核心素养，如数学抽象、逻辑推理、数学建模、直观想象、数学运算等. 命题视角特指：考查的内容、问题的选择、题型的搭配、情境的设置等维度，本节将通过命题视角来探究几何压轴题的命题策略.

一、考查的内容

纵观全国各地中考几何综合题，根据新课标的要求，几何考查有图形的性质、图形与变换、图形与坐标等三个板块.

（一）图形的性质与应用

1. 三角形性质及应用

①等腰三角形（含等边三角形）的性质及应用；②直角三角形的性质及应用、解直角三角形；③含有特殊角度（30°、45°、60°、75°、120°、135°等）的三角形的性质及应用；④三角形内的特殊点及特殊线问题（三角形五心、费马点、角平分线、中线、高线、中位线、垂直平分线、平分图形、过中心的直线）.

2. 四边形性质及应用

①平行四边的性质及应用；②矩形、菱形的性质及应用；③正方形的性质及应用；④其它四边形性质及应用.

3. 圆的性质及应用

①圆的性质及应用；②直线与圆的位置关系.

（二）基本模型与图形变换

1. 基本模型

①半角模型（直角含半角、120度含60度，其它半角）；②中点模型（倍长中线、构造中位线、三线合一、斜边中线）；③一线三等角模型；④A型及X型、反A型、Y型模型；⑤共顶点模型：等腰（等边）三角形的组图；正方形的组图.

2. 图形变换

①平移、对称、翻折、旋转；②分割、拼接、综合.

（三）热点问题与重要题型

1. 热点问题

①定值问题；②最值问题；③运动路径问题（隐圆型、直线型）；④面积问题（面积变换、面积平分）.

2. 重要题型

①几何猜想探究（特殊到一般，迁移类比型）；②几何应用；③几何与函数结合（几何中的代数推理与函数建模）；④几何新定义.

二、问题的选择

命题时常通过图形的分解与组合、模型的识别与变换、运动中的变与不变去考查几何推理或代数运算. 问题设置常见有以下两类问题：

1. 证明类问题

①线段、角的数量关系（包括相等、和差、倍、分关系以及比例关系）；②图形的关系（如三角形的相似与全等，点与线、线与线、线与圆位置关系等）；③图形的形状（如直角三角形、等腰三角形、梯形、平行四边形、矩形、正方形等的判定）.

2. 计算类问题

①角度的大小、线段的长度、几何图形的周长、面积的大小的计算；②运动的轨迹、定值、最值等的计算；③与运动联系并建立函数关系式，从而研究函数的图像与性质等；④几何的实际应用.

三、情境的设置

近年各地的中考数学卷中，出现了许多设计精美、格调清新的集阅读理解、操作、猜想于一体的几何综合题，这类试题综合性强，思考方向不确定，对思维的灵活性、深刻性、发散性、独创性有较高的要求，能够有效地考查学生的阅读能力、自主探究能力、分析解决问题的能力和思维创新能力. 这类问题给学生设置了一个类似于科学探究发现的数学活动，要求学生在动手操作的基础上，抓住概念，依托定理，从自己熟悉的图形入手观察、分析推理、空间想象、归纳和类比进而形成猜想. 这类问题要求学生利用运动、变化、发展的观点来分析问题，进而发现结论并进行证明，最后加以应用.

在课改之前，几何命题偏向传统的演绎推理证明，基本采取已知、求证、证明三段论式的方式；而课改之后，中考几何综合题常以"动态几何题"和

"数学活动类"两种形式出现. 考查考生对几何事实如概念、性质等的理解（如图形形状的判定、推理能力），淡化了对几何证明技巧的考查，加强了对图形变换的考查（如旋转变换、对称变换等），而对圆知识的考查，无论从数量上还是难度上，都大大降低了要求.

四、命题的变革与趋势

对几何命题尤其是压轴题的命题改革，莆田市甚至先于课改. 现从 2003 年，作者第一次作为命题者参与中考命制的试题开始，总结并反思几何压轴题的命题特征、命题策略、变化趋势等.

1. 以运动变换为载体，关注演绎推理与合情推理的考查

动态几何问题中有一种活动型（操作型、运动型）试题，通过图形的变换，探究图形中的"变与不变"，它把操作、观察、探究、计算和证明融合在一起. 试题从单一的演绎论证，到关注合情推理，再到演绎推理与归纳推理并重，关注了数学活动的考查.

【例 1】（2003 年莆田中考）操作：在 $\triangle ABC$ 中，$AC=BC=2$，$\angle C=90°$，将一块等腰直角三角板的直角顶点放在斜边 AB 的中点 P 处，将三角板绕点 P 旋转，三角板的两直角边分别交射线 AC、CB 于 D、E 两点. 图 1，图 2，图 3 是旋转三角板得到的图形中的 3 种情况.

探究：(1) 三角板绕点 P 旋转，观察线段 PD 和 PE 之间有什么数量关系，并结合图 2 加以证明；

(2) 三角板绕点 P 旋转，$\triangle PBE$ 是否能成为等腰三角形？若能，指出所有情况（即写出 $\triangle PBE$ 为等腰三角形时 CE 的长）；若不能，请说明理由；

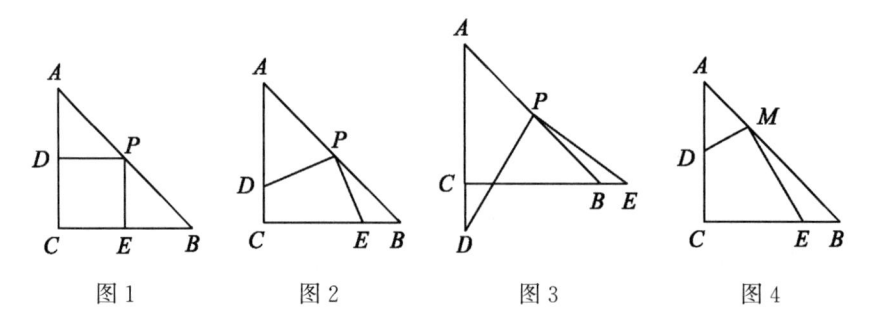

图 1　　　图 2　　　图 3　　　图 4

(3) 若将三角板的直角顶点放在斜边 AB 上的 M 处，且 AM：MB＝1：3，和前面一样操作，试问线段 MD 和 ME 之间有什么数量关系？请直接写出结论，不必证明．（图4供操作、实验用）结论为：_____．

2012 年在长春举行的全国中考数学评价会议上，专家对莆田市 2003 年中考第 26 题几何题作了如下肯定：

①本题通过三角板的旋转来构造问题，各问题的难度层次分明，逐级递进，可以引导学生逐步深入思考——数学思维活动特征．

②学生在解决这一系列问题的过程中，可以表现出自己在从事观察、数学表达、猜想、证明等数学活动方面的能力——数学思维活动能力发展特征．

③试题让学生经历一次数学研究活动，而且在活动中有意识引导学生获取并积累数学活动经验形成数学能力——活动中获取经验（简单的数学方法），经验经过量的积累并进一步升华形成能力（数学思想）．

④试题进一步改编与研究体现数学问题的产生特征——"是借助于逻辑组合、一般化、特殊化巧妙地对概念进行分析与综合，提出新的富有成果的问题"．

【评析】 该题通过三角板的旋转来构造问题，考生通过操作和探究来获得结论．试题综合考查运用特殊三角形的性质、全等三角形、相似三角形的判定和性质，进行观察、猜想和推理论证的能力．各问题的难度层次分明，逐级递进，可以引导考生逐步深入思考——数学思维活动特征．考生在解决这一系列问题的过程中，可以表现出自己在从事观察、数学表达、猜想、证明等数学活动方面的能力——数学思维活动能力发展特征．

（全国中考数学评价组评析）

本题改变了传统几何证明题的模式（已知，求证，证明），将合情推理与演绎推理有机融合在一起，试题基于特殊问题的类比与推广，进而发现问题的更为一般性的本质，解题过程体现了从特殊到一般的数学思想，这有助于考生加深对问题的理解，提高综合解题能力，形成创新意识，体现课改理念，对教学具有积极的导向作用．

（福建省中考考试评价组评析）

基于该题的命题策略反响较好，因此十几年来，我们始终坚守着富有莆田特色的中考几何压轴题命制方式，以下案例可以说明．

【例2】（2006年莆田中考），已知：如图5，AB为$\odot O$的直径，弦$CD \perp AB$，垂足为E，直线l绕点E旋转，交直线AC于P，交直线AD于Q（l不与AB重合），分别过C、D作$CF /\!/ l$、$DG /\!/ l$，分别交AB于F，G．

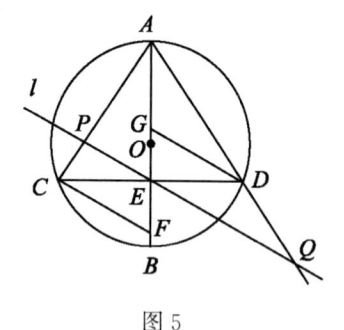

（1）求证：$GE = FE$；

（2）设$AC = a$，解答下列问题：

①当l与直线CD重合时，$\dfrac{1}{AP} + \dfrac{1}{AQ} = $_____（把结论直接填在横线上）；

②当l与直线CD不重合时，猜测$\dfrac{1}{AP} + \dfrac{1}{AQ}$为何值，并说明理由．

图5

【评析】 本题是几何探究与证明综合题，以过三角形的角平分线上任一点，与角两边相交为基本模型，隐于圆中．考查直线变化时，通过计算对应两条线段倒数和，从特殊到一般的问题设置考查了几何运动中的变与不变；考查了相似三角形与全等三角形的判定与性质．题中三个结论之间逐级递进，体现了从特殊到一般的数学思想及一题多变的数学思维方法、方式．一题多变，由特殊到一般，问题设置有梯度．第二问的两个问题解题思路连贯，设计合理．试题的语言描述简练，充分体现了命题构思的严谨、思维的缜密，是一道有代表性和兼具科学性的综合运用题．试题能有效地区分学生的水平能力，因此是一道比较有难度的压轴题．因为圆在新课程之后淡化了要求，在后来的莆田几何压轴题中就基本没有出现以圆为背景的几何压轴题．

【例3】（2011年莆田中考），已知菱形$ABCD$的边长为1，$\angle ADC = 60°$，等边$\triangle AEF$两边分别交边DC、CB于点E、F．

（1）特殊发现：如图6，若点E、F分别是边DC、CB的中点，求证：菱形$ABCD$对角线AC、BD的交点O即为等边$\triangle AEF$的外心；

（2）若点E、F分别在边DC、CB上移动，记等边$\triangle AEF$的外心为点P，

①猜想验证：如图 7，猜想 △AEF 的外心 P 落在哪一直线上，并加以证明；

②拓展运用：如图 8，当 △AEF 面积最小时，过点 P 任作一直线分别交边 DA 于点 M，交边 DC 的延长线于点 N，试判断 $\dfrac{1}{DM}+\dfrac{1}{DN}$ 是否为定值. 若是，请求出该定值；若不是，请说明理由.

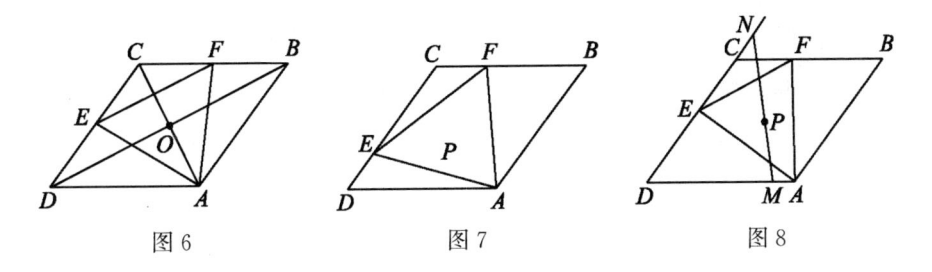

图 6　　　　图 7　　　　图 8

注：本题的命制过程可参阅"2.3 中考几何压轴题的编制过程及反思".

【评析】 本题是一道集阅读理解、实验操作、猜想证明、应用探究于一体的综合题. 试题以菱形中的一个等边三角形的旋转作为载体，综合考查了等边三角形、菱形两个基本图形的性质，同时考查了等边三角形的外心（中心）、三角形的中位线、相似、全等等初中数学几何主干知识. 其新意主要体现在：让学生在操作、实验等尝试性活动中表现出对基础知识的理解水平、对图形的分解与组合能力. 本题的情境复杂，要求学生在众多的可变元素中确定不变的元素，有利于全面考查探索过程（类比、归纳、猜想等合情推理等在整个思维过程中能得到充分的体现），从而较为有效地发挥证明题在考查学生观察、数学表达、猜想、证明等数学活动能力方面的功能，可谓操作与探究相融、猜想与创新同途. 本题结论开放、方法开放、思路开放，因而能有效地反映高层次思维，融合了特殊与一般、转化、数学建模、函数、数形结合等数学思想.

（福建省中考考试评价组评析）

【例 4】（2013 年莆田中考）在 Rt△ABC 中，∠C＝90°，D 为 AB 边上一点，点 M、N 分别在 BC、AC 边上，且 DM⊥DN. 作 MF⊥AB 于点 F，NE⊥AB 于点 E.

（1）特殊验证：如图9，若 $AC=BC$，且 D 为 AB 中点，求证：$DM=DN$，$AE=DF$；

（2）拓展探究：若 $AC\neq BC$.

①如图10，若 D 为 AB 中点，（1）中的两个结论有一个仍成立，请指出并加以证明；

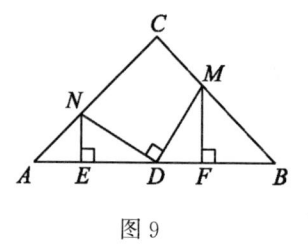

②如图11，若 $BD=kAD$，条件中"点 M 在 BC 边上"改为"点 M 在线段 CB 的延长线上"，其他条件不变，请探究 AE 与 DF 的数量关系并加以证明.

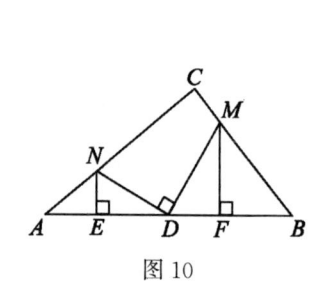

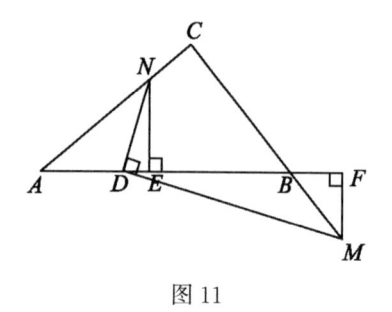

图9

图10 图11

【评析】 试题通过设计一个类似数学探究活动的情境，从对特殊的问题验证入手，将问题进行拓广应用，展现问题解决的过程和方法，突出对数学活动经验的考查. 在考查学生合情推理与演绎推理能力的同时，还渗透特殊与一般数学思想，考查了类比、化归的能力. 解法多样性充分展示学生思维品质与个性特征差异，体现试题具有较好的效度与区分度.

（福建省中考考试评价组评析）

【例5】 （2015年莆田中考）在 Rt△ACB 和 Rt△AEF 中，$\angle ACB=\angle AEF=90°$，若点 P 是 BF 的中点，连接 PC，PE.

【特殊发现】

如图12，若点 E，F 分别落在边 AB，AC 上，则结论：$PC=PE$ 成立（不要求证明）.

【问题探究】

把图12中的△AEF 绕着点 A 顺时针旋转.

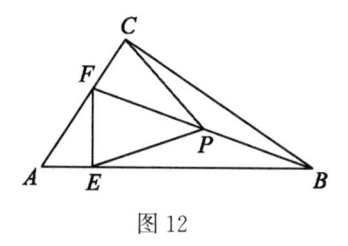

图12

(1) 如图13，若点E落在边CA的延长线上，则上述结论是否成立？若成立，请给予证明；若不成立，请说明理由；

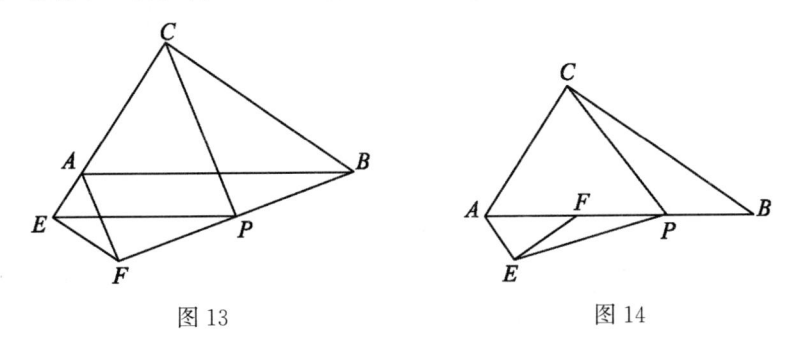

图13

图14

(2) 如图14，若点F落在边AB上，则上述结论是否仍然成立？若成立，请给予证明；若不成立，请说明理由；

(3) 记$\dfrac{AC}{BC}=k$，当k为何值时，$\triangle CPE$总是等边三角形？（请直接写出k的值，不必说明理由）

【评析】 本题实测难度系数为0.15，作为压轴题难度与区分度俱佳．试题设置"特殊发现—问题探究"的问题情境，由特殊图形、特殊位置出发探索结论，随着图形一般化，提出猜想并论证、应用；试题考查的知识点有：图形的旋转、直角三角形斜边上中线性质、三角形相似与全等、平行线平分线段定理等初中几何中核心的数学知识．试题通过对几何图形进行合理分解、组合，考查了学生的观察、分析、猜测、验证、计算与推理能力，渗透了特殊与一般、分类与整合、数形结合、化归与转化思想．

【例6】 （2019年莆田质检）如图15，在$\mathrm{Rt}\triangle ABC$中，$\angle ABC=90°$，$AB=BC$，将$\triangle ABC$绕点A逆时针旋转，得到$\triangle ADE$，旋转角为α（$0°<\alpha<90°$），连接BD并延长交CE于点F．

(1) 如图16，当$\alpha=45°$时，求证：$CF=EF$；

(2) 在旋转过程中，

①问（1）中的结论是否始终成立？证明你的结论；

②连接CD，当$\triangle CDF$为等腰直角三角形时，求$\tan\dfrac{\alpha}{2}$的值．

37

图15　　　　　图16

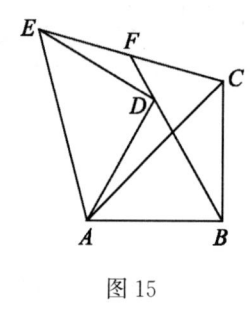

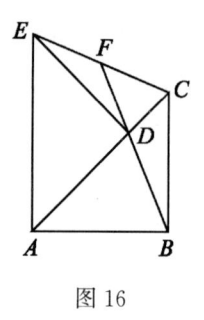

2. 以运动变换为载体,关注演绎推理与代数推理的考查,关注几何运动的轨迹,关注函数建模的考查

【例7】 (2008年莆田中考)阅读理解：如图17,在直角梯形$ABCD$中,$AB//CD$,$\angle B=90°$,点P在BC边上,当$\angle APD=90°$时,易证$\triangle ABP \backsim \triangle PCD$,从而得到$BP \cdot PC = AB \cdot CD$. 解答下列问题：

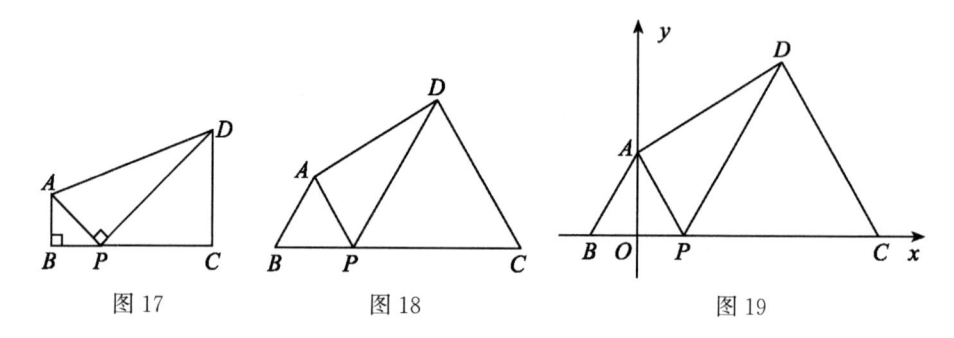

图17　　　　　图18　　　　　图19

(1) **模型探究**：如图18,在四边形$ABCD$中,点P在BC边上,当$\angle B=\angle C=\angle APD$时,求证：$BP \cdot PC = AB \cdot CD$;

(2) **拓展应用**：如图19,在四边形$ABCD$中,$AB=4$,$BC=10$,$CD=6$,$\angle B=\angle C=60°$,$AO \perp BC$于点O,以O为原点,以BC所在的直线为x轴,建立平面直角坐标系,点P为线段OC上一动点(不与端点O、C重合).

①当$\angle APD=60°$时,求点P的坐标;

②过点P作$PE \perp PD$,交y轴于点E,设$OP=x$,$OE=y$,求y与x的函数关系式,并写出自变量x的取值范围.

【评析】 本题通过"阅读理解—模型探究—拓展应用"三个环节的问题设置，向学生展示了一般性问题的较完整的研究过程：从"特殊情况"（图 17 为直角情形）入手，到"一般情况"（图 18 为非直角情形），再到"一般情况"中的特殊情形，即由问题（2）①上升到新背景中的"特殊"问题（2）②．考生经历了"特殊——一般——特殊"的由浅入深、归纳思维与演绎思维交替使用的思维过程．题干给出了"易证△ABP∽△PCD"的提示，考生在"易证"中得出具有广泛意义的思考或研究方法（即一般性方法）后，就能类比解决后续的各个问题．本题的价值不仅在于环环相扣、层层推进的精彩设问，更在于试题本身展现出的"一般性方法"的深刻含义和普遍适用性．

（福建省中考考试评价组评析）

【例8】 （2016 年莆田中考）若正方形的两个相邻顶点在三角形的同一条边上，其余两个顶点分别在三角形的另两条边上，则正方形称为三角形该边上的内接正方形．△ABC 中，设 $BC=a$，$AC=b$，$AB=c$，各边上的高分别记为 h_a，h_b，h_c，各边上的内接正方形的边长分别记为 x_a，x_b，x_c．

（1）模型探究：如图 20，正方形 EFGH 为△ABC 边 BC 上的内接正方形．

求证：$\dfrac{1}{a}+\dfrac{1}{h_a}=\dfrac{1}{x_a}$；

（2）特殊应用：若∠$BAC=90°$，$x_b=x_c=2$，求 $\dfrac{1}{b}+\dfrac{1}{c}$ 的值；

（3）拓展延伸：若△ABC 为锐角三角形，$b<c$，请你判断 x_b 与 x_c 的大小，并说明理由.

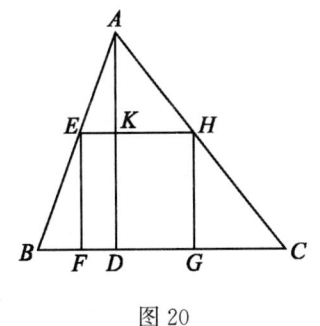

图 20

【例9】（2017年莆田质检）如图21，在矩形 $ABCD$ 中，$AB=10$，$AD=6$，E 是 AB 边上的一个动点，点 F 在射线 EC 上，点 H 在 AD 边上，四边形 $EFGH$ 是正方形，过 G 作 $GM\perp$ 射线 AD 于 M 点，连接 CG，DG.

(1) 求证：$AH=GM$；

(2) 设 $AE=x$，$\triangle CDG$ 的面积为 S，求 S 与 x 的函数关系式，并写出 x 的取值范围.

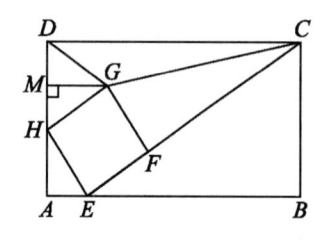

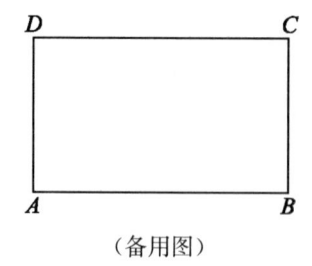

图21

【例10】（2018年莆田质检）如图22，AD 平分 $\angle BAC$，$BD\perp AD$，垂足为点 D. 点 P 是 AD 上一点，$PQ\perp AC$ 于点 Q，连接 BP，DQ.

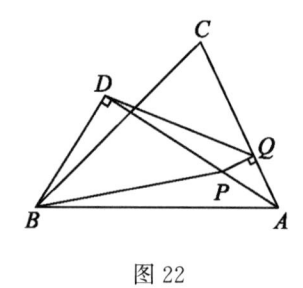

图22

(1) 求证：$\dfrac{AQ}{AP}=\dfrac{AD}{AB}$；

(2) 求证：$\angle DBP=\angle DQP$；

(3) 若 $BD=1$，点 P 在线段 AD 上运动（不与 A，D 重合），设 $DP=t$，点 P 到 AB 的距离为 d_1，点 P 到 DQ 的距离为 d_2. 记 $S=\dfrac{d_1}{d_2}$，求 S 与 t 之间的函数关系式.

【例11】（2020年莆田八年级质检）如图23，Rt$\triangle ABC$ 中，$\angle B=90°$，

$\angle ACB=30°$，$BC=\sqrt{3}$，点 D 在边 BC 上，连接 AD，在 AD 上方作等边 $\triangle ADE$，连接 EC.

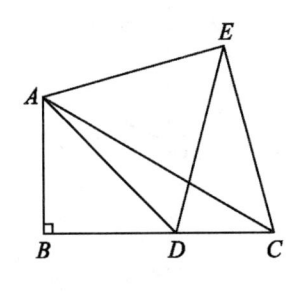

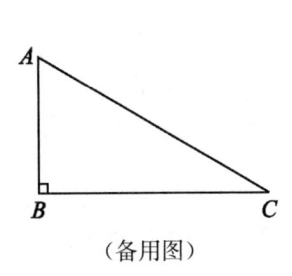

（备用图）

图 23

（1）求证：$DE=CE$；

（2）若点 D 在 BC 延长线上，其他条件不变，直接写出 DE，CE 之间的数量关系（不必证明）；

（3）当点 D 从点 B 出发沿着线段 BC 运动到点 C 时，求点 E 的运动路径长.

【评析】 几何压轴题在考查合情推理与演绎推理的同时，通过运动考查函数建模、运动路径、定值最值等已成为命题的热点，受到青睐.

3. 特色的几何压轴题

以新定义、数学文化等为载体研究图形的性质或变化，或通过分割、拼接、镶嵌等操作发现和提出问题，探究规律等.

【例 12】 （2009 年莆田质检）（1）如图 24，$\triangle ABC$ 的周长为 l，面积为 S，其内切圆的圆心为 O，半径为 r，求证：$r=\dfrac{2S}{l}$；

（2）如图 25，在 $\triangle ABC$ 中，A、B、C 三点的坐标分别为 $A(-3,0)$，$B(3,0)$，$C(0,4)$．若 $\triangle ABC$ 的内心为 D，求点 D 的坐标；

（3）若与三角形的一边和其他两边的延长线相切的圆叫旁心圆，圆心叫旁心．请求出（2）中的 $\triangle ABC$ 位于第一象限的旁心的坐标.

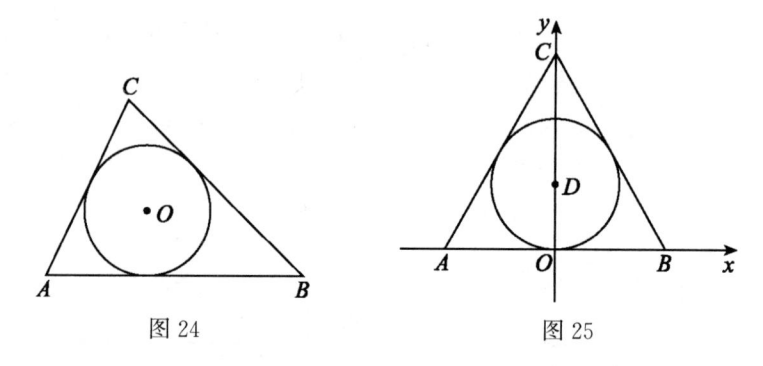

图 24　　　　　　　图 25

【例 13】（2017 年莆田八年级质检）(1) 操作实践：如图 26，△ABC 中，∠A=90°，∠B=22.5°，请画出一条直线把△ABC 分割成两个等腰三角形，并标出分割成两个等腰三角形底角的度数；（要求用两种不同的分割方法）

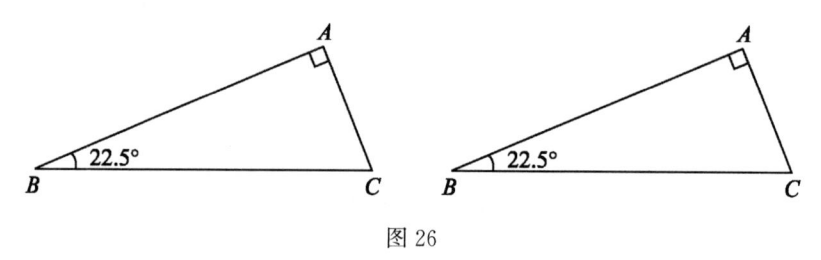

图 26

(2) 分类探究：△ABC 中，最小内角∠B=24°，若△ABC 被一直线分割成两个等腰三角形，请画出相应示意图并写出△ABC 最大内角的所有可能值；

(3) 猜想发现：若一个三角形能被一直线分割成两个等腰三角形，需满足什么条件？（请你至少写出两个条件，无需证明）

【评析】几何直观有两层含义：一是几何，指的是图形；二是直观，指的是依托，利用图形进行数学的思考、想象. 体现在考题上一是能否正确画图，考查几何直观的基础——图形表示；二是通过对图形的分析思考，实现对数与形之间的化归与转化的考查，考查几何直观的应用层面——图形分析与图形思考. 本题特别关注结论的开放，关注发现问题和提出问题的能力的考查，是值得倡导的一种创新.

【例 14】（2019 莆田质检）在数学活动课上，研究用正多边形镶嵌平

面. 请解决以下问题:

(1) 用一种正多边形镶嵌平面.

例如,用 6 个全等的正三角形镶嵌平面,摆放方案如图 27 所示;若用 m 个全等的正 n 边形镶嵌平面,求出 m, n 应满足的关系式.

图 27

(2) 用两种正多边形镶嵌平面.

若这两种正多边形分别是边长相等的正三角形和正方形,请画出两种不同的摆放方案.

(3) 用多种正多边形镶嵌平面.

若镶嵌时每个顶点处的正多边形有 n 个,设这 n 个正多边形的边数分别为 x_1,x_2,$\cdots$,x_n,求出 x_1,x_2,$\cdots$,x_n 应满足的关系式.(用含 n 的式子表示)

【评析】 以教材活动课中的平面镶嵌作为素材,从一个小课题形式的活动中抽象出问题. 问题设计从简单到复杂,从特殊到一般,关注学生的动手操作、规律探究、分类讨论等方法与能力. 试题重点不是考查知识,而是考查利用数学知识解决问题的能力,值得倡导.

【例 15】 (2019 年莆田质检) 如图 28,顶角为 36°的等腰三角形称为锐角黄金三角形. 它的底与腰之比为 $k=\dfrac{\sqrt{5}-1}{2}\approx 0.618$,记为 k. 受此启发,八年级数学课题组探究底角为 36°的等腰三角形,也称钝角黄金三角形,如图 29.

(1) 在图 28 和图 29 中,若 $DE=BC$,求证:$EF=AB$;

(2) 求钝角黄金三角形底与腰的比值(用含 k 的式子表示);

(3) 如图 30,在钝角黄金三角形 ABC 中,AD,DE 依次分割出钝角黄金三角形 $\triangle ADC$,$\triangle ADE$. 若 $AB=1$,记 $\triangle ABC$,$\triangle ADC$,$\triangle ADE$ 分别为第 1,2,3 个钝角黄金三角形,以此类推,求第 2020 个钝角黄金三角形的周长(用含 k 的式子表示).

43

图28　　　　图29　　　　图30

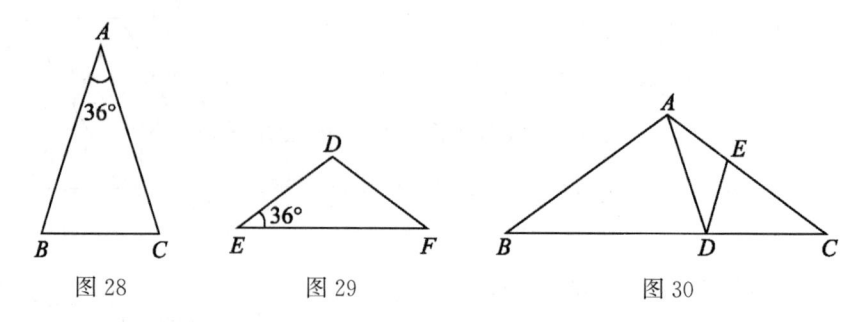

【评析】 试题以两种类型的黄金三角形为载体,语言描述简练、问题设置自然,一题多变,思路连贯. 图形从单一到复合,设计较自然;问题由特殊到一般,设问有梯度. 试题充分体现了命题构思的严谨、思维的缜密,是一道渗透数学文化和兼具数学探究的综合运用题.

五、命题的展望与反思

莆田市中考几何压轴题命制从 2003 年的三角板摆放作为问题情境开始,近二十年来一脉相承,特色明显. 有坚守也有变革,在稳定中求创新. 当然,也出现过许多不尽如人意的地方,如过分模仿形式、载体较偏、解法单一、难度太大等. 反思并总结批判曾经的命题,重温命题的历程,对命题研究者来说是新的学习更是永恒的情怀.

在压轴题中设置"猜想—证明"的情境进行探索问题,考查用合情推理发现结论、用演绎推理证明结论的完整过程. 深化对数学基本思想的考查,是强化推理能力考查的重要方式. 这类试题常由特殊图形、特殊位置出发探索结论,随着图形一般化,提出猜想并论证、应用;中考命题将从单一的演绎论证,到关注合情推理,到演绎推理与归纳推理并重;将加强对"猜想—证明"过程的考查. 需要注意的是,推理能力考查应注重对归纳、证明意义的考查,而不应片面追求传统欧氏几何中证明的繁杂技巧.

探究型试题将数学问题活动化,这类试题通过设计一个类似数学探究活动的情境,试题常由特殊图形、特殊位置出发探索结论,随着图形一般化,将问题进行拓广应用,提出猜想并论证、应用,展现问题解决的过程和方法,突出对数学活动经验的考查. 这类问题关注学生亲身经历数学问题的提出过程、解决方法的探究过程、问题结论的深化过程、方法能力的迁移过程. 这样的问题设置体现了一个从认识、理解、解释到应用与拓展的完整数学学习过程，突出考查学生的推理能力，这种命题方式使问题的展开方式和过程有助于考查学生数学学习经验的积累，而且对于改进、引导教法和学法也有积极意义.

几何变换在平面几何中占有重要位置，变换是研究几何图形性质的重要手段和方法，是培养学生几何直观和合情推理的好方法. 借助图形变换呈现图形的特性及图形的生成过程，特别是几何画板的使用，使得几何命题从静态走向动态，因此对几何运动轨迹、最值、定值等新的题型不断出现，从而实现对图形性质与判定的全面考查，将成为命题的一个热点.

2.3 中考几何压轴题的编制过程及反思

改编试题，是从形式上、考查功能上对原有试题进行改造，产生新试题. 改编试题的方法有很多，包括改变设问角度、改变命题结论的形式、置换题设与结论、强化或弱化条件、采用运动图形、置换题目背景、一般与特殊之间互化、转换题型、题目重组等.

从一个基本数学事实出发，研究其变形、扩张、发展，形成一系列的题组，从中选取合适的题目，是编制解答题的主要方法. 其特点是：通过改换、构造或想象等手段来构造试题，通过探究得到所需结论与效果. 编制解答题常见的方法有：

①添加法. 从一个基本图形出发，通过添加若干线段，找出其中所蕴藏的若干有价值的结论，选择适宜的结论，以适当的方式、题型编题.

②叠加法. 从两个基本图形出发，通过图形的特殊叠放，或在此基础上添加适当的线段，找出有价值的结论，进行编题.

③变换法. 以图形的变换（平移、折叠、旋转）为主要手段构造情境.

④运动法. 以点或线或面的运动为主要手段构造情境.

⑤一般化或特殊化. 对情境进行一般化或特殊化处理，看结论是否发生

变化.

近些年，全国各地中考出现了一些设计优美、格调清新的集阅读理解、操作、猜想于一体的几何压轴题，这些题的解答过程类似于小课题的探究过程，突出模型的探究、抽象、概括、应用过程：（1）考生在对问题情境分析的基础上先形成猜想（数学建模的最高层次是借助直觉思维创造性的发现数学事实，正如物理学家、数学家牛顿说："没有大胆的猜想，就没有伟大的创新。"）；（2）考生对猜想进行验证（或证明成立，或予以否定）；（3）考生通过证明肯定了猜想之后，做进一步的推广.

课标指出，要重视对学生发现问题、解决问题能力的评价．随着课标基本理念被一线教师更广泛、更深入地认识，对"合情推理"与"数学活动过程"的考查也呈增加之势．考查"合情推理"与"数学活动过程"一类试题，与通常的"知识型"试题在考法上有所不同：其一，考查目标、方向、立意不同，其立意或着眼于"猜想"的重要价值，或着眼于"数学活动过程"中的知识内涵，特别是思想方法内涵；其二，载体不同，其载体既要对学生具有现实性，又要对学生具有新颖性和适度的挑战性，还要紧扣核心知识；其三，呈现方式不同，试题既要考虑"猜想"是否有足够条件，"活动展开"是否有必要提示，又要给学生留下尽可能大的思考与活动空间，以便更好地发挥学生的自主性.

以下，我们以 2011 年莆田市中考数学卷第 25 题为例，介绍中考几何压轴题的编制过程与设计技巧.

一、试题立意

考查的目标：作为压轴题，试题要有一定难度与区分度，并要关注对数学活动过程的评价，希望从知识立意、能力立意过渡到过程立意．因此，试题希望能让学生通过操作、观察、实验、归纳、类比等活动，获得数学猜想正确与否的原理、策略与方法，发展演绎推理与合情推理能力，感悟积极的态度、科学的思想方法的意义和作用，促进创新精神的养成及学习能力的提高，进而对教学产生良好的导向作用.

考查的要求（课标）：考生经历图形的抽象、分类、性质探讨、运动、位置确定等过程，掌握图形与几何的基础知识和基本技能，在参与观察、实验、猜想、证明、综合实践等数学活动中，发展合情推理和演绎推理能力，清晰地表达自己的想法．考生获得分析问题和解决问题的一些基本方法，体验解决问题方法的多样性，发展创新意识．

命题组据此确定试题要以三角形或四边形为载体，以初中数学的几何核心知识和方法为基础，以全等和相似为工具，通过图形变换——旋转（当时不考虑折叠是基于教材中把旋转单独列为一节）来考查几何问题的证明与计算．

反思：试题立意是试题编制的出发点和落脚点，具有导向和制约功能．它包括考试内容、考查目的和各种量化指标（试题难度、信度、效度等）．

一道试题，既可用知识内容立意，也可用能力要求立意，还可用问题和情境立意．当考试的试题是以知识考查为主线时，多数试题将以知识内容立意；若试卷是以数学能力考查为主线时，多数试题则应以能力要求立意；而一些综合性比较强的实际应用型的试题，则宜以问题和情境立意．

二、试题选材

命题组根据命题的指导思想开始寻找原型．

【原型1】（2008年莆田质检）（1）探究：如图1，E、F分别在正方形$ABCD$的边BC、CD上，且$\angle EAF=45°$，请猜测并写出线段BE、EF、DF之间的等量关系（不必证明）．

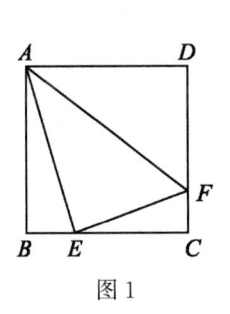

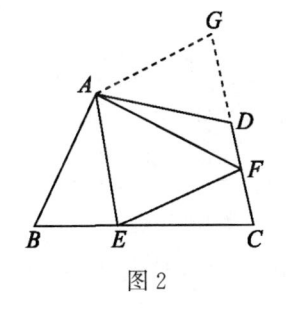

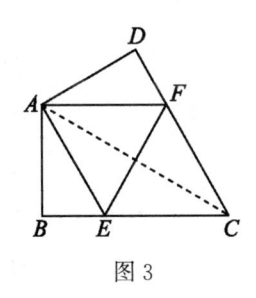

图1　　　图2　　　图3

（2）变式：如图2，E、F分别在四边形$ABCD$的边BC、CD上，$\angle B+\angle D=180°$，$AB=AD$，$\angle EAF=\dfrac{1}{2}\angle BAD$，则线段$BE$、$EF$、$FD$的等量关系又如何？请加以证明.

（3）应用：在条件（2）中，若$\angle BAD=120°$，$AB=AD=1$，$BC=CD$（如图3），求此时$\triangle CEF$的周长.

原型1要求学生研究简单图形（正方形）中线段的等量关系和证明方法，从中掌握分析问题的思路和解决问题的方法、步骤，然后引申、拓展，找到规律，从而解决一般图形（四边形）的类似问题，最后，又在隐蔽的背景中考查规律的应用．试题改变了传统几何证明题的模式（已知，求证，证明），将合情推理与演绎推理有机融合在一起，解题过程体现了从特殊到一般的数学思想，这有助于学生加深对问题的理解，提高综合解题能力，形成创新意识.

从学生答题情况以及试题的难度、信度、效度等指标看，试题都符合考查目标，得到师生的一致好评．因此，中考命题组希望能对该题进行变式、拓展，通过寻找相关资料，命题组提出了以下一些模型：

模型1：从运动观点提出问题．将"E、F分别是BC、CD上的点"改为"E、F分别是BC、CD延长线上的点"，要求学生探索线段EF、BE、FD之间关系，并加以证明.

模型2：改变情境提出问题．如图4，$\triangle ABC$是等腰直角三角形，$\angle ACB=90°$，M、N为斜边AB上两点，满足$\angle MCN=45°$，求证：$AM^2+BN^2=MN^2$.

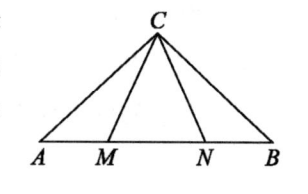

图4

模型3：如图5，$\triangle ABC$是边长为1的等边三角形，$\triangle BDC$是顶角$\angle BDC=120°$的等腰三角形，M、N分别是在AB、AC上，$\angle MDN=60°$，则$\triangle AMN$的周长为多少？

模型4：如图5，用两个全等的等边三角形$\triangle ABC$和$\triangle ACD$拼成菱形$ABCD$．把一个三角尺的$60°$角顶点与点A重合，两边分别与AB、AC重合．将三角尺绕点 A 按逆时针方向旋转，（1）当三角尺的两边分别与菱形的两边 BC、CD 相交于点 E、F 时（如图6），通过观察或测量 BE、CF 的长度，你能得出什么结论？请证明你的结论．（2）当三角尺的两边分别与菱形的两边 BC、CD 的延长线相交于点 E、F 时（如图7），你在（1）中得到的结论还成立吗？请简要说明理由．

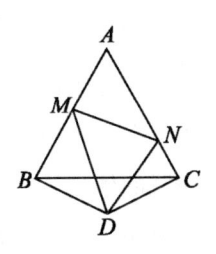

图 5

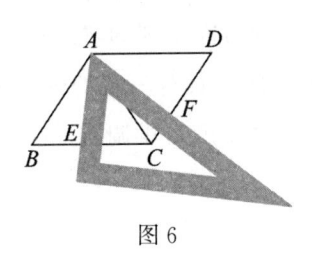

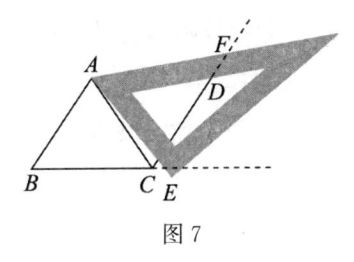

图 6　　　　　图 7

若试题只从一般化或特殊化的角度去改编的话，考查的内容与所用的方法没有实质性的突破，作为压轴题略显单薄．一般地，特殊图形的特殊摆放通常包含了某种规律，从审视模型4，我们有所收获，当时就想"能不能采用叠加方法"．命题组提出了如在正方形中叠加等腰直角三角形、120°的等边三角形叠加60°的三角形，120°的菱形叠加等边三角形等模型．此时，命题组又找到了另一个原型：

【原型2】 如图8，（人教版义务教育课程标准实验教科书九上第二十三章《旋转》第三节习题拓广探索第8题）：过菱形对角线交点的一条直线，把菱形分成了两个梯形，这两个梯形是全等的吗？为什么？

经过摸索、探究，命题组确定以"120°的菱形叠加等边三角形"为模型，让等边三角形旋转，考查几何核心知识，这样的试题载体源于教材，能体现公平性．

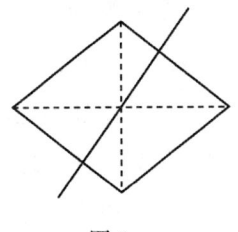

图 8

反思：数学试题载体的遴选原则是选择核心内容与方法．选材是根据立意进行的，但立意与选材往往交织在一起，不管谁先谁后，二者须同时考虑、相互兼顾，经过反复多次的"修剪"，使选材符合立意．

选材有两种思路：一是由低到高、由简到繁、由浅到深；二是由高到低，

49

由繁到简、由深到浅. 尽管思路不同，出发点也不同，选材只为一个目的：实现对考生数学能力的考查. 设计试题的框架结构时，我们应以所选的题材为依据，采用与之相适应的结构架式，如此，进入构题阶段后，方能将较为朦胧的想法具体化、明朗化. 建立试题的框架结构时，应注意主干硬朗、层次分明、清楚，有了架构，再形成题坯，把题设和提问写出. 命题教师切勿忙于文字处理，只需写出要点，提问可以分步进行，当然，也可一步到位只提出一个问题. 命题教师须将基本解法和各种可能出现的解法一一列出，以便比较. 作为试题模坯，应力求留有余地，使之具有一定的弹性和伸缩性，也即题设条件要便于增加或减少，提问有多种角度可供调换，这样，试题的难度容易调节.

三、试题加工

试题的加工与调整要经历以下几个主要过程：

（1）以教材习题为主，要求证明"两个梯形面积相等或 $AN=CG$"，后改为证明"点 O 即为等边 $\triangle AEF$ 的外心"，目的是能以三角形的中心为主线，使试题更加和谐统一.

（2）菱形边长为 a，改为边长为 1，目的是降低难度.

（3）"证明点 P 落在直线 BD 上"，改为猜想"$\triangle AEF$ 的外心 P 落在哪一直线上"，希望在试题中渗透数学活动的过程（类比、猜想、从特殊到一般）.

（4）添加小题的启发性语言：特殊发现、猜想验证、拓展应用，使试题更能体现新课程理念，考查的目标更明确，试题也让人感觉清新、自然.

经过以上的加工与调整，成题如下：

已知菱形 $ABCD$ 的边长为 1，$\angle ADC=60°$，等边 $\triangle AEF$ 两边分别交边 DC、CB 于点 E、F.

（1）特殊发现：如图 9，若点 E、F 分别是边 DC、CB 的中点，求证：菱形 $ABCD$ 对角线 AC、BD 的交点 O 即为等边 $\triangle AEF$ 的外心；

（2）若点 E、F 始终在分别在边 DC、CB 上移动，记等边 $\triangle AEF$ 的外心为点 P.

①猜想验证：如图 10，猜想的外心 P 落在哪一直线上，并加以证明；

②拓展运用：如图 11，当△AEF 面积最小时，过点 P 任作一直线分别交边 DA 于点 N，交边 DC 的延长线于点 M，试判断 $\dfrac{1}{DM}+\dfrac{1}{DN}$ 是否为定值. 若是，请求出该定值；若不是，请说明理由.

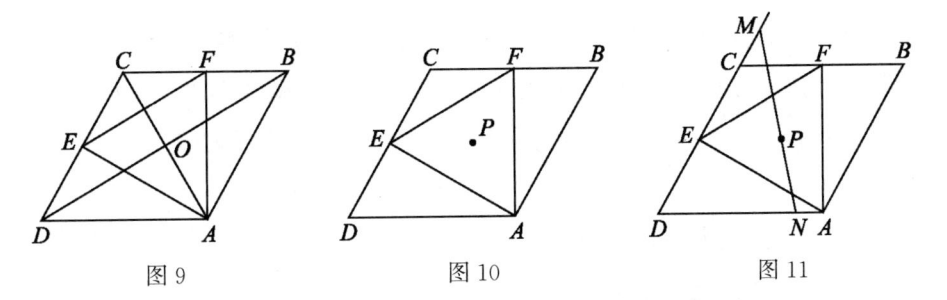

图 9　　　　　图 10　　　　　图 11

理论反思：有了题坯之后，接着的工作是深加工和细琢磨. 这是单题编制的中期调整阶段，命题教师必须十分认真，每一个细小环节都得考虑到，包括试题的陈述、答案的编写、评分标准的制定，都得在这一步中完成.

试题的加工和调整，首先要确保试题的科学性和适标性，试题素材、求解方式等要体现公平性，几个问题之间应存在有机联系. 其次保证试题有较好的效度、合理的难度. 试题内容与结构应当科学、题意明确，试题表述应准确、规范，要避免因文字阅读困难而造成解题障碍；试题设计与其要达到的评价目标相一致；试题的求解过程应反映课标所倡导的数学活动方式，如观察、实验、猜测、验证、推理等，而不能仅仅是记忆、模仿. 调整试题难度时，应体现对考生数学思维水平（如抽象程度、多样化、逻辑性、形式化等）和对数学理解与应用能力等方面的考查.

2.4　函数压轴题的结构特征和命题策略

函数问题是中考命题中的重中之重，中考数学坚持以函数特别是二次函数为压轴题素材，多年保持不变. 二次函数是初中数学的重点与难点，也是高中阶段考生进一步学习的基础性内容；二次函数不仅与数学其他知识有着密切的联系，而且还有着极为广泛的应用．因此，它是联系数学知识间或数学与实际问题间的纽带和桥梁，二次函数的自身结构特点和它在数学中的地位决定了它在中考数学试卷中不可或缺，其特点是内容多、联系广、方法灵活、综合性强．特别在压轴题中，二次函数常常起着其他知识不可替代的作用．

从命题的视角来探究函数压轴题的结构特征和命题策略，需关注以下四个维度：考查的内容与要求、试题的取材与立意、问题的设计与选择、情境的构造与创设．以下是基于函数压轴题命制的一些方法和策略．

一、考查的内容与要求

函数考查的常见考点与要求如下：

(1) 解析式（掌握不同条件确定解析式的方法）．

(2) 图象与变换（掌握图象的特征、图象的正向和逆向变换）．

(3) 自变量的取值范围（了解）．

(4) 函数值的取值范围（掌握），重点是函数的最大（小）值（掌握）．

(5) 函数的性质（掌握）．

(6) 函数与方程的关系（理解）．

(7) 函数与不等式的关系（理解）．

(8) 函数的实际应用（综合应用）．

(9) 函数与几何（综合应用）．

二、试题的载体与取材

试题重点关注含参函数，常见载体设置如下：

(1) 一次函数＋一次函数．

(2) 一次函数＋反比例函数．

(3) 二次函数．

(4) 二次函数＋一次函数．

(5) 二次函数＋二次函数．

（6）二次函数＋几何（三角形、四边形等）.

（7）函数的实际应用.

三、问题的设计与选择

试题中常见问题如下：

（1）求函数关系式（解析式）：待定系数法、直接法（函数建模）、参数法.

（2）定点与共线问题（直线过定点、抛物线过定点、三点共线）.

（3）图象与变换（平移、对称、旋转、其他）.

（4）函数的最值问题：求最值，求变量范围.

（5）函数与方程问题：讨论解的存在性，求变量范围.

（6）函数与不等式问题：不等式恒成立问题，求变量范围.

（7）函数的实际应用：函数建模、求最值、方案设计.

（8）函数与几何的结合：几何问题代数化，数形结合.

①图形形状（平行、垂直、等腰、等边、直角三角形、平行四边形、矩形、菱形、正方形等）的判定.

②图形关系（平行、垂直、和差倍半、相等、全等、相似等）的判定.

③图形大小（长度、角度、周长、面积等）的计算（最值问题、定值问题、取值范围问题）.

④函数建模等.

（9）初高中衔接问题.

①含参二次函数在定区间上的最值.

②二次函数、一元二次方程、一元二次不等式的关系.

③一元二次方程根的分布.

④轨迹问题（定义法、参数方程）.

⑤直线与抛物线的交点问题（几何、弦长、交点）.

⑥抛物线的圆锥性质（统一定义）.

四、情境的构造与创设

试题的设计都由简单到复杂的两到三个问题组成，由浅入深，逐层递进，涵盖了图形与坐标、图形与变换、函数图像与性质等核心知识，以及待定系数法、配方法、数形结合、归纳概括、迁移类比、转化化归、分类讨论、函数与方程、演绎推理、函数建模等主要数学思想方法的考查．常见各小题的问题设置与考查知识如下：

（1）第一步多设计为求函数图像上点的坐标，或根据已知条件求函数的解析式．这直接考查了函数的概念和性质，考查对函数图像的理解，考查考生利用图像表达函数关系的能力．常见的有：①用待定系数法（构造方程）来得到抛物线的解析式；②利用二次函数图像间的变换关系来求抛物线的解析式．

（2）考查"几何图形形状的判定"有两种形式：一种是未知形状，要求考生去判定形状；另一种是已知形状，让考生去确定顶点的位置．解决这类问题时往往因为图形形状不确定而要用到分类讨论思想．

（3）考查函数的本质．考查函数在实际生活上的应用，考查二次函数的建模和最值问题，考查二次函数与方程、不等式的关系，考查二次函数的图像与性质等．这些是函数压轴题命制的主流方向．

二次函数压轴题从载体上看，有与几何的结合，重点是与三角形、四边形的结合；因对圆的要求弱化，与圆的结合不是主流；还有二次函数的变换，如平移、对称、位似等；函数压轴题命题的发展趋势是函数图象从静态走向动态、解析式从具体走向含参，而且是多个参数参与运算与推理．显然"函数含参"试题的内涵与本质，命题的方向与策略，是非常有价值的一个命题领域．

若函数压轴题取材集中在高中抛物线的定义和方程时，势必会对初中数学教学起到不好导向，从而出现盲目地把高中知识往初中恶补的现象．因此应慎重选择高中知识作为压轴题或核心试题的背景资料．

五、命题的变革与趋势

（一）函数与几何的结合

以函数为外在表征，考查的核心是几何，俗称"伪函数".

【例1】（2006年莆田中考）如图1：抛物线经过 $A(-3, 0)$、$B(0, 4)$、$C(4, 0)$ 三点.

(1) 求抛物线的解析式；

(2) 已知 $AD = AB$（点 D 在线段 AC 上），有一动点 P 从点 A 出发沿线段 AC 以每秒1个单位长度的速度移动；同时另一个动点 Q 以某一速度从点 B 出发沿线段 BC 移动，经过 t 秒的移动，线段 PQ 被 BD 垂直平分，求 t 的值；

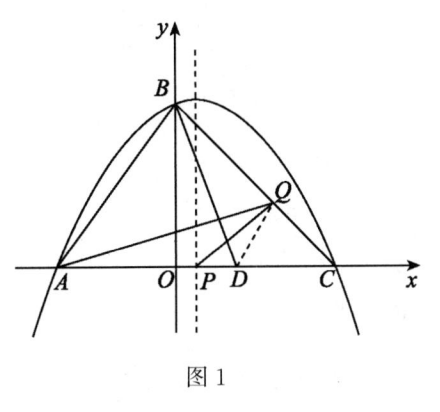

图1

(3) 在（2）的情况下，抛物线的对称轴上是否存在一点 M，使 $MQ + MC$ 的值最小？若存在，请求出点 M 的坐标；若不存在，请说明理由.

【评析】 试题表面考查二次函数，却偏向了几何，以几何为核心，函数成为陪衬，本末倒置. 这样的题型已经被淘汰，值得注意. 因试题设置巧妙、新颖，虽计算量不大，但很多考生思路受限，无法完整作答，试题预估难度与实测结果差异较大. 同时第三步需要在第二步的基础上才能作答，而第二步难度太大，导致第三步虽然思路明确，但还是无法作答，失去意义. 本题若从命题的角度出发，脱去二次函数的外衣后，从几何运动的观点来探究线段之间的位置关系可以设置成一个动态几何压轴题，会更和谐并更有价值.

以函数为外在表征，通过几何图形的变换与运动，考查求解析式、求函数值、研究函数的图象与性质、函数建模等.

【例2】（2011年莆田中考）已知抛物线 $y = ax^2 + bx + c$ 的对称轴为直线 $x = 2$，且与 x 轴交于点 A、B 两点，与 y 轴交于点 C，其中 $A(1, 0)$，$C(0, -3)$.

(1) 求抛物线的解析式；

(2) 若点 P 在抛物线上运动（点 P 异于点 A），

①如图 2，当 $\triangle PBC$ 的面积和 $\triangle ABC$ 面积相等时，求点 P 的坐标；

②如图 3，当 $\angle PCB = \angle BCA$ 时，求直线 CP 的解析式.

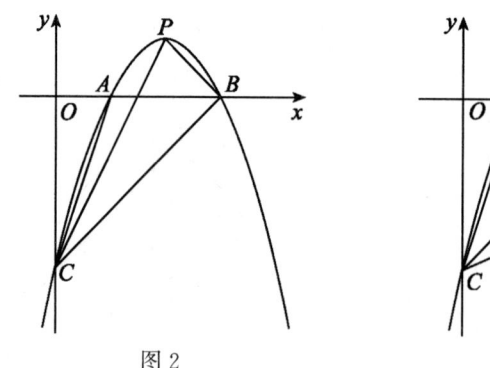

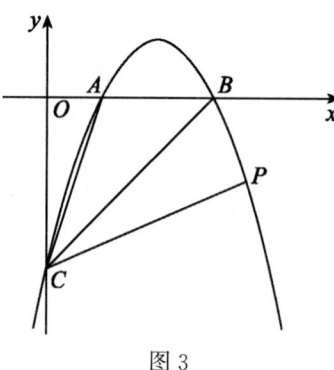

图 2

图 3

【评析】 试题以二次函数为背景，通过探究动点运动过程中与定点形成特定图形时的位置，融函数、相似、全等、面积等内容与观察、分析、探究、运算于一体，考查考生运算、推理、探究和创新等数学能力．试题设计由简到难，梯度设置适当，既有直接求二次函数解析式的简单运算，又有对思维能力和数学思想要求较高的"动定求解"．试题所提供的解决问题的方法多样，不同的解题策略所反映出的考生思维品质不同，求解问题时所需要的运算方法和运算量亦有差异，能很好地反映考生对数学运算基本算法、算理的理解程度.

(福建省中考考试评价组评析)

【例 3】 (2013 年莆田中考) 如图 4，抛物线 $y = ax^2 + bx + c$ 的开口向下，与 x 轴交于点 $A(-3, 0)$ 和点 $B(1, 0)$，与 y 轴交于点 C，顶点为 D．

(1) 求顶点 D 的坐标（用含 a 的代数式表示）；

(2) 若 $\triangle ACD$ 的面积为 3．

①求抛物线的解析式；

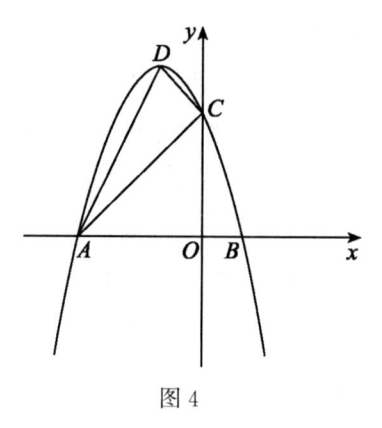

图 4

②将抛物线向右平移，使得平移后的抛物线与原抛物线交于点 P，且 $\angle PAB=\angle DAC$，求平移后抛物线的解析式.

（二）以含参的函数作为载体

【例4】（2011年莆田中考）（1）如图5，抛物线 $C_1：y=ax^2+bx+c$ 的开口向下，顶点为 D，与 y 轴交于点 C，且经过 $A(-1,0)$，$B(3,0)$ 两点，若△ABD 的面积为8.

①求抛物线 C_1 的解析式；

②Q 是抛物线 C_1 的一个动点，当△QBC 的内心落在 x 轴上时，求此时点 Q 的坐标；

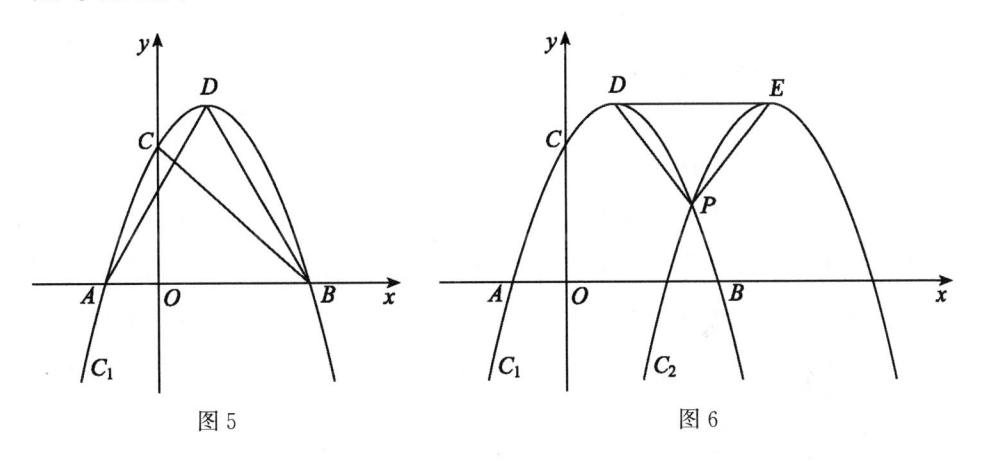

图5

图6

（2）如图6，将（1）中的抛物线 C_1 向右平移 $t(t>0)$ 个单位长度，得到抛物线 C_2，顶点为 E，抛物线 C_1、C_2 相交于 P 点，设△PDE 的面积为 S，判断 $\dfrac{S}{t^3}$ 是否为定值？请说明理由.

【例5】（2012年莆田质检）已知抛物线 $y=a(x-t-2)^2+t^2$（a，t 是常数，$a\neq 0$，$t\neq 0$）的顶点是 P 点，与 x 轴交于 $A(2,0)$、B 两点.

（1）①求 a 的值；

②△PAB 能否构成直角三角形？若能，求出 t 的值；若不能，说明理由.

(2) 若 $t>0$，点 $F(0，-1)$，把抛物线 $y=a(x-t-2)^2+t^2$ 向左平移 t 个单位后与 x 轴的正半轴交于 M、N 两点，当 t 为何值时，过 F、M、N 三点的圆的面积最小？并求这个圆面积的最小值.

【例6】 （2019年莆田质检）函数 $y_1=kx^2+ax+a$ 的图象与 x 轴交于点 A，B（点 A 在点 B 的左侧），函数 $y_2=kx^2+bx+b$ 的图象与 x 轴交于点 C，D（点 C 在点 D 的左侧），其中 $k\neq 0$，$a\neq b$.

(1) 求证：函数 y_1 与 y_2 的图象交点落在一条定直线上；

(2) 若 $AB=CD$，求 a，b 和 k 应满足的关系式；

(3) 是否存在函数 y_1 和 y_2，使得 B，C 为线段 AD 的三等分点？若存在，求 $\dfrac{a}{b}$ 的值；若不存在，说明理由.

注：对本题的研究可参阅本书"2.5 中考函数压轴题的编制过程及反思".

(三) 新定义的函数

对把拥有一些特征的函数重新定义，然后去研究这一类特征函数的特点、性质、应用等. 这类试题强调了新知识的学习与应用，进一步强化数学应用意识，适度关注创新意识，试题在知识迁移的同时关注方法迁移，从而让学生经历学习、探索、问题解决的整个过程. 这是未来命题创新的一个重要举措.

【例7】 （2015年莆田中考）抛物线 $y=ax^2+bx+c$，若 a，b，c 满足 $b=a+c$，则称抛物线 $y=ax^2+bx+c$ 为"恒定"抛物线.

(1) 求证："恒定"抛物线 $y=ax^2+bx+c$ 必过 x 轴上的一个定点 A；

(2) 已知"恒定"抛物线 $y=\sqrt{3}x^2-\sqrt{3}$ 的顶点为 P，与 x 轴另一个交点为 B. 是否存在以 Q 为顶点，与 x 轴另一个交点为 C 的"恒定"抛物线，使得以 PA，CQ 为边的四边形是平行四边形？若存在，求出抛物线解析式；若不存在，请说明理由.

【评析】 本题呈现了新定义——"恒定抛物线". 以"恒定抛物线"、平行四边形为问题的基本对象. 整道试题尝试借助抛物线解析式各项系数之间的数量关系来考查对"恒定抛物线"定义的学习与运用,体现了对学生学习能力的考查. 同时,本题在解决问题的过程中还涉及分类与整合、数形结合以及化归与转化等重要数学思想方法.

(福建省中考考试评价组评析)

【例 8】 (2016 年莆田中考)如图 7,抛物线 $C_1: y = -\sqrt{3}x^2 + 2\sqrt{3}x$ 的顶点为 A,与 x 轴的正半轴交于点 B.

(1)将抛物线 C_1 上的点的横坐标和纵坐标都扩大到原来的 2 倍,求变换后得到的抛物线的解析式;

(2)将抛物线 C_1 上的点 (x, y) 变为 (kx, ky) ($|k|>1$),变换后得到的抛物线记作 C_2. 抛物线 C_2 的顶点为 C,点 P 在抛物线 C_2 上,满足 $S_{\triangle PAC} = S_{\triangle ABC}$,且 $\angle ACP = 90°$.

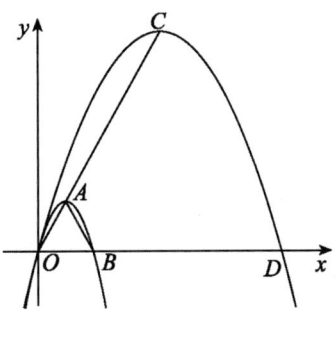

①当 $k>1$ 时,求 k 的值;

②当 $k<-1$ 时,请你直接写出 k 的值,不必说明理由.

图 7

【评析】 试题源于教材中的两个共顶点的三角形相似,类比构造两条"位拟抛物线",试题从特殊到一般,考查了数形结合、分类讨论、类比转化等重要的数学思想方法,体现了试题的创新性和发展性、导向性,值得倡导. 图中两个"顶点三角形" $\triangle OAB$ 与 $\triangle OCD$ 相似,可构造许多相关联的关于"位拟抛物线"的性质,深挖下去也有位似变换的特征. 本题在解决问题的过程中还涉及分类与整合、数形结合以及化归与转化等重要数学思想方法.

(福建省中考考试评价组评析)

若引入定义,可构造许多相关联的关于"位拟抛物线"性质等,如以下变式:

将抛物线 F_1 上的点的横坐标和纵坐标都变为原来的 k 倍,得到新抛物线 F_2. 则称抛物线 F_2 为 F_1 的 "k 倍位似抛物线".

(1)若抛物线 $F_1: y = a_1 x^2 + b_1 x + c_1$ 的 "k 倍位似抛物线"为:

F_2：$y=a_2x^2+b_2x+c_2$.

现给出两个式子：① $\dfrac{a_1}{a_2}=k$；② $\dfrac{b_1}{b_2}=k$. 其中只有一个是正确的．请你指出哪一个正确，并证明你的结论．

(2) 如图 8 所示，已知抛物线 F：$y=-\dfrac{4}{9}(x-4)^2+4$ 交 x 轴于 A、B 两点，交 y 轴于点 C. 抛物线 F_1 为 F 的"k 倍位似抛物线"（$k>0$），且抛物线 F_1 交 x 轴于点 L，M 两点（点 L 在点 M 左侧）．

①直接写出抛物线 F_1 的解析式；（用含 k 的式子表示）

②抛物线 F_1 的对称轴上是否存在点 K，使得 $\triangle KCL$ 为等边三角形？若存在，请求出 k 的值；若不存在，请说明理由．

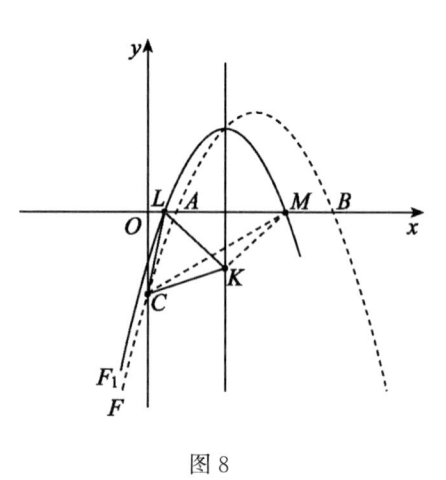

图 8

(四) 初高中衔接问题

以含参函数为载体，与方程、不等式结合，考查函数的最值问题、不等式恒成立问题、方程解的存在性问题，常见的问题是变量取值范围．

【例 9】 (2017 年莆田质检) 已知抛物线 C：$y_1=a(x-h)^2-1$，直线 l：$y_2=kx-kh-1$.

(1) 求证：直线 l 恒过抛物线 C 的顶点；

(2) 当 $a=-1$，$m\leqslant x\leqslant 2$ 时，$y_1\geqslant x-3$ 恒成立，求 m 的最小值；

(3) 当 $0<a<2$，$k>0$ 时，若在直线 l 下方的抛物线 C 上至少存在两个横坐标为整数的点，求 k 的取值范围．

以高中抛物线的定义和性质为背景，通过定义和几何方法研究抛物线的一些特殊性质．

【例10】（2013年莆田质检）已知：抛物线 $y=\dfrac{1}{4}x^2+1$ 的顶点为 M，直线 l 过点 $F(0,2)$ 且与抛物线分别相交于 A、B 两点．过点 A、B 分别作 x 轴的垂线，垂足分别为点 C、D，连接 CF、DF.

(1) 如图9：

①若 $A\left(-1,\dfrac{5}{4}\right)$，求证：$AC=AF$；

②若 $A(m,n)$，判断以 CD 为直径的圆与直线 l 的位置关系，并加以证明.

(2) 若直线 l 绕点 F 旋转，且与 x 轴交于点 P，$PC\times PD=8$. 求直线 l 的解析式.

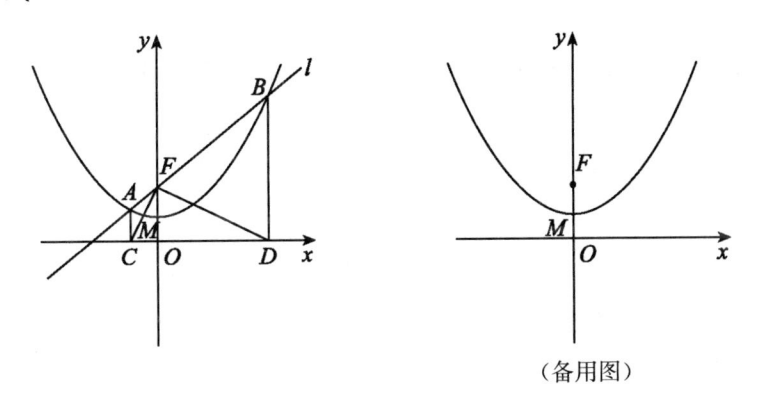

图9

【评析】 高中数学对抛物线的定义：到一定点和一定直线距离相等的点的轨迹称为抛物线，利用高中抛物线的定义和对应的几何性质作为命题载体，曾经也是命题的一种策略.

以高中的抛物线方程，直线与抛物线的位置关系为载体考查代数推理、函数建模、函数与方程不等式的关系等.

以高中知识为背景命制试题，能考查考生的学习潜能，但高中的相关内容"变形"后，或拓展知识作为能力立意题出现在中考中，应该慎重选择. 具体可参阅本书"8.1异构同源，彰显素养导向".

六、命题的展望与反思

回顾莆田市中考数学对二次函数的考查，莆田市多年来的函数命题也存在着许多问题，如创新力度不够、情景太偏、计算太难、思维要求太高等．二次函数压轴题脱离了原来将二次函数当外衣、实际考查几何问题的错误轨迹，需要回归考查函数问题本质的正确轨道．命题从已知抛物线拓展到含参的抛物线，从单一的抛物线走向由许多关联的抛物线构成的抛物线群，如过定点的抛物线，顶点在一直线上抛物线，变换（平移、对称、翻折等）后的抛物线等．

函数压轴题命题的发展趋势是函数图象从静态走向动态、解析式从具体走向含参，而且是多个参数参与运算与推理．含参的二次函数已经成为压轴题的命题热点，试题高度关注含参字母的运算、代数推理、参数思想、函数与方程思想的考查等，这些都是高中数学学习的必备品质，值得倡导．显然"函数含参"试题的内涵与本质，命题的方向与策略，是非常有价值的一个命题领域．

2.5 中考函数压轴题的编制过程及反思

二次函数是初高中数学最重要、最基本的函数，打通了函数、方程、不等式、几何图形等内容之间的联系．中考函数压轴题的设计大都由简单到复杂的两到三个问题组成，由浅入深，逐层递进，涵盖了图形与坐标、图形与变换、函数图象与性质等核心知识，突出了对待定系数法、配方法、数形结合、归纳概括、转化化归、分类讨论、函数与方程、演绎推理、函数建模等主要数学思想方法的考查．也能考查学生直观想象、数学抽象、逻辑推理等核心素养，更能体现其选拔功能，往往是作为把关题、压轴题出现在中考数学试卷中．这里我们以命制的一道二次函数压轴题（2019 年莆田市九年级市质检）为例，从命题的视角对二次函数压轴题的命题现状、考查内容、命题方式、问题拓展等进行阐述．

一、命题现状与趋势

我们以二次函数为载体的中考数学压轴题成为全国命题的热点，纵观近几年的中考试题，二次函数的命题主要有以下特点：

1. 数形结合为核心

二次函数压轴题与几何的结合，重点是与三角形、四边形的结合．因中考数学对圆的要求弱化，与圆的结合就不常见．这类函数往往是已知或待定（固定不变）的二次函数，常见的考法有：

①以函数为外在表征，考查的核心是几何，如图形形状的判定、图形关系的判定、图形大小的计算等，俗称"伪函数"．值得注意的是，这样的题型已经被淘汰．

②以函数为外在表征，通过几何图形的变换与运动，考查求解析式、求函数值、研究函数的图象与性质、函数建模等．因初中数学函数的教学内容比较简单，因此压轴题与几何结合在代数中考查几何，几何中考查代数成为中考命题的核心．

2. 阅读定义求创新

通过学习、理解、应用的问题称为学习型试题，常见载体有以实际问题为背景考查数学建模与应用意识，以数学问题为对象考查数学探究与推理能力，以概念学习为手段考查阅读理解和学习应用能力，以类比知识或方法来考查创新能力，以归纳和猜想来考查合情推理与归纳能力．对二次函数压轴题设计有以实际问题为背景考查数学建模与应用意识，俗称函数应用题；还有一类是用拥有一些特征的函数去重新定义，然后去研究这一类特征函数的概念、特点、性质、应用等，这类试题强调了新知识的学习与应用，适度关注创新意识，试题注重知识迁移的同时关注方法迁移，从而让学生经历学习、探索、问题解决的整个过程．这也是未来命题创新的一个重要举措．

3. 初高中衔接应慎重

初高中在知识上的衔接主要有含参函数在定区间上的最值，二次函数、一元二次方程、一元二次不等式的关系，曲线系过交点问题，高中抛物线的统一定义与几何性质，直线与抛物线关系等．常见的考法有：

①以含参函数为载体，与方程、不等式结合，考查函数的最值问题、不等式恒成立问题、方程解的存在性问题，常见的问题是求变量取值范围．

②以高中的抛物线方程，直线与抛物线的位置关系为载体考查代数推理、函数建模、函数与方程和不等式的关系等．

以高中知识为背景命制试题，能考查考生的学习潜能，但高中的相关内容"变形"后作为中考试题，势必导致题目越来越难，越来越偏离初中数学要求，从而给初中数学教学带来不正确的导向．

4. 含参函数成趋势

函数解析式从具体走向含参，而且是多个参数并参与运算和推理．含参的二次函数已经成为压轴题的命题热点，试题高度关注对含参字母的运算、代数推理、参数思想、函数与方程思想的考查等，这些都是高中学习的必备品质，值得倡导．但要注意的是参数要有意义，不能为含参而含参，同时参数不是越多越好，一般不超过3个．

显然关注"函数含参"试题的内涵与本质、命题的方向与策略，是非常有价值的一个研究领域，也是本节要探讨的问题．

二、试题展示与评析

函数 $y_1 = kx^2 + ax + a$ 的图象与 x 轴交于点 A，B（点 A 在点 B 的左侧），函数 $y_2 = kx^2 + bx + b$ 的图象与 x 轴交于点 C，D（点 C 在点 D 的左侧），其中 $k \neq 0$，$a \neq b$．

（1）求证：函数 y_1 与 y_2 的图象交点落在一条定直线上；

（2）若 $AB = CD$，求 a，b 和 k 应满足的关系式；

（3）是否存在函数 y_1 和 y_2，使得 B，C 为线段 AD 的三等分点？若存在，求 $\dfrac{a}{b}$ 的值；若不存在，说明理由．

试题以互为关联的两个含参的二次函数为载体，通过图象与 x 轴交点产生的线段大小变化考查了函数与方程、数形结合、特殊与一般、类比与转化、分类与整合等重要数学思想方法，对逻辑推理、数学运算、数学抽象、直观想象等核心素养的考查比较到位，体现了数学的理性思维和数学探究．业内老师都评价这两个函数选择得比较巧妙，三个问题设置层次明显，条件看似简单实则内涵丰富，问题看似独立实则互为关联，解答入手较宽，步步深入，试题的信度与区分度都很好．老师赞叹试题条件简洁但内涵丰富，问题自然并有层次，解法多样又自然，思维开放又严谨，便追问，这道试题怎么命制？怎么想到这样设置函数？又是如何提出这样有关联并有深度的问题？这样的命题是否有规律或者说有模式？

三、试题取材与立意

1. 命题起点源于作业

在福建省蔡德清名师工作室的初中数学命题研修活动中有以下的一道命题作业：

试题位置与难度：压轴题（第 24 或 25 题），难度预设：第（1）题 0.4，第（2）题 0.2，第（3）题 0.1（若有第三步）；考查的内容领域：数与代数；考查的能力水平：运用与探索；考查的核心素养（选择）：数学抽象、逻辑推理、数学运算、几何直观、数学建模，重点考查理性思维和数学探究；考查的数学思想（选择）：分类讨论、函数方程、数形结合；考查内容预设：二次函数＋二次函数；题干特征预设：两个二次函数可以相同也可以不同，要有参数特征（至少一个参数，不超过 3 个参数）；问题预设：研究参数对图形的影响或考虑对图形（象）进行变换（平移、对称、旋转或其他自己定义的"变换模式"），研究图形（象）在变换前后的变化；问题设置重点关注函数建模，函数与方程不等式关系，函数的性质与应用等．

2. 试题立意关注变换

函数变换主要有平移、对称、旋转、位似或其他复合变换，初中以平移变换为核心．若以平移作为命题出发点，有以下两种基本方式，方式一：两个函数开口大小一样；方式二：两个函数开口大小不一样，如图 1．

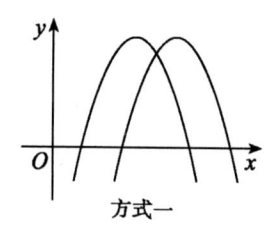

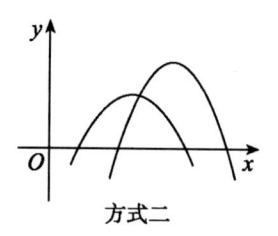

图1

对方式二进行特殊化,让两个函数都过原点,我们曾经命制了2016年莆田市中考数学压轴题,参见 P59 例 8.

3. 问题寻根体现立意

命题组确定以第一种思路方式来命制试题,查询资料时我们发现并确定一个题根.

试求 a,b 的值,使得函数 $y_1=x^2+ax+b$ 及 $y_2=x^2+bx+a$ 与 x 轴的四个交点中相邻两点的距离相等.

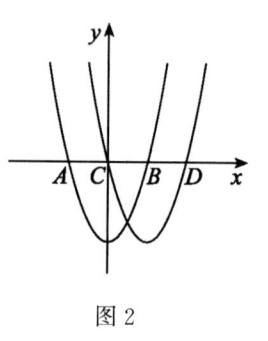

对该题求解时,因为 y_1 和 y_2 相交于 $(1,a+b+1)$,因此经过"分类讨论"得到符合题意的图象如图 2,进一步利用 $AC=BC=BD$,可得 $a=0$,$b=-4$ 或 $a=-4$,$b=0$. 本题有两个主要特点,一是图象过定点 $(1,a+b+1)$ 且开口大小相同,因此需要对图象分类讨论;二是与 x 轴交点化归为方程求根,考查数形结合、化归与转化、参数与方程等数学思想方法,考查数学运算、直观想象等数学素养.

图2

从试题中悟到了命题的一些价值和思路,一是两个函数参数关联并互相制约,虽然没有平移但参数的不确定性使得两个函数的图象也在变化,隐含了分类讨论的思想. 二是参数 a,b 发挥的作用有限,代数思维、代数核心知识还未考查到,作为压轴题分量不足,难以考查区分学生的核心素养水平,于是考虑对两个函数重新设置.

四、情境构造与创设

波利亚在《怎样解题》一书中曾说:"我们几乎不能想象有一问题是绝对

的新颖,和我们以前解决过的任何问题都不相似,都无关系."命题是个"从无到有"的过程,核心是方向和策略,重点要学会对一个基本构架进行添砖加瓦,这时我们要研究其变形、扩张、发展,对载体中参数进行重新设置,考虑能产生哪些问题?是否具有需要的考查价值?选择适当的问题与设问方式,使之符合需要.

1. 载体设置参数为重

【第一稿】 对解析式引入变量系数,函数:$y_1 = kx^2 + ax + b$ 及 $y_2 = kx^2 + bx + a$ 交于点 (1,$a+b+k$),但考虑定点受多个参数影响,试题难度偏大,且改编力度不够.

第二稿:调整变量系数的位置,考虑函数 $y_1 = kx^2 + ax + a$ 及 $y_2 = kx^2 + bx + b$ 交于点 (1, k). 以两条抛物线为载体,引入变量系数 k, a, b,在 k,a,b 的变化中酝酿与构建二次函数的图象与性质,观察探究函数图象与性质中的一般性和特殊性,可以发现:y_1 与 y_2 的开口朝向和大小相同,对称轴分别为 $x = -\dfrac{a}{2k}$ 和 $x = -\dfrac{b}{2k}$,与 x 轴的交点横坐标分别为 $x = \dfrac{-a \pm \sqrt{a^2 - 4ak}}{2k}$ 和 $x = \dfrac{-b \pm \sqrt{b^2 - 4bk}}{2k}$,与 y 轴的交点坐标分别为 (0,a) 和 (0,b),与 x 轴的交点距离分别为 $|x_1 - x_2| = \dfrac{\sqrt{a^2 - 4ak}}{|k|}$ 和 $|x_3 - x_4| = \dfrac{\sqrt{b^2 - 4bk}}{|k|}$,等等.

命题的核心是设置两个含参的二次函数,使得参数有意义,参数之间有关联,参数与图象互相制约,并通过数形结合来体现是非常有价值的命题思路.

2. 问题设计自然递进

函数 $y_1 = kx^2 + ax + a$ 的图象与 x 轴交于点 A,B(点 A 在点 B 的左侧),函数 $y_2 = kx^2 + bx + b$ 的图象与 x 轴交于点 C,D(点 C 在点 D 的左侧),其中 $k \neq 0$,$a \neq b$. 通过分析,a,b 的作用是对称的,且 a,b 分别与 k 有一定的关联,从几何直观上看,a,b 之间的关系是通过 y_1 与 y_2 的交点 (1,k) 相关联. 命题组形成试题的第(1)问:

67

(1) 求证：函数 y_1 与 y_2 的图象交点落在一条定直线上；

在第（1）问的基础上，需要引入一个几何或代数条件，来探究 a，b，k 之间的关系。从抛物线上重要的点（与 x 轴的交点，与 y 轴的交点，顶点、交点等）或重要的线段（与 x 轴相交的距离）出发，选择 $AB=CD$ 来限制 a，b 和 k 之间的关系，于是有第（2）问的设问：

(2) 若 $AB=CD$，求 a，b 和 k 应满足的关系式；

在解答过程中，考查学生的"分类讨论"思想，与 x 轴有交点应满足条件：$a^2-4ak>0$，$b^2-4bk>0$；$AB=CD$ 应满足的条件：$\dfrac{\sqrt{a^2-4ak}}{|k|}=\dfrac{\sqrt{b^2-4bk}}{|k|}$，解得 $a+b=4k$；代入上述不等式得 $a^2-a(a+b)>0$，化简得 $ab<0$，故 $a+b=4k$ 且 $ab<0$。重点考查了思维的严谨性。

由 a，b，k 之间的关系 $a+b=4k$，需要再加两个条件可以求出 a，b，k 或 y_1 与 y_2，若再加一个条件，只能求出两个参数之间的关系。为保证三问之间的内在联系，还是从函数与 x 轴有交点产生的线段之间关系来思考，草稿时直接添加条件 $AB=BC=CD$，探索 a，b 之间的关系，但该条件较为显性，对分类讨论等思想还未涉及，对数学运算水平的考查还未达到预期目标，因此，对该条件进行弱化，此时结论未必存在，便以存在性题型得到第（3）问如下：

(3) 是否存在函数 y_1 和 y_2，使得 B，C 为线段 AD 的三等分点？若存在，求 $\dfrac{a}{b}$ 的值；若不存在，说明理由。

在解的过程中，体现考查数学运算中的把握运算方向，逻辑推理中的代数推理：若 $k>0$ 时，

当点 C 在点 B 左侧，则 $AC=BC=BD$，由 $AB=CD$，$x_C-x_A=x_B-x_C$，

得 $2\cdot\dfrac{-b-\sqrt{b^2-4ak}}{2k}=\dfrac{-a-\sqrt{a^2-4ak}}{2k}+\dfrac{-a+\sqrt{a^2-4ak}}{2k}$，化简得：

$a-b=\sqrt{b^2-4bk}$，

又 $a+b=4k$ 且 $ab<0$，整理得 $a^2+b^2-ab=0$，得 $\left(\dfrac{a}{b}\right)^2-\dfrac{a}{b}+1=0$，$\Delta=1-4=-3<0$，

故不存在实数 a，b，使得 B，C 为线段 AD 的三等分点；

当点 C 在点 B 右侧，则 $AB=BC=CD$，即 $x_B-x_A=x_C-x_B$，

得 $2 \cdot \dfrac{-a+\sqrt{a^2-4ak}}{2k}=\dfrac{-a-\sqrt{a^2-4ak}}{2k}+\dfrac{-b-\sqrt{b^2-4bk}}{2k}$，化简得 $4\sqrt{a^2-4ak}=a-b$，又 $a+b=4k$ 且 $ab<0$，整理得：$a^2+14ab+b^2=0$，得：$\left(\dfrac{a}{b}\right)^2+14\cdot\dfrac{a}{b}+1=0$，解得：$\dfrac{a}{b}=-7-4\sqrt{3}$. 若 $k<0$ 时，同理可得 $\dfrac{a}{b}=-7-4\sqrt{3}$.

这样本题三问之间联系紧密，衔接自然，层次递进，内涵丰富.

五、试题的拓展与反思

试题改编可以通过改变参数设置，或改变条件，如除了利用交点之间的长度外，还可以从图形形状、位置、大小等多角度拓展.

题干：函数 $y_1=kx^2+ax+a$ 的图象与 x 轴交于点 A，B（点 A 在点 B 的左侧），函数 $y_2=kx^2+bx+b$ 的图象与 x 轴交于点 C，D（点 C 在点 D 的左侧），其中 $k\neq 0$，$a\neq b$.

拓展 1：将 x 轴变换为一般的直线，例如直线 $y=\dfrac{a+b}{2}$.

函数 $y_1=kx^2+ax+a$ 的图象与直线 $y=\dfrac{a+b}{2}$ 交于点 A，B（点 A 在点 B 的左侧），函数 $y_2=kx^2+bx+b$ 的图象与直线 $y=\dfrac{a+b}{2}$ 交于点 C，D（点 C 在点 D 的左侧），其中 $k\neq 0$，$a\neq b$.

(1) 若 $AB=CD$，求 a，b 和 k 应满足的关系式；

(2) 是否存在函数 y_1 和 y_2，使得 B，C 为线段 AD 的三等分点？若存在，求 $\dfrac{a}{b}$ 的值；若不存在，说明理由.

拓展 2：将 x 轴变换为更一般的直线.

函数 $y_1=kx^2+ax+a$ 和 $y_2=kx^2+bx+b$ 的交点为 G，若过点 G 的直线被每一条抛物线截得线段的长度相等，求直线的表达式.

解析：如图 3，依题意，$G(-1,k)$，又直线 l 过点 G，可设：$y=m(x+1)+k$，其中 $m\neq 0$.

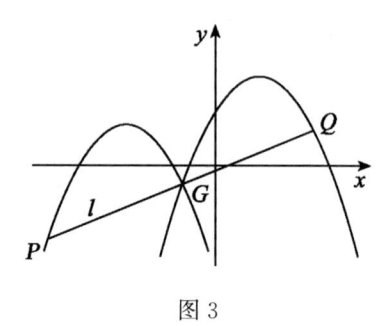

图 3

又直线 l 与抛物线 y_1 交于点 P,G，故联立 $\begin{cases} y=kx^2+ax+a \\ y=m(x+1)+k \end{cases}$，整理得，$kx^2+(a+m)x+a-m-k=0$，

$$|x_P-x_G|=\frac{\sqrt{(a-m)^2-4k(a-m-k)}}{|k|};$$

又直线 l 与抛物线 y_2 交于点 Q,G，故联立，$\begin{cases} y=kx^2+bx+b \\ y=m(x+1)+k \end{cases}$，

整理得，$kx^2+(b+m)x+b-m-k=0$，

$$|x_Q-x_G|=\frac{\sqrt{(b-m)^2-4k(b-m-k)}}{|k|};$$

又直线被每一条抛物线截得线段的长度相等，故 $|x_P-x_G|=|x_Q-x_G|$，

整理得 $m=\dfrac{a+b-4k}{2}$，

故直线 l 的解析式为 $y=\dfrac{a+b-4k}{2}(x-1)+k$.

拓展 3：考虑特殊函数的顶点轨迹.

点 E 为函数 $y_1=kx^2+ax+a$ 顶点，点 F 为函数 $y_2=kx^2+bx+b$ 顶点，

证明：点 E，F 落在一定抛物线上，并求出该抛物线的函数解析式（用含 k 的式子表示）.

解析：依题意，$E\left(-\dfrac{a}{2k}, \dfrac{4ka-a^2}{4k}\right)$，故 $\begin{cases} x=-\dfrac{a}{2k} \\ y=\dfrac{4ka-a^2}{4k} \end{cases}$，消去 a，可得：

$y=-kx^2-2kx$，故点 E 在抛物线 $y=-kx^2-2kx$ 上；

同理 $F\left(-\dfrac{b}{2k}, \dfrac{4kb-b^2}{4k}\right)$ 也落在抛物线 $y=-kx^2-2kx$ 上.

拓展4：如图4，函数 $y_1=kx^2+ax+a$ 的图象与 x 轴交于点 A，B（点 A 在点 B 的左侧），函数 $y_2=kx^2+bx+b$ 的图象与 x 轴交于点 C，D（点 C 在点 D 的左侧），其中 $k\neq 0$，$a\neq b$，点 E 为函数 y_1 顶点，点 F 为函数 y_2 顶点. 若 $k<0$，$ab<0$，当 $AE\perp DF$ 时，求 a，b，k 之间的数量关系.

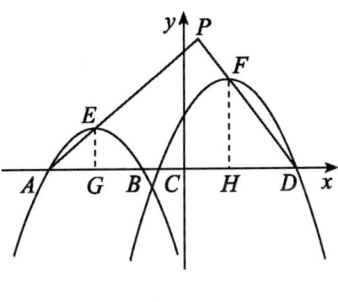

图4

解析：过点 E 作 $EG\perp x$ 轴于点 G，过点 F 作 $FH\perp x$ 轴于点 H.

不妨设 $a<0$，$b>0$，依题意得：函数分别与 x 轴有交点，故 $a^2-4ak>0$，$b^2-4bk>0$，

又 $A\left(\dfrac{-a+\sqrt{a^2-4ka}}{2k}, 0\right)$，$D\left(\dfrac{-b+\sqrt{b^2-4kb}}{2k}, 0\right)$，

若 $AE\perp DF$ 时，$\triangle AEG\backsim\triangle FDH$，则 $\dfrac{EG}{AG}=\dfrac{DH}{FH}$，即

$$\dfrac{\dfrac{4ka-a^2}{4k}}{-\dfrac{a}{2k}-\dfrac{-a+\sqrt{a^2-4ka}}{2k}}=\dfrac{-\dfrac{a}{2k}-\dfrac{-a+\sqrt{a^2-4ka}}{2k}}{\dfrac{4ka-a^2}{4k}},$$

整理得：$16abk^2-4ab(a+b)k+a^2b^2-16=0$.

分析可得上述方程为关于 k 的一元二次方程，因此命题时可以考虑 k 的解的个数，即 $\Delta=16a^2b^2(a+b)^2-64ab(a^2b^2-16)=16ab[ab(a-b)^2+64]$.

71

(1) 可添加条件：当 $ab=-1$ 时，若有两个不同的 k，使得 $AE \perp DF$ 成立，求 a 的取值范围.

解：由上述分析可知，若有两个不同的 k，使得 $AE \perp DF$ 成立，

则 $\begin{cases} \Delta > 0 \\ -\dfrac{-4ab(a+b)}{16ab} < 0 \\ \dfrac{(ab)^2-16}{16ab} > 0 \end{cases}$，

又 $ab=-1$，故 $\begin{cases} a+\dfrac{1}{a} < -8 \\ a-\dfrac{1}{a} < 0 \end{cases}$，解得：$a < -4-\sqrt{15}$.

(2) 可添加条件：当 $a+b=0$ 时，且 $AE \perp DF$ 成立，求 a 的取值范围.

解：由上述分析可知，若 $AE \perp DF$ 成立，则 $\begin{cases} \Delta > 0 \\ -\dfrac{-4ab(a+b)}{16ab} < 0 \\ \dfrac{(ab)^2-16}{16ab} > 0 \end{cases}$，

又 $a+b=0$，故 $\Delta > 0$，解得：$ab < -4$，即 $-a^2 < -4$，故 $a < -2$.

拓展 5：可以继续考虑一些简单的几何性质. 例如：若 $AE /\!/ DF$ 时，求变量系数 a，b，k 的关系；或者与 $\triangle ADP$ 进行联系，因为三角形发生改变影响了二次函数；或者再添加一些特殊的线，如抛物线的对称轴，点 E 或点 F 到数轴的距离；或者再添加一些特殊的点，如两条抛物线的交点，从而产生新的图形；或者研究图中相关的线段、角度，或连线得到相关图形的面积、周长等大小的计算与建模.

综上分析，未来函数压轴从已知抛物线拓展到含参的抛物线，从单一的抛物线走向由许多关联的抛物线构成的抛物线群，如过定点的抛物线，顶点在一直线上的抛物线，变换（平移、对称、翻折、其他等）后的抛物线，通过数形结合、代数推理去考查理性思维和数学探索.

美国著名的数学教育家波利亚说得好："一个专心的认真备课的教师能够

拿出一个有意义的但不复杂的题目,去帮助学生挖掘问题的各个方面,使得通过这道题就好像通过一道门户,把学生引进一个完整的领域."对教学如此,命题何尝不是这样. 一道好的试题应该坚持内容维度、过程维度、情境维度的有机结合,注重考查学生在真实情境下解决实际问题的能力,并且试题以核心知识、通性通法去发展学生的核心素养而不是以繁难、偏怪去区分学生成绩. 总之,好的试题一定是开放能发展,而不是封闭考技巧.

第三章　立足教材巧改编

3.1　转换条件构造图形　因果互换发现本质

一、试题展示

如图1是等边三角形 ABE 与其外接圆，过点 A 作 AB 的垂线交外接圆于点 H. G 是 $\overset{\frown}{BH}$ 上一点（不与点 B，E，H 重合），直线 GE，AH 交于点 D，连接 GA，GB.

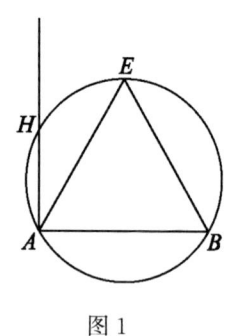

(1) 求证：GA 平分 $\angle BGD$；

(2) 将 AD 绕点 A 顺时针旋转 $60°$ 得到线段 AF，求证：点 F 落在射线 BG 上；

图1

(3) 在（2）的情况下，当点 F 在线段 BG 上时，若 $FB=\sqrt{3}FG$，求 AB 与 AD 的数量关系.

二、命题过程

(一) 命题立意

本题来源于人教版《数学》八上 P83 的综合运用第 12 题，九上 P63 的拓广探索第 10 题，这两题都是在三角形外部作等边三角形，八下 P23 页的探究中，是在直角三角形外部作正方形. 从这些案例入手，思考：如果在正方形内部构造等边三角形会有何性质. 在对图形性质进行研究的过程中发现

∠BGE＝120°是定角，且 BE 是定长，因此可知点 G 的运动轨迹是一条弧，考虑若将原题矩形条件转换，在定弦定张角的情况下将矩形换成圆，将它与圆的性质结合进行命题．

本题考查了等边三角形的性质，圆的性质，旋转的性质，全等三角形的判定与性质，角平分线的判定与性质，垂直的定理，等腰三角形的性质，锐角三角函数等基础知识．考查了分类与整合，化归与转化，特殊与一般等思想方法．考查逻辑推理，数学抽象，直观想象，数学运算等核心素养．具体为：

第（1）问中求证 GA 平分∠BGD，考查了圆周角的性质和圆内接四边形对角互补的知识以及分类讨论的思想方法．

第（2）问中证明点 F 落在线段 BG 所在的直线上，共线的证明是学生比较薄弱的环节，通常可以转化为证明平角．唯一性（如在同一平面内，过一点有且只有一条直线与已知直线垂直等），可以用同一法来证明．本题考查了全等三角形的判定和性质，圆的有关性质等知识．

第（3）问中"在第（2）问的条件下，当点 F 在线段 BG 上时，若 $FB=\sqrt{3}FG$，求 AB 与 AD 的数量关系"，通过构造等边三角形，半角模型（旋转）解决．考查的是全等三角形的判定和性质以及锐角三角函数的相关知识．考查了化归与转化，逻辑推理，数学抽象等思想．

（二）命题过程

1．原始模型

手拉手模型．

2．命题思路

命题设计的灵感源自人教版《数学》九上 P63 的拓广探索第 10 题这一道全等三角形与旋转相关性质的问题解决，在考虑这幅图的解答过程中，思考其题干之外的其他有关性质，并对其进行变形，加入一些自己想要的思路与考查方向，逐步包装，转换，形成一道有意思的试题．

3. 命题过程

命题的原型：

如图 2，△ABD，△AEC 都是等边三角形．BE 与 DC 有什么关系？你能用旋转的性质说明上述关系成立的理由么？

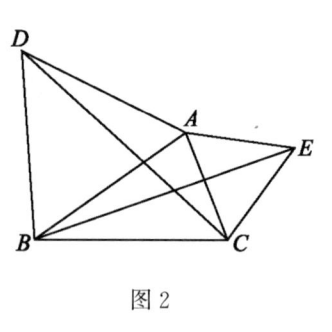

在这个问题中，直观地想到 BE 与 DC 的数量关系为 "BE＝DC"，但就关系本身而言，除了数量关系还有位置关系．对于线段的位置关系，常见的考查是平行或垂直，而此题的关系两者都没有，很容易被忽略，由此想到了 2019 年福州市九年级上学期期末考试中的问题"旋转前后对应线段所在直线的夹角（锐角）"．此处虽无特殊的平行和垂直关系，但是旋转角确是 $60°$，因此还有 BE 与 DC 夹角为 $60°$这一关系．

图 2

在思考此图的 BE 与 DC 夹角的过程中发现，其交点的性质，也常常作为一些考题的问题：如图 3，记交点为 F，连接 AF，FA 这条线，有何特殊性质？

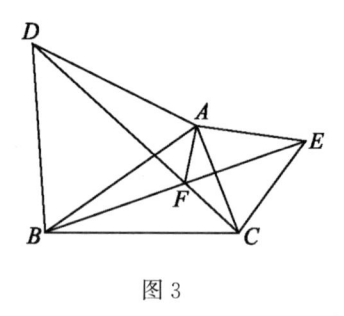

不难发现，在利用角平分线的判定定理（如图 4）或四点共圆（如图 5）的方式，都能够证明 FA 平分∠DFE，这一性质，是否也能在其他图形中得以实现？

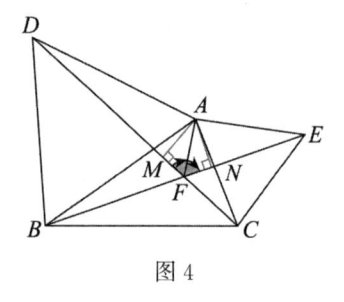

图 3

图 4

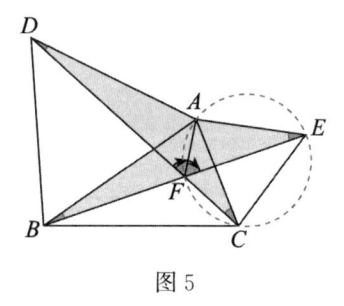

图 5

沿此思路，就在构造等腰三角形不变的情况下，开始对△ABC 进行了调整，在变化的过程中，反复在特殊与一般中进行切换．

在图 6 中，将等边三角形换为正方形，发现与 FA 等价的 JA，同样能够平分 $\angle BJG$，可是对于正方形中的点 C，F 在此图中就显得没有实际作用. 因此在图 7 中进行调整，将三角形与四边形的位置互换，在四边形外作等边三角形，结论不变，究其本质，无非是在原三角形外另取一点，并未产生新的突破. 但是在观察 FA 的等价线段时考虑到四边形的第四个顶点与此条线段能否找到关联，如果这个四边形也是一个足够特殊的四边形会是什么情况？

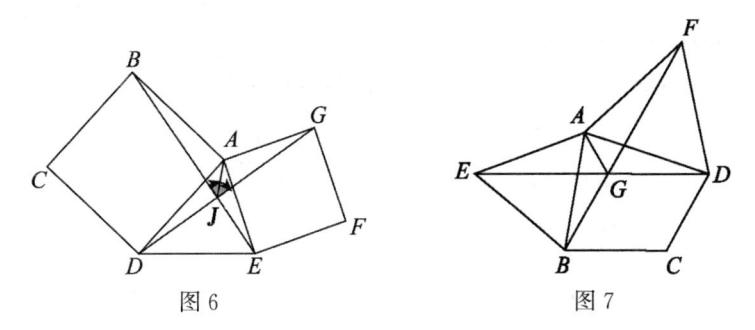

图 6 图 7

因此尝试将普通四边形变为正方形（如图 8），发现 A，G，C 三点共线，但是图形向外扩散太大，无法汇聚交点，就将向外侧作等边改为向内侧作等边（如图 9）. 图 9 中，将前面的几个特殊性质全部呈现，并且是呈现了一组对称的特性，其中存在许多特殊角，并且点、线的位置关系或数量关系都可定性定量，可是特殊的同时又使得图形太过僵硬，因此考虑将此正方形可以在变化过程中体现，若是正方形一定有三点共线，反之，若三点共线，该四边形是否也一定为正方形. 此处的考查，有一定的难度，但是呈现了由一般到特殊的过程，而且也需要在解题过程中进行恰当的构造，实现演绎推理，故形成了第一次变式的最终方案（如图 10）.

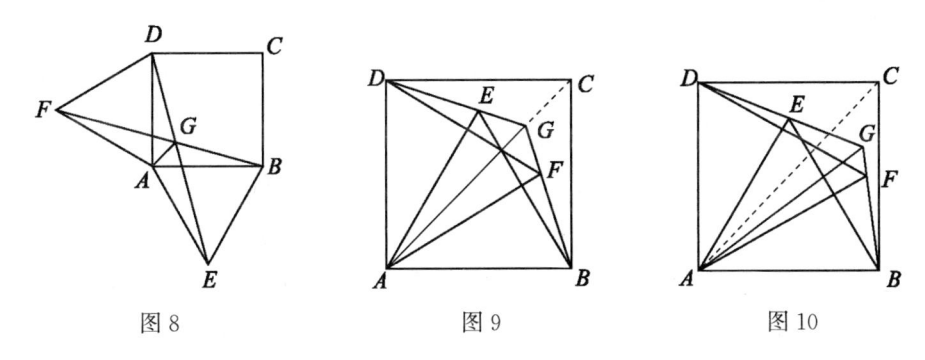

图 8 图 9 图 10

【第一稿】 如图11，在矩形 $ABCD$ 中，分别以 AB，AD 为边向矩形内部作等边三角形 ABE 和等边三角形 ADF，连接 BF，DE 并延长交于点 G.

(1) 求证：点 A 在 $\angle BGD$ 的平分线上；

(2) 连接 AC，当点 G 位于矩形 $ABCD$ 的对角线 AC 上时.

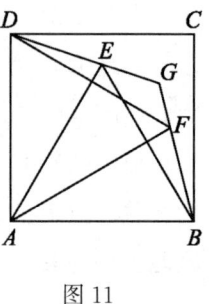

①证明：四边形 $ABCD$ 是正方形；

②探究 BF 与 FG 之间的数量关系，并说明理由.

图 11

第(1)问切入点是两个基本结构，其一，"手拉手"模型，两个共顶点的等边三角形即可延伸出全等三角形；其二，角平分线的判定——在角内部，到角两边距离相等的点在角的平分线上，从题干的问法，过点 A 作两边的垂线，证明垂线段长相等，即可解决问题. 如果学生没有想到角平分线判定的使用，此题的解决很容易陷入困境中.

第(2)问的两个问题中，第(1)问的难度较大，要证明矩形 $ABCD$ 是正方形，只需解决 $CD=BC$ 的问题，即证明 $\triangle BCG$ 与 $\triangle DCG$ 全等，由此出发容易发现即证明 $BG=DG$，这也是本题的难点. 第(1)问中角平分线的不变性对第(2)问中的证明有何作用，当点 G 位于对角线上时，如何寻找 BG 和 DG 相等的转化量，由此就需要通过矩形对边相等，在相对位置上再构造一个 $\triangle ABH$ 与 $\triangle CDG$ 全等进行转化，此构造才是该解决过程中的一个转折点，最终将正方形的证明解决. 第(2)个问题中，需要确定两条线段的数量关系，在正方形得证之后，还需要寻找是否有特殊角的存在，点 G 的位置变化对 $\angle BGD$ 是否存在影响，若能由本题第(1)问结论引申出的对角互补的性质，得出 $\angle BGD=120°$，再由第(1)问证明的角平分线，得到 $\angle BGA=\angle DGA=60°$，进而由正方形的性质得出相关角度，结合等腰三角形的三线合一、角平分线的性质加以解决.

本题基本涵盖了初中阶段学习的等边三角形的性质，全等的判定与性质，角平分线的判定，矩形的性质，正方形的判定与性质，锐角三角函数等基础知识，还隐藏了圆的相关性质，也考查学生逻辑推理能力，数学抽象能力，几何直观能力等.对常见的定理所含的基本结构进行整合,不仅考查了学生基础知识的掌握,研究几何的基本方法,也对学生的逻辑推理、几何构造能力有较高的要求,难度系数大.

对于此稿的问题,在题目的证明过程中,发现 $\angle BGE = 120°$ 是定角,当 BE 为定长时,可知点 G 的运动轨迹是一条弧.在联系近两年省考的大环境下对圆的重视程度,思考是否可能将其中隐藏了的圆具象化,若将原题矩形条件转换,在定弦定张角的情况下将矩形换成弧,将弧补成圆,再将图中可擦线段去除(如图12),尝试能否得到不一样的效果.

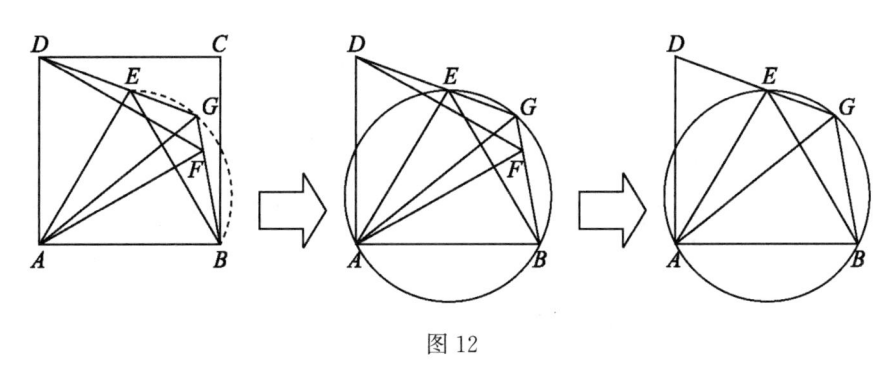

图 12

【第二稿】 如图13,G 是等边三角形 ABE 外接圆上一点(不与点 A,B,E 重合),过点 A 作 AB 的垂线与直线 GE 交于点 D,连接 GA,GB.

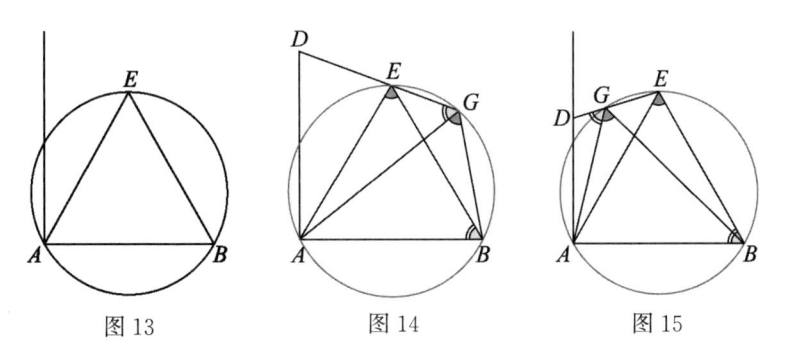

图 13　　图 14　　图 15

(1) 求证:GA 平分 $\angle BGD$;

问题至此,需要考虑此处证明是否严谨:当点 G 在 $\overset{\frown}{BE}$ 上时(如图14),可由同弧所对的圆周角相等进行证明;当点 G 在 $\overset{\frown}{AE}$ 上时,若点 G 在 DA 右侧(如图15),则可由圆的内接四边形对角互补的性质加以证明,但若点 G

在 DA 左侧（如图 16），通过作图发现 GA 在 ∠BGD 外部，无法实现；当点 G 在 $\overset{\frown}{AB}$ 上时，若点 G 在过点 E 的直径的左侧时（如图 17），应是 AG 的延长线平分 ∠BGD，当点 G 在过点 E 的直径的右侧时，GA 在 ∠BGD 外部，也无法实现. 故在此处命题时，需对点 E 的位置进行一定的约束，就初中阶段而言，主要有两种方向：其一，点 G 在 $\overset{\frown}{BE}$ 上；其二，点 G 在 $\overset{\frown}{AEB}$ 上，且位于直线 AD 左侧. 前者相对简单，后者需要进行分类讨论，可视具体情况，设置问题.

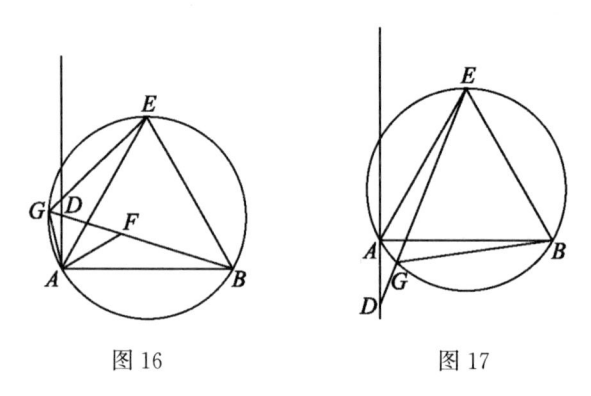

图 16　　　　　　　　图 17

【第三稿】 如图 18，在等边三角形 ABE 与其外接圆上，过点 A 作 AB 的垂线交外接圆于点 H. G 是 $\overset{\frown}{BH}$ 上一点（不与点 B，E，H 重合），直线 GE，AH 交于点 D，连接 GA，GB.

（1）求证：GA 平分 ∠BGD；

（2）将线段 AD 绕点 A 顺时针旋转 60° 得到线段 AF，求证：点 F 在射线 BG 上；

（3）在（2）的情况下，当 AD = AB 时，求 FG 与 FB 的数量关系.

当第（1）问成型之后，顺着原题的轨迹再逐步还原，一稿中的另一个等边三角形通过旋转实现，此时可以将原本的两线交于一点转换为三点是否共线的第（2）问，而三点共线的证明又恰好是学生相对薄弱、不重视的地方，因此，可透过此题的考查，引导学生探究三点共线的多种证明方式.

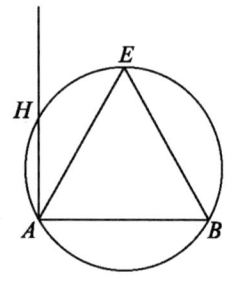

图 18

第（3）问则是对原特殊四边形——正方形的还原，当 $AD=AB$ 时，虽无正方形，却已将整体结构形成，足以形成此问.

第三稿考查了等边三角形的性质，圆的性质，旋转的性质，全等的判定与性质，角平分线的判定与性质，垂直的定理，等腰三角形的性质，锐角三角函数等基础知识. 考查了分类与整合，化归与转化，特殊与一般等思想方法. 考查逻辑推理，数学抽象，直观想象，数学运算等核心素养.

题目至此已经成型，但是对于第（3）问并不满意，之后的题型与原题的难易度相比，简单了很多，只是纯粹地利用特殊角进行计算，没有在发掘学生能力的维度上凸显本题本该有的作用，因此，又思考如何在此处让学生能够更好地发挥几何变换、演绎推理的能力，仍旧从因果关系互换着手思考.

在第（3）问中，若将结论和条件互换得到以下问题：在第（2）的情况下，当点 F 在线段 BG 上时，若 $FB=\sqrt{3}FG$，求 AB 与 AD 的数量关系.

【第四稿】 如图 19，在等边三角形 ABE 与其外接圆上，过点 A 作 AB 的垂线交外接圆于点 H. G 是 $\overparen{BH}$ 上一点（不与点 B，E，H 重合），直线 GE，AH 交于点 D，连接 GA，GB.

(1) 求证：GA 平分 $\angle BGD$；

(2) 将线段 AD 绕点 A 顺时针旋转 $60°$ 得到线段 AF，求证：点 F 在射线 BG 上；

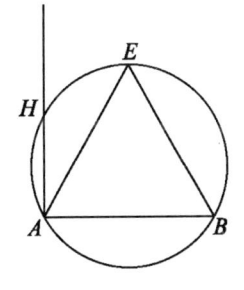

图 19

(3) 在（2）的情况下，当点 F 在线段 BG 上时，若 $FB=\sqrt{3}FG$，求 AB 与 AD 的数量关系.

在第（1）问的证明中，需要分类讨论；在第（2）问的证明中，若选对方法，则不需要分类讨论，否则需根据点 F 的不同落点分类讨论；第（3）问在三重限制下，使得符合条件的点 F 只有一种情况，因此此时不需要再进行分类. 但是在第（3）问中对于已知的数量关系下，如何构造图形或利用旋转性质，是对学生，尤其是优生综合能力的对比考查，因此最终将此稿定为终稿.

4. 命题方法

命题的主要方法是由基本模型出发，进行构造性的转换；又由一稿中的隐含条件进行题干的改造，将隐藏的圆摆到明面，而将矩形、等边三角形隐藏到问题中去，逐步让原有信息在适当的条件下浮出水面，形成逆向问题；再有，在一般到特殊的条件选择中，寻找恰当的信息，抓住问题的核心——位置关系与边角关系，调整难度，实现对不同层次学生的区分.

三、解答分析

（一）思路分析

从本题的思路分析可以看出其中蕴藏从特殊到一般，从一般再到特殊的数学几何问题的探究路径，可以看出画图操作等数学活动对数学几何问题以及相关数学思想的理解的价值，可以看出数学知识、数学方法和数学思想在其中的综合运用.

第（1）问的思路首先应考虑题干中对 G 点位置限制的意义——分类讨论，能够根据题干暗示，画出点 G 在不同位置下的图形，由图证题，也是对学生画图分析能力的考察.

第（2）问考查点在线上，也就是三点共线的证明. 常见的三点共线证明方法有平角，唯一性，同一法等. 此处可在结合第（1）问的角平分线证明中，考虑角平分线性质的使用，再由旋转形成的手拉手模型证垂直，通过"在同一平面内，过一点有且只有一条直线与已知直线垂直"这一性质说明问题.

第（3）问中，考虑通过构造勾股定理计算证明，构造相似三角形计算证明，通过同一法证明两点是同一个点解决问题，和通过旋转构造勾股定理解决问题. 其中对于第四种方式应与此题命制过程中的条件相呼应. 以 AD 为边在 AB 同侧构造等边三角形，再将 AC 绕点 A 顺时针旋转 $60°$，通过这些变换将原本分散的条件汇聚到一起，进而解决这个"半特殊"直角三角形，从而解决问题. 本题难点在于对于特殊三角形的构造与证明，实则是旋转变化的深刻理解与运用.

(二) 解法呈现

证明：(1) ∵△ABE 是等边三角形，

∴∠AEB=∠ABE=60°.

∵$\overset{\frown}{AB}=\overset{\frown}{AB}$，

∴∠AGB=∠AEB=60°.

①如图 20，当点 G 在 $\overset{\frown}{BE}$ 上时，

∵$\overset{\frown}{AE}=\overset{\frown}{AE}$，

∴∠AGE=∠ABE=60°，

∴∠AGB=∠AGD，

∴GA 平分∠BGD.

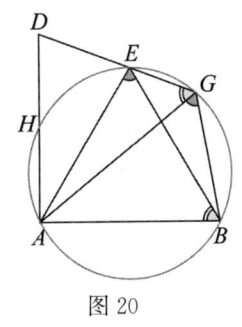

②如图 21，当点 G 在 $\overset{\frown}{HE}$ 上时，

∵四边形 ABEG 内接于圆，

∴∠ABE+∠AGE=180°.

∵∠AGD+∠AGE=180°，

∴∠DGA=∠ABE=60°，

∴∠AGB=∠AGD，

∴GA 平分∠BGD.

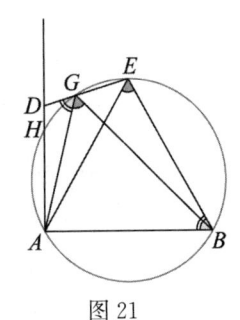

综上，GA 平分∠BGD.

图 20

图 21

(2) 如图 22，23，24，过点 A 作 AM⊥GB 于点 M，AN⊥GD 于点 N，连接 MF，

∴∠AMB=∠AND=90°.

在四边形 AMGN 中，

∠MAN=360°−∠MGN−∠AMG−∠AND=60°.

由旋转得，∠DAF=60°，AD=AF，

∴∠DAN=∠FAM.

∵GA 平分∠BGD，

∴AM=AN,

∴△AND≌△AMF,

∴∠FMA=∠DNA=90°,

∴FM⊥AM,

∵AM⊥MG,

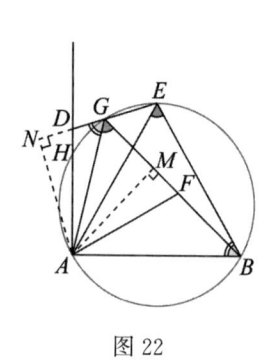

∴点 F 在射线 BG 上.

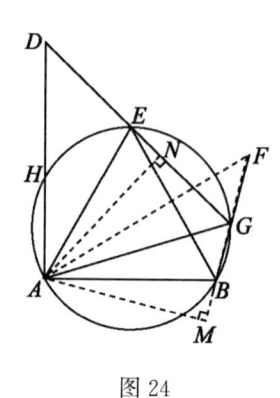

图 22　　　图 23　　　图 24

解：（3）如图 25，延长 GB，截取 GP=GA，
将 AF 绕点 A 顺时针旋转 60°得到 AQ，
连接 QB，QP，
过点 Q 作 QK⊥GB 的延长线于点 K，
则∠QKP=90°.

∵∠AGB=60°,

∴△APG 是等边三角形,

∴∠GAP=∠APG=60°，AP=AG.

∵由旋转得 AQ=AF，∠QAF=60°,

∴∠GAF=∠PAQ,

∴△AQP≌△AFG,

∴QP=FG，∠APQ=∠AGF=60°,

∴∠BPQ=120°,

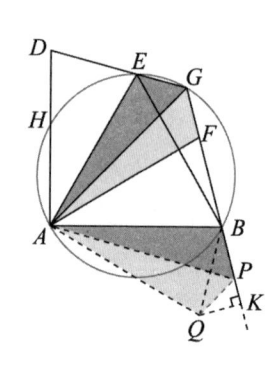

图 25

∴∠QPK=60°.

∵AD⊥AB，

∴∠DAB=90°，

∵∠DAF=60°，

∴∠FAB=30°，

∴∠BAQ=30°=∠BAF.

∵AB=AB，

∴△ABQ≌△ABF，

∴BQ=BF.

依题意，设 $QP=FG=2x$，$BQ=BF=2\sqrt{3}x$（$x>0$）.

在 Rt△QPK 中，$PK=PQ \cdot \cos 60°=x$，$QK=PQ \cdot \sin 60°=\sqrt{3}x$.

在 Rt△QBK 中，$BK=\sqrt{BQ^2-QK^2}=3x$，

∴$BP=2x=FG$.

∵$AP=AG$，∠AGF=∠APB，

∴△AGF≌△APB，

∴AB=AF.

∵AD=AF，

∴AB=AD.

四、试题评析

从命题来看，试题难易程度适中，考查内容较全面，既考查了学生较薄弱的作图，还考查了初中几何学习的几大重要知识，如全等三角形的性质和判定，几何旋转变换，圆的有关性质，三角形相似的运用.

试题着重考查了学生综合运用数学思想方法分析解决问题的能力．本题的基本模型和解决技巧是通过旋转变换构造"手拉手"模型．考查学生对几何旋转变换中图形的理解和构造．第（3）问是本题的难点，在于发现特殊角和构造直角三角形，发现图形中的数量关系，利用方程的思想解决问题.

本题对识图和综合分析解决问题的能力要求较高,如第(2)问中证明点 F 落在射线 BG 上,如果学生不能将这个抽象问题转化为数学问题来理解,那么问题很难得到解决. 如第(3)问中学生对题中的数量关系没有敏感性,不能构造出特殊三角形,那么问题解决也会走入死胡同.

本题重视考查逻辑推理,数学抽象,直观想象,数学运算等核心素养;鼓励学生学会用数学知识和数学思想方法分析解决具有挑战性的"新"问题.

五、命题反思

将题目的背景从正方形变成圆以后,第(1)问中侧重圆的知识的考查,后两问与圆的性质结合较少,解题方法侧重构造,难度适合,但是对圆意犹未尽,在这一方面要再加深入思考.

在问题的设置上,结论分类性较强,解题方法存在一定巧解,通法或难度较大. 比如第(1)问中点 A 在 $\angle BGD$ 的平分线上,这一结论在圆的背景下与 G 的运动位置有关,若改为角的数量关系,则存在更多的分类可能;同样,点 G 的不同位置也会导致第(3)问数量关系上产生分类,这样需对第(1)问进行适当调整. 在解法上,三个问题间有联系,但也具有隐蔽性,因此解题方法上还要多思考.

3.2 图形中建构模型 变化中探索关系

一、试题展示

已知:等边 $\triangle ABC$ 边长为 3,$CD \perp AB$,E 为线段 CD 上的动点,$AE \perp EF$,$CF \perp AC$.

(1) 如图 1,若 $CE = 2DE$,求证:$CE = CF$;

(2) 在图 2 中连接 AF 并求证:$AE = \dfrac{1}{2} AF$;

(3) 如图 2,设 $CE = x$,$CF = y$,求 y 与 x 的函数关系式.

图 1　　　　　　　　　　图 2

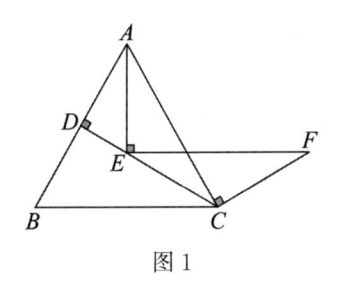

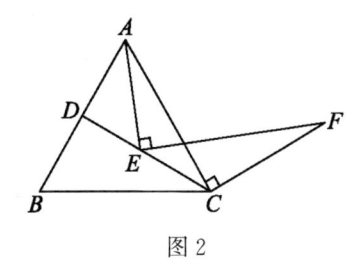

二、命题过程

（一）命题立意

本题旨在考查学生的直观想象、数学运算、逻辑推理等能力.

直观想象是发现和提出数学问题、分析和解决数学问题的重要手段，是探索和形成论证思路、进行逻辑推理、构建抽象结构的思维基础. 在直观想象核心素养的形成过程中，学生能够进一步发展几何直观和空间想象能力，增强运用图形和空间想象思考问题的意识，提升数形结合的应用能力，感悟事物的本质，培养创新思维.

数学运算是数学活动的基本形式，也是演绎推理的一种形式，是得到数学结果的重要手段. 数学运算是解决问题的基础. 在数学运算核心素养的形成过程中，学生能够进一步发展数学运算能力；能有效借助运算方法解决实际问题；能够通过运算促进数学思维发展，养成程序化思考问题的习惯；形成一丝不苟、严谨求实的科学精神.

逻辑推理是得到数学结论、构建数学体系的重要方式，是数学严谨性的基本保证，是人们在数学活动中进行交流的基本思维品质. 在逻辑推理核心素养的形成过程中，学生能够发现问题和提出命题；能掌握推理的基本形式，表述论证的过程；能理解数学知识之间的联系，建构知识框架；形成有论据、有条理、合乎逻辑的思维品质，增强数学交流能力.

（二）命题过程

1. 原始模型

命制此题的原始模型源于一次交谈，团队的三位老师中，有两位正在讲授人教版数学九年级上册《圆》章节，另一位正在讲授八年级上册《三角形》章节．我们分别在九上 P86《圆》章节圆周角内容示例图（见图 3）和八上 P14《三角形》章节直角三角形例题（见图 4）中看到了类似的图形，因此，我们确定了初始模型．

这样，我们就得到圆周角定理：

➡一条弧所对的圆周角等于它所对的圆心角的一半．

进一步，我们还可以得到下面的推论（请你自己完成证明）：

同弧或等弧所对的圆周角相等．

➡半圆（或直径）所对的圆周角是直角，90°的圆周角所对的弦是直径．

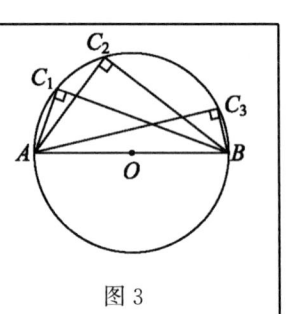

图 3

例 3　如图，$\angle C = \angle D = 90°$，$AD$，$BC$ 相交于点 E．$\angle CAE$ 与 $\angle DBE$ 有什么关系？为什么？

解：在 Rt△ACE 中，

$\angle CAE = 90° - \angle AEC$．

在 Rt△BDE 中，

$\angle DBE = 90° - \angle BED$．

∵ $\angle AEC = \angle BED$．

∴ $\angle CAE = \angle DBE$．

图 4

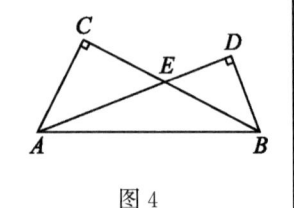

2. 命题思路

看到这个模型之后（见图 5），我们就希望由这个图形出发，设计一道题，初步设定为三个小题，层层递进，前两个小题可以围绕 E 点这个动点设计几何证明题，可以是关于边的数量关系的，也可以是关于角度的，或者是关于三角形形状是否变化的．第三小题可以适当提高难度，加入函数思想，求角度或者是线段的函数关系式．

3. 命题过程

第一步：在原始模型中，A，E，C，F 四点共圆. 大多数题目的呈现方式是：A，F 为定点，即直径 AF 固定，E 点和 C 点在 $\overset{\frown}{AF}$ 上运动，$\angle E$ 和 $\angle C$ 是直径所对的圆周角，均为 $90°$. 但是我们将图形改变为 A，C 两点为定点，E 点为主动点，保持 $\angle E$ 和 $\angle C$ 为直角，F 点随之运动.

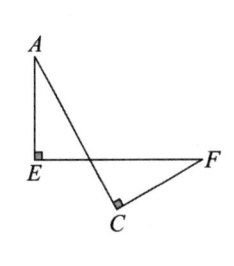

第二步：E 点是动点，但是不能随意在平面上运动，我们就需要用一些条件来限制它的运动路径. 因此，我们想到，以线段 AC 为边构建一个等边三角形，让 E 点在正三角形的一条高线上运动（如图 6），保证 $AE \perp EF$，$CF \perp AC$，这样运动轨迹就有规律可循了，而且在运动的过程中，有很多的角度都可以表达出数量关系，比如：$\angle DAE$，

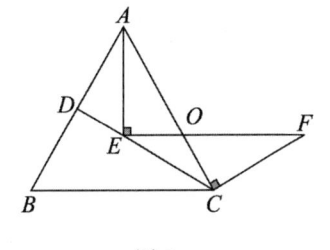

图 5

图 6

$\angle CAF$ 和 $\angle FEC$ 始终相等，$\angle ACD = \angle F = 30°$，这在命题中就有很多文章可做了.

第三步：设置第一小题.

在第（1）小题中，E 点若在一个较为特殊的位置，就可以比较方便进行计算或论证. 在等边三角形的高线上，有什么点是比较特殊的呢？自然是正三角形的中心. 当点 E 在正 $\triangle ABC$ 的中心位置的时候，$\angle DAE = \angle CEF = \angle FEC = 30°$. 设置题目的时候，可以在表述上做一些改变，例如若是将题设写成"正 $\triangle ABC$ 的中心"就不是很合适，可以改为"若 $CE = 2DE$"，再配合题目中给出"$\triangle ABC$ 的边长为 3"，这样学生就比较容易入手进行计算，进而引导学生利用三角函数知识计算出 $\angle DAE = 30°$. 至此，题目的主干和第一小题便设置完成. 已知：等边 $\triangle ABC$ 边长为 3，$CD \perp AB$，E 为 CD 上的动点，$AE \perp EF$，$CF \perp AC$，(1) 如图 6，若 $CE = 2DE$，求证：$CE = CF$；

编制第（2）小题相对较为顺畅，我们希望学生能够发现，在 E 点的运动过程中，$\angle ACD = \angle AFE = 30°$，即 $\triangle AEF$ 的形状保持不变. 因此，我们将第（2）小题题目设定为："连接 AF 并求证 $AE = \dfrac{1}{2}AF$". 学生需要求证出在 Rt

△AEF 中，∠AFE＝30°（如图7）.

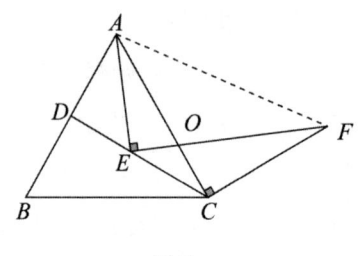

连接 AF，设 AC 和 EF 相交于点 O，由 ∠AEO＝∠FCO＝90°以及∠AOE＝∠FOC，可得△AEO∽△FCO，继而得到 $\dfrac{OE}{OC}=\dfrac{OA}{OF}$，再根据 ∠AOF＝∠EOC，得到 △AOF∽△EOC，最后推出∠ACD＝∠AFO＝30°.

图7

但是这道题有更加简便的做法：A，E，C，F 四点共圆，∠AFE 和 ∠ACD 均为 $\overset{\frown}{AE}$ 所对的圆周角，则可以得到∠ACD＝∠AFE＝30°，马上就可以得到结论. 但是经过讨论，四点共圆的技巧在没有圆出现的情况下，学生不容易联想到四点共圆，因此还是将此题放在第二小题的位置.

第四步：设计第三小题.

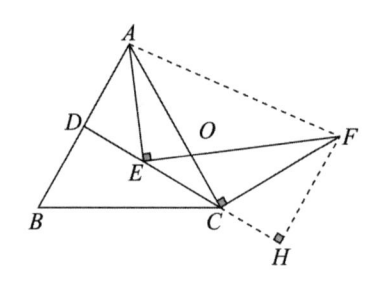

作为第（3）小题，我们希望将题目设置为让学生发现更为一般性的结论，发现线段长度之间蕴含的函数关系. 这个图形中，直线 DC 上有三个直角，∠ADE，∠AEF 和 ∠ACF，这样就有构建"一线三等角"模型的可行性了. 由此，我们想到过点 F 向 DC 作垂线段（如图8），这样就有两组的相似三角形

图8

了：△ADE 和△EHF，以及△ADC 和△CHF，通过三角形的相似，对应线段之间成比例，我们就能找到很多线段之间的关系了，比如△ADE∽△EHF，$\dfrac{AD}{EH}=\dfrac{DE}{FH}$，也可以转化成 $\dfrac{AD}{EC+CH}=\dfrac{DE}{FH}$，由于△FCH 的形状是一定的（∠CFH＝30°，∠H＝90°），因此 CH、CF、HF 三条线段也是相关联的，随着 DE 长度的变化，其他的线段长度也呈现规律性变化，我们就希望学生能够找到这些关联，写出这些规律. 但是如果直接给出比例式中的这些线段的条件，又显得太过直白，题目没有梯度，因此我们给出的条件是"设 CE＝x，CF＝y"求"y 与 x 的函数关系式". 在 Rt△CHF 中，利用三角函数将线段 CH，HF 和线段 CF 关联，也就是用 y 表示，由于正三角形的

边长已经定了，因此高 CD 也可以求出，就可以用 x 表示出，再代入刚才的比例式中，就可以写出 y 与 x 的函数关系式了.

三、解题分析

（一）思路分析

1. 第（1）小题

本题的解题思路是发现角度之间的关系，而后运用到直角三角形中.

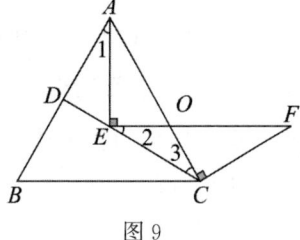

由等边三角形得 CD 为 AB 边上高以及 $\angle AEF=90°$ 等条件，可以推出 $\angle 1=\angle 2$，$\angle F+\angle 2=60°$，

图 9

解题思路：

$$\left.\begin{array}{r}\text{直角三角形 } ADC \\ \text{等边三角形 } ABC \text{ 边长为 } 3\end{array}\right\} \left.\begin{array}{r}CD=\dfrac{3\sqrt{2}}{2} \\ AD=\dfrac{3}{2}\end{array}\right\} \left.\begin{array}{r}\angle 1=30° \\ \angle 2=30°\end{array}\right\} \angle 2=\angle F \Rightarrow CE=CF$$

$$\left.\begin{array}{r}\angle 1+\angle AED=90° \\ \angle 2+\angle AED=90°\end{array}\right\} \angle 1=\angle 2$$

$$\left.\begin{array}{r}\angle 3=30° \\ \angle ACF=90°\end{array}\right\} \angle ECF=120°$$

2. 第（2）小题

连接 AF，当点 E 在线段 CD 上运动时，可证得 $\triangle AEO \backsim \triangle FCO$，继而求得 $\dfrac{OE}{OC}=\dfrac{OA}{OF}$，而后可以得到 $\triangle AOF \backsim \triangle EOC$，即 $\angle AFE=\angle ACE=30°$，因此 $\triangle AEF$ 的形状不变.

图 10

解题思路：

$$\left.\begin{array}{l}\angle AEO=\angle FCO=90° \\ \angle AOE=\angle FOC\end{array}\right\} \Rightarrow \triangle AEO \backsim \triangle FCO \Rightarrow \left.\begin{array}{l}\dfrac{OE}{OC}=\dfrac{OA}{OF} \\ \angle AOF=\angle EOC\end{array}\right\} \Rightarrow \triangle AOF \backsim$$

$$\triangle EOC \Rightarrow \angle ACD=\angle AFO=30° \Rightarrow AE=\dfrac{1}{2}AF.$$

3. 第（3）小题

第（3）小题，是利用原本的图形可以构建出一线三等角的图形，若存在相似的三角形，就可以得到相关边长的关系式．此题意在让学生构建出一线三等角的图形．

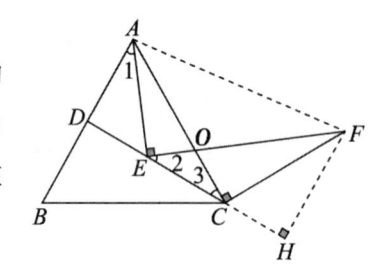

解题思路为：

$$\left.\begin{array}{l}在 Rt\triangle FCH 中，\angle FCH=60° \Rightarrow CH=\dfrac{1}{2}y \\ FH=\dfrac{\sqrt{3}}{2}y \Rightarrow EH=EC+CH=x+\dfrac{1}{2}y \\ DE=\dfrac{3\sqrt{2}}{2}-x \\ 过点 F 作 FH\perp DC 交 DC 的延长线于点 \\ H \Rightarrow \triangle ADE \backsim \triangle EHF \Rightarrow \dfrac{AD}{EH}=\dfrac{DE}{FH}\end{array}\right\} \Rightarrow \dfrac{\dfrac{3}{2}}{x+\dfrac{1}{2}y}=\dfrac{\dfrac{3\sqrt{3}}{2}-x}{\dfrac{\sqrt{3}}{2}y} \Rightarrow$$

$$y=\dfrac{3\sqrt{3}x-2x^2}{x}=-2x+3\sqrt{3}$$

图 11

4. 基本思想方法

（1）本题首先考查学生化归思想．

解决数学问题就是一个化繁为简、化难为易、变未知为已知的过程．在本题的第（2）、第（3）小题中都需要利用化归的思想来解题．求证 $AE=\dfrac{1}{2}AF$ 可以转化为求证 $\triangle AEF$ 中 $\angle AFE=30°$，继而再转化为 $\angle AFE=\angle ACD=30°$；求 y 与 x 的函数关系式的时候，要将问题转化为建立 y 与 x 的方程，继而再转化为构建一线三等角的模型之后，利用相似三角形对应边成比例建立方程，而后转化为关系式．

（2）本题还考查学生数形结合思想．

"数"和"形"是相互联系、渗透的，数是形的抽象概括，形是数的直观体现．本题第（1）小题中利用图形的位置关系找到角度数量关系，在第（3）小题中，更是需要利用数形结合的思想，构造几何图形并且反映出线段间的比例关系，再到表示成函数关系式．

5. 关键点

解决本题的关键点在于：①在第（1）小题和第（2）小题中，需要能够发现角度间的数量关系，能够熟练利用三角形内角和等法则进行角度运算，从而解决问题．②在第（3）小题中，需要能够利用原始图形构造一线三等角模型，从而发现三角形间的相似关系，继而解决问题．

（二）解法呈现

（1）∵等边△ABC中，$CD \perp AB$，

∴$AD = \frac{1}{2}AB = \frac{3}{2}$，$\angle 3 = \frac{1}{2}\angle ACB = 30°$．

在 Rt△ACD 中，由勾股定理得

$CD = \sqrt{AC^2 - AD^2} = \frac{3\sqrt{3}}{2}$．

∵$CE = 2DE$，∴$DE = \frac{\sqrt{3}}{2}$．

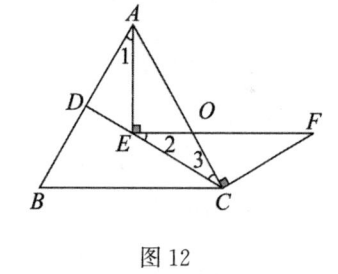

图 12

在 Rt△ADE 中，$\tan\angle 1 = \frac{DE}{AD} = \frac{\sqrt{3}}{3}$，∴$\angle 1 = 30°$，∴$\angle AED = 60°$．

∵$AE \perp EF$，$CF \perp AC$，

∴$\angle AEF = 90°$，$\angle ACF = 90°$，$\angle 2 = 30°$，

∴$\angle F = 180° - \angle 2 - \angle 3 - \angle ACF = 30°$，$\angle 2 = \angle F$，

∴$CE = CF$．

（2）（解法一）连接 AF，设 AC 和 EF 相交于点 O．

在△AEO 和△FCO 中，$\angle AEO = \angle FCO = 90°$，$\angle AOE = \angle FOC$，

∴△AEO∽△FCO，

$\therefore \dfrac{OE}{OC}=\dfrac{OA}{OF}.$

$\because \angle AOF=\angle EOC, \therefore \triangle AOF \backsim \triangle EOC,$

$\therefore \angle ACD=\angle AFO=30°,$

$\therefore AE=\dfrac{1}{2}AF.$

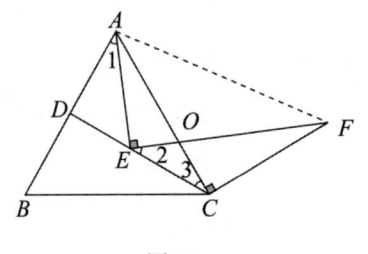

（解法二）$\because \angle AEF=\angle ACF=90°,$

$\therefore E,F$ 在以 AF 为直径的圆上，

即 A,E,C,F 四点共圆，

$\therefore \angle AFE$ 和 $\angle 3$ 均为 $\overset{\frown}{AE}$ 所对的圆周角，

则 $\angle AFE=\angle 3=30°,$

在 Rt$\triangle AFE$ 中，$AE=\dfrac{1}{2}AF.$

（3）过点 F 作 $FH \perp DC$，交 DC 的延长线于点 H，

$\therefore \angle FHC=90°.$

$\because \angle FCH=180°-\angle ACD-\angle ACF=60°,$

$\therefore$ 在 Rt$\triangle CFH$ 中，

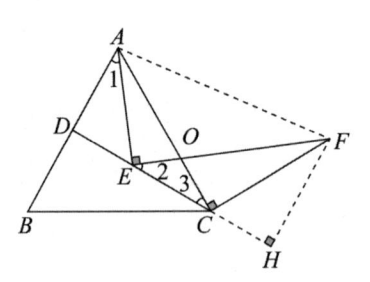

$CH=CF \cdot \cos 60°=\dfrac{1}{2}y,$

$FH=CF \cdot \sin 60°=\dfrac{\sqrt{3}}{2}y,$

$\therefore EH=EC+CH=x+\dfrac{1}{2}y, DE=\dfrac{3\sqrt{3}}{2}-x.$

$\because \angle DAE+\angle AED=90°, \angle AED+\angle FEH=90°,$

$\therefore \angle DAE=\angle FEH.$

$\because \angle ADE=\angle FHC=90°,$

$\therefore \triangle ADE \backsim \triangle EHF,$

$\therefore \dfrac{AD}{EH}=\dfrac{DE}{FH},$

图 13

图 14

$$\therefore \frac{\frac{3}{2}}{x+\frac{1}{2}y}=\frac{\frac{3\sqrt{3}}{2}-x}{\frac{\sqrt{3}}{2}y}.$$

$$\therefore y=\frac{3\sqrt{3}x-2x^2}{x}=-2x+3\sqrt{3}\left(0<x<\frac{3\sqrt{3}}{2}\right).$$

四、试题评析

本题考查的知识点有：三角函数、三角形相似、四点共圆、三角形内角和等.

五、命题拓展

方案1：本题的图形中，角度之间存在数量关系，可以将第（1）小题改变为证明角度关系，比如"求证：$\angle EFC=\angle 1$"或者"$\angle EFC+\angle 1=60°$".

方案2：本题还可以将"E 在线段 CD 上"，改编为"E 在射线 CD 上"（如图15）. 如此在解题时就需要运用到分类讨论思想，考虑两种情况：①当 E 在线段 CD 上时；②当 E 在线段 CD 延长线上时. 此时的解题方法和之前的题目相类似，但是答案不同，为 $y=-2x+3\sqrt{3}$.

方案3：若本题改编为"E 在直线 CD 上"，则需要考虑三种情况，多了在线段 DC 延长线上的情况，但是此种情况构图太大，不容易作图，而且解题方法和原题一样，因此我们在构思时放弃了这种情况.

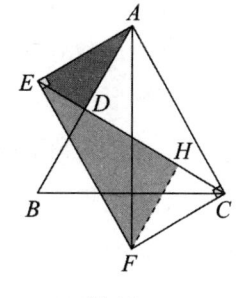

图 15

六、命题反思

在全面深化课程改革的大背景下，《全日制义务教育数学课程标准》明确提出直观想象是"六大核心素养"之一. 教师在数学教学中渗透"数形结合"的思想方法，旨在培养学生的直观想象核心素养. 教师在教学过程中了解、理解教材、回归教材是教学的关键. 整体把握教材，浏览教材. 宏观与微观把握教材，清楚单元与单元，命题与概念的地位和作用，反过来，也要把每一道题目、命题与概念放回到整个单元，整章，整册，整个内容中去．如何衔接知识？其关联程度如何？需要把静态的知识和动态的数学思想方法渗透到教学中去．

"数学是研究现实世界空间形式和数量关系的科学"，数与形是对立统一的两个方面，数是形的抽象概括，形是数的直观体现．"数缺形少直观，形缺数难入微"．数形结合是数学领域的一种基本思想方法，是中学数学教学的基本要求之一，在数学教学中，要真正引导学生领悟"数形结合"的思想方法，要重视"数（式等）"的几何解释，"形"的代数表示；在数学解题中，要有意识地将形的问题转化为代数问题来处理，以"数"论"形"；再将"数"的问题用"形"来直观描述，以"形"究"数"，以"数"论"形"，数形结合．回归教材，关注数学思想，提升思维品质，是数学教学的本质与追求．

我们设计的这道题的灵感就来自于教材，例如一开始构思的有公共斜边的两个直角三角形的图形就来自于九上教材《圆》章节——圆周角的课程的示例图．在八上教材的《三角形》章节的直角三角形课时的例3也同样也出现类似图形．而在八上教材的《三角形》章节的中线、高线、角平分线课时中就出现了三角形的重心，或者说在九上教材《圆》章节的正多边形和圆课时中也出现了正多边形的中心的概念，将这些构思串联起来，就构成了我们的设计．

逻辑思维能力是指正确、合理思考的能力．即对事物进行观察、比较、分析、综合、抽象、概括、判断、推理的能力，采用科学的逻辑方法，准确而有条理地表达自己思维过程的能力．它与形象思维能力截然不同．逻辑思维能力不仅是学好数学必须具备的能力，也是学好其他学科，处理日常生活问题所必需的能力．

1. 培养深刻理解与灵活运用基础知识的能力

逻辑推理需要较深的知识积累，这样才能为每一步推理提供充分的依据．逻辑推理指的是由特殊到一般，由点到面的猜想，分析并验证的过程，逻辑推理过程中，一定要有相应的知识储备，并能适时调出使用，这样才能使推理进行下去，否则就进行不下去，解题就断了．

2. 培养想象能力

因为逻辑思维有较强的灵活性和开发性，发挥想象对逻辑推理能力的提高有很大的促进作用．知识基础越坚实，知识面越广，就越能发挥自己的想象力．

3. 培养语言能力

语言能力的好坏不仅直接影响想象力的发展，而且逻辑推理依赖于严谨的语言表达和正确的书面表达．因此重视学生语言培养，尤其是数学语言和几何语言的培养对学生逻辑推理能力的形成是不可或缺的关键一环．

4. 培养作图识图能力

初中阶段的逻辑推理更多直接应用在几何方面，而几何与图形是密不可分的；几何图形中包含了许多隐藏的已知条件和大量的推理素材及信息，对图形认识得是否深刻，直接影响到问题能否解决．

3.3 巧由困惑寻思路 妙用模型悟真谛

一、试题展示

如图 1，在射线 AB 上，线段 $AB=6$，在线段 AB 上有一点 C，当 $BC=2$ 时，以 BC 为直角边在 AB 上方作等腰直角 $\triangle DBC$，P 为平面上一点且始终满足 $\angle APC=\angle BPC$，则线段 PD 的最小值是_____．

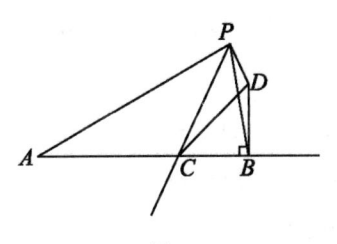

图 1

二、命题过程

（一）命题立意

本题作为初三中考复习检测的填空压轴题，不仅要考查学生对数学核心知识的掌握，还要考查学生的思维能力，有一定的区分度．在初中的几何学习过程中，角平分线的轴对称性，圆的相关性质，相似的判定和性质等内容都是初中数学教学中的核心知识，所以我们在命制过程中决定编制一道有相关核心知识的试题．考虑到平时教学中，老师和学生都非常注重对角平分线模型和最值模型的归纳整理，但避免学生在考试时直接套用模型解题，我们决定用角平分线的相关知识、三角形中位线的性质、圆的定义、点与圆的位置关系、两点之间线段最短等相关知识为主要元素，重点考查学生的"几何推理、数式运算"等基本技能，着重考查学生综合分析和解决问题的能力．在问题的解决过程中考查了角平分线的轴对称性和圆的定义，相似三角形等相关知识的灵活应用；渗透了化归与转化，建立模型等思想方法；在基本活动经验方面考查了学生综合所学的知识和方法解决相应问题的活动经验．预估难度系数：0.45．

（二）命题过程

1. 原始模型

我们选取的试题原型来源于人教版数学教材八年级上册第 56 页课本习题中的拓展探索第 12 题的基本图．原题如下：如图 2，在 $\triangle ABC$ 中，AD 是它的角平分线，则 $S_{\triangle ABD} : S_{\triangle ACD} = AB : AC$．在教学过程中，学生在老师的点拨下，利用面积相等还可以推出 $AB : AC = BD : CD$ 的结论，此结论学生在学习九年级下册相似章节，也可以通过引平行线，构造 X 型相似推出，所以学生对此基本图形相对比较熟悉．

图 2

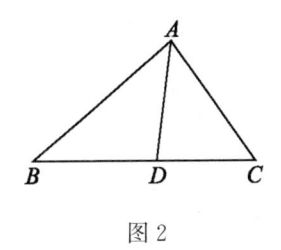

2. 命题思路

本题是在复习角平分线上的点到角两边的距离相等时，在设置问题串的过程中，发现 $\dfrac{S_{\triangle APC}}{S_{\triangle PBC}}=\dfrac{AP}{BP}=\dfrac{AC}{BC}$，当 $\dfrac{BC}{AC}=\dfrac{1}{2}$ 时，由角平分线的轴对称性想到了线段 AP 的中点，由 $AC=2BC$，想到倍长 BC 到 E 构造三角形的中位线，从而发现 P 点到 E 点的距离是定值．为了使图形简洁和计算简单，设置了以 BC 为直角边的等腰直角三角形．

3. 命题过程

在命制的过程中，我们先定位本试题为由点的运动带来图形的变化，而产生不变的数量关系．思考了"图形与几何"领域中的重点知识有哪些，核心知识在哪里，哪些知识对学生的能力要求较高，如何实现不同章节知识的自然联系，在问题解决过程中怎样让数学思想方法自然渗透．基于以上思考我们选定了角平分线的相关知识、三角形中位线的性质、圆的定义、点与圆的位置关系、两点之间线段最短等相关知识为主要元素，突出建模思想和化归转化思想，这样本题就有了清晰的轮廓：基本图形＋点的运动变化．

【第一稿】 如图 3，已知线段 $AB=6$，C 点在以 B 为圆心，3 为半径的圆上运动，在线段 AB 上有一点 D，当 $AD=\dfrac{1}{3}AB$，且 $DE/\!/BC$ 时，则 BE 的最小值是_____．

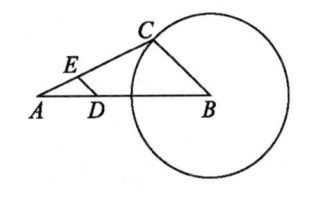

图 3

本题主要考察了相似的判定和性质，圆的定义，点与圆的位置关系和三角形第三边的取值范围等相关知识，由于主动点的运动路径已经给出，一些学生会根据老师在课堂上归纳的主动点的路径和从动点的路径相似解题，为了保证试题的公平性和试题区分度等问题，得出试题的第二稿.

【第二稿】 如图 4，已知线段 $AB=6$，当 $BC=2$ 时，P 为平面上一点且始终满足 $\angle APC=\angle BPC$，则线段 AP 的最小值是_____.

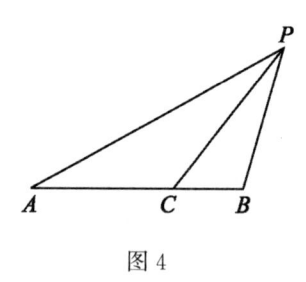

本题在第一稿的基础上，在考查以上知识点的的基础上增加了角平分线模型的发现，学生容易发现 $\dfrac{BC}{AC}=\dfrac{1}{2}$ 时，易推出 $\dfrac{BP}{AP}=\dfrac{BC}{AC}=\dfrac{1}{2}$，由此容易想到线段的中点，从而产生与中点相关知识联想，发现 P 点的运动路径.

但是考虑到学生易根据现有数据，对答案进行猜测，且猜对的正确率较高，所以就有了第三稿.

【第三稿】 如图 5，已知线段 $AB=6$，当 $BC=2$ 时，以 BC 为边在 BC 的上方作等边三角形，P 为平面上一点且始终满足 $\angle APC=\angle BPC$，则线段 DP 的最小值是_____.

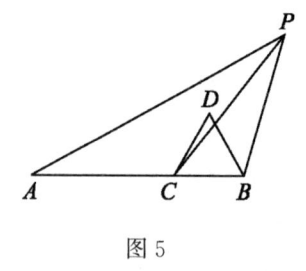

本题的意旨在于考查学生的分析问题和解决问题的能力，当 $\triangle BDC$ 为等边三角形时，在计算 D 点和圆心两点之间的距离时又增加了绊脚石，基于以上思考，就有了第四稿，即本文所呈现的试题.

三、解答分析

（一）思路分析

学生容易由 $\angle APC=\angle BPC$ 条件推出 $\dfrac{BP}{AP}=\dfrac{BC}{AC}=\dfrac{1}{2}$，由线段的倍分关系，得到隐性的 AP 的中点 E，根据线段的数量关系 $AB=6$，$BC=2$，推出 $EC=2$ 是定值就是本题中的隐含条件；解决问题的关键点是角平分线的轴对称性和对中点的相关联想. 由 EC 为定值 2，由此推出 $CP=4$，判断出点 P

的运动轨迹为圆，由三角形的第三边的取值范围，由此得到 PD 的最值.

（二）解法呈现

解：如图 6，延长 CB 到 F，使 $BF=CB=2$，取 AP 的中点 E，连接 CE.

$\because BC=2$，$AB=6$，

$\therefore AC=AB-BC=4$.

$\because \angle APC=\angle BPC$，

$\therefore \dfrac{AP}{BP}=\dfrac{AC}{BC}=\dfrac{4}{2}=\dfrac{2}{1}$.

$\because E$ 为 AP 的中点，

$\therefore EP=\dfrac{1}{2}AP=BP$，

$\therefore \triangle EPC \cong \triangle BPC$，

$\therefore EC=BC=2$.

$\because E$，C 分别是 AP，AF 的中点，

$\therefore EC$ 为 $\triangle APF$ 的中位线，

$\therefore PF=2EC=4$，

$\therefore$ 点 P 在以 F 为圆心，4 为半径的圆上运动.

$\because PD \leqslant PF-DF$，

$\therefore PD \leqslant 4-2\sqrt{2}$.

图 6

四、试题评析

本题属于探究类综合题，涉及角平分线的性质，相似三角形的判定，三角形的中位线，圆的定义等核心知识，让学生经历观察，猜想，归纳等过程，综合考查学生分析问题和解决问题的能力，考查几何教学中，建模思想的渗透，能有效地考查学生的核心素养，具有良好的教学导向作用.

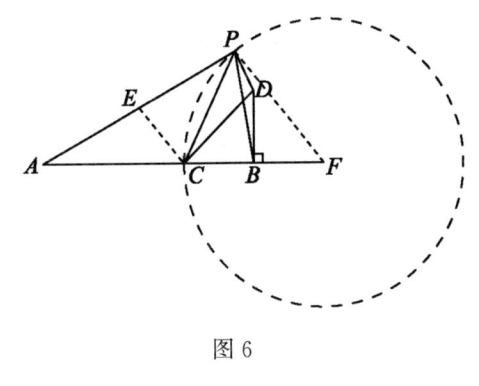

五、命题拓展

如图 7，在平面直角坐标系 xOy 中，$A(-4, 0)$，$B(2, 0)$，P 为平面上一点且始终满足：

$\angle APO = \angle BPO$，若 $D(1, \sqrt{3})$，则线段 DP 的最小值是 _____.

解题思路：由 $A(-4, 0)$，$B(2, 0)$ 的坐标，得到线段 AO，BO 的长度，然后由 $\angle APO = \angle BPO$，$\dfrac{AP}{BP} = \dfrac{AO}{BO} = \dfrac{4}{2} = \dfrac{2}{1}$，得到 B 点关于直线 OP 的对称点 E 为 AP 的中点，方法同上.

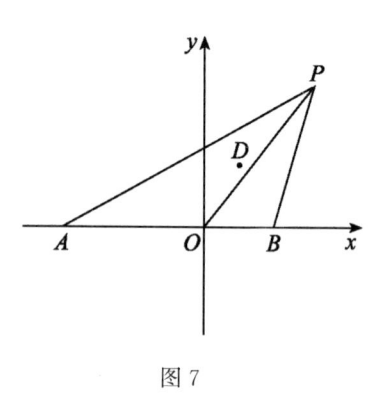

图 7

六、命题反思

1. 重视教材，挖掘教材资源

"教师是培养数学核心素养的主体，课堂是培养数学核心素养的主渠道". 这道试题的命题立意，是引导教师和学生重视教材，创造性地使用教材. 教师在教学过程中特别要关注教材例题和习题的二次开发. 要善于把课本中典型的例题或习题，通过对条件进行弱化或强化进行适当改造，使其成为不同章节的范例，从而加强学生对初中数学知识之间的联系，这样可以更好地搭建数学课堂教学与数学检测之间的桥梁，增强学生学习数学的自信心.

2. 关注数学课堂教学中几何模型的渗透

在几何教学过程中，要关注几何模型的渗透，但是又不能对"模型"过度提炼，而是让学生吃透模型的背后最本质的思想方法，这样才能使课堂上的数学知识变成学生手中的"工具"，用于分析和解决新的问题.

3. 重视数学课堂教学的教后反思，注重积累

在命题过程中，我们不断地选择简约的背景来呈现对核心知识和数学思想的考查，在此过程中发现命题工作不是一项一蹴而就的事情，需要教师在教学过程中,多留意课堂中学生对知识的生成过程的理解和关注学生的思维深度. 数学教师在教学过程中要不断地注重课本中典型例题和习题变式的解读,深入挖掘和积累,多学习相关的命题方面的书籍,平时教学过程中多加强命题实践,多编制反映数学本质,体现数学基础知识和联系,解法自然,表述简洁,促进学生思维发展的题目.

3.4 挖掘图形特征 凸显问题本质

一、试题展示

如图1,菱形 $ABCD$ 中,$AB=4$,$\angle ABC=\alpha$ ($0<\alpha\leqslant 90°$),E 为 BD 上的一个动点(不与 B 重合),$BE<DE$,连接 CE 并延长交 DA 延长线于点 F.

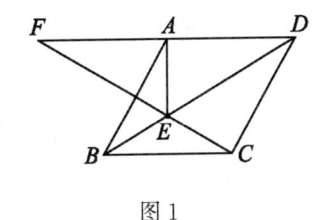

(1) 求证:$\angle AFE=\angle BAE$;

(2) 若 $\alpha=60°$.

①当 $\triangle AEF$ 为直角三角形时,求 BE 的长;

②点 M 为 BE 的中点,求 $CE+ME$ 的最小值.

图1

二、命题立意及来源

(一) 命题立意

本试题的命制,借助基本几何图形的特征,将"导角"问题、特殊三角形存在探究问题、最值问题、相似、圆等有机融合一起. 力求既能深度考查初中数学的核心知识,又能综合考查数学基本思想方法的运用;既能提升学生数学核心素养,又能挖掘学生后续的数学学习能力.

试题着重考查平行线的性质、全等三角形的性质判定、角平分线性质、菱形的性质、直角三角形的性质、勾股定理、三角形三边关系、垂线段最短等知识；

试题渗透转化、数形结合、分类讨论、方程与函数、特殊与一般的思想；
试题力求提高抽象概括能力、推理论证能力、运算求解能力和创新意识；
试题关注学生的逻辑推理、直观想象、数学运算等核心素养.

（二）原始模型

命制时选取的素材是人教版数学八年级下册第十八章 56 页的例 3，通过这个例题给我们启示：赋予菱形一个内角度数和边长，即可求出其他的元素，包括其他边、其他角、两对角线长，菱形的高、周长、面积等.

三、试题的生成与解析

菱形是特殊的平行四边形，具有平行四边形所有的性质，同时菱形又有一个很重要的本质特征——对称性，基于此，本道试题就以菱形为基本图形，通过菱形的对角线特征（垂直平分，平分对角），利用菱形的对称性，如图 2 在对角线 BD（对称轴）上任取一点 E，设置 $BE<DE$，是为了控制点 E 在 BD 上的活动范围，让点 F 在菱形的外部，也为后面一系列问题的设置进行了预设；如图 3，连接 AE、CE，在 E 运动过程中都有三角形对称全等，也就有对应的线段或角相等；如图 4，延长 CE 交 DA 延长线于点 F，形成一个新的 $\triangle AEF$，从中看到图形的生长性.

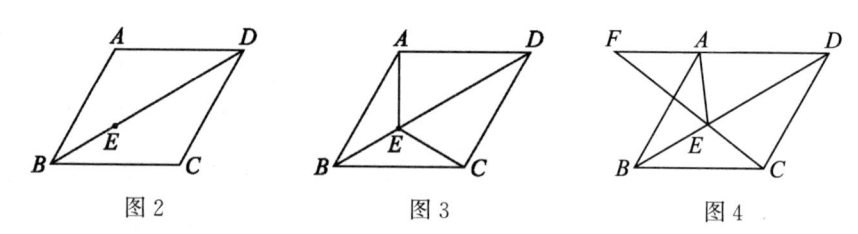

图 2　　　　　图 3　　　　　图 4

点 E 运动时，$\angle AFE$ 在变化，但由于平行关系，$\angle AFE$ 恒等于 $\angle FCB$，而 $\angle FCB=\angle BAE$，"导角"得出角之间的相等关系. 基于此思考，第一问设置了一个两角相等的求证问题.

赋予 $\angle ABC=60°$，几何画板上拖动 E 点，在运动变化过程中观察

△AEF，其特征是点 A 定，点 E 和点 F 在动，在某个位置可能出现特殊三角形，进而可以设置三角形的存在探究型问题．而特殊三角形的指向可能是直角或等腰三角形，引发学生分情况讨论直角三角形存在的可能性．图形定性后考查线段或角度的定量，探究在直角三角形下边角之间的特殊关系，可直接计算或通过设元利用勾股定理将问题得以转化，实现从定性到定量的有效融合，通过由静到动的过程拓宽试题的广度，设置存在探究性问题达到思维路径和解决策略的开放性．

菱形中的最值问题常围绕"菱形的高"去命制，本问对高进行拆分，看成两线段 AE 和 EH 构成，AE 通过对称可转化为 CE，EH 边可利用直角三角形 30 度的特殊边角关系与 ME 进行互化，并利用菱形的对称性、两点之间线段最短（三角形三边关系）或垂线段最短将两线段最值问题转化为单线段（即菱形的高）最值问题．

四、试题的拓展延伸

在命完上述问题后，仔细琢磨这个图形，借助几何画板继续挖掘图形特征，我们尝试在原题基础上做些多方位的变化拓展延伸：

延伸1：如图5，对于原题的第（1）问（求证两角相等），结合一个公共角相等，可进一步发现△AEG∽△FEA，即由此可拓展延伸为：求证 $AE^2 = EG \cdot EF$，或由对称性得到 $AE = EC$，可设置问题"探索 EC，EG，EF 三条线段的数量关系，并说明理由"．

延伸2：原题的第（2）问设置了直角三角形的存在探究型问题，尝试拓展为：当△AEF 为等腰三角形时，求 BE 的长，这里同样需要分情况讨论：

简解：

（1）若 FA=FE，如图5，"导角"可得出∠F=20°，进而得出∠EAO=40°，并将 BE 转化，进而可求出 $BE = OB - OE = 2\sqrt{3} - 2\tan 40°$；

（2）若 AE=AF，如图6，可求得∠F=40°，进而得出∠EAO=40°，并将 BE 转化，即可求出：$BE = OB - OE = 2\sqrt{3} - 2\tan 20°$；

图5　　　　　　　　　图6

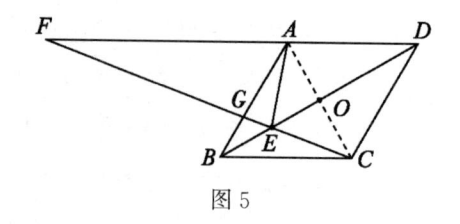

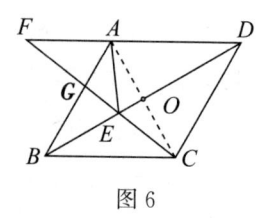

（3）若 $EA=EF$，出现 $\angle EFA=\angle FAE=\angle BAE$ 的情况，即 $\angle FAB=0°$，与已知产生矛盾，故这种情况不可能存在.

这里发现一个遗憾：就是求 BE 的长度时要用到非特殊角的三角函数，学生解答时应提供给其具体数据，并且答案要取近似值.

延伸3：如图7，原题中的第（2）问（直角三角形），当 $\angle AEF$ 为直角时，可得出 $\angle AEC$ 为直角. 若把 $\angle AEC$ 看作圆周角，此时 AC 应为直径. 故此可设置问题"当点 E 在以 AC 为直径的圆上时，求 AF 的长".

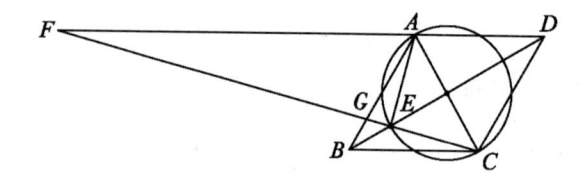

图7

简解：可将此问题化归为原题中的第（2）问（直角三角形存在问题），再通过相似求出 AF.

延伸4：以上是研究 $\triangle AFG$ 的存在探究问题，再尝试研究其周长或面积. 拖动点 E，发现其面积随着点 E 的变化而变化，受此启示，尝试渗透"函数"思想，如图8，设 $AF=x$ 为自变量，$\triangle AFG$ 的面积 y 为因变量，可设置问题"求 y 与 x 的函数关系式".

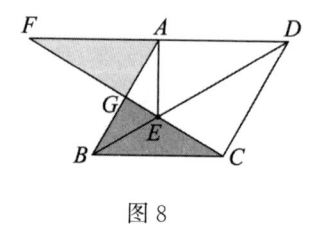

图8

简解：由于 $AF \parallel BC$，因此 $\triangle AFG \backsim \triangle BCG$. 设 $\triangle AFG$ 的高为 h，则 $\dfrac{x}{4}=\dfrac{h}{2\sqrt{3}-h}$，$h=\dfrac{2\sqrt{3}x}{4+x}$，进而就可以表示出面积；

对于第（3）问的最值问题可拓展为：隐去中点 M，改变问题的形式，将原问中的系数为 1 的两线段相加变式为系数不等的两线段相加，考查学生思维应变能力，这个问题与原题本质相同，形式不同，关注学生对 $\frac{1}{2}BE$ 如何合理地转化，这就出现了延伸 5 的问题：求 $CE+\frac{1}{2}BE$ 的最小值.

延伸 6：在此基础上，将 α 的度数进行变化，当 $\alpha=90°$ 时，如图 9，此时菱形就为正方形，问题拓展为：求 $CE+\frac{\sqrt{2}}{2}BE$ 的最小值，从 $60°$ 变化 $90°$，即从菱形变为正方形，如图 9，探究对 $\frac{\sqrt{2}}{2}BE$ 如何转化？再将问题一般化，α 角是一个任意角呢？如图 10，求 $CE+BE\cdot\sin\frac{\alpha}{2}$ 的最小值，设计意图是将 $BE\cdot\sin\frac{\alpha}{2}$ 转化为 EH，CE 转化为 AE，化折为直，化斜为直，从特殊到一般将问题逐步推向深处.

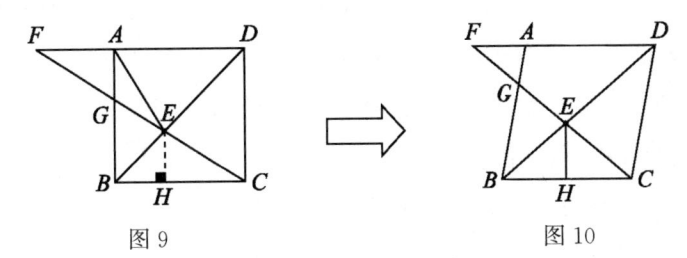

图 9

图 10

延伸 7：对于最值问题，利用菱形的对角线特征，在此图形中还可做如下的延伸拓展. 如图 11，取 DE 中点 N，求 CM^2+CN^2 的最小值；

简解：设 $BM=x$，$ME=BM=x$，$CM^2=OM^2+OC^2=(2\sqrt{3}-x)^2+2^2$，$CN^2=x^2+2^2$，$CM^2+CN^2=(2\sqrt{3}-x)^2+2^2+x^2+2^2=2x^2-4\sqrt{3}x+20=2(x-\sqrt{3})^2$，当 $x=\sqrt{3}$ 时，CM^2+CN^2 的最小值为 14.

图 11

延伸 8：受到延伸 7 启发，两线段平方和的最值可求，那么两线段的和是否存在最值呢？如图 12，由于 M，N 分别是 BE，DE 的中点，BD 定长，MN 也是定长．基于此思考，还可设问："取 DE 中点 N，求 $\triangle CMN$ 周长的最小值"；

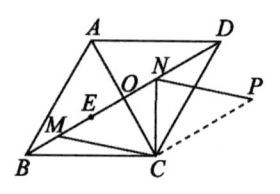

现将两种解法呈现如下：

图 12

解法 1：可将 $CM+CN$ 转化为含 x 的两根式相加，进而再转化成平面直角坐标系中两点的距离问题；

解法 2：如图 12，过点 C 作 $CP \parallel MN$，且 $CP=MN$，易得到 $\square MNPC$，从而 $CM+CN=CN+CP$，而 A，C 两点关于 BD 对称，即转化为 AP 的长，将"一定两动"转化为"两定一动"问题，而 MN 为定长，从而三角形周长最小值的问题得以解决.

延伸 9：进一步挖掘图形特征，如图 13，$\angle ABC$ 为任意锐角，在 $\angle F = \angle BAE$ 已证的基础上，而这两角为一线上的两个等角．试想，如果 $\angle ADB = \angle F = \angle BAE$，那么这个图形就具备"一线三等角"的图形特征．顺着这个思路往下走，若 $\angle ADB = \angle ABD = \angle BAE$，相当于 $EA=EB=EC$．因此就加了一个条件：动点 E 为 $\triangle ABC$ 的外心．在此前提下，可发现 $\triangle ADE \backsim \triangle GFA$，另一方面 $\triangle GFA \backsim \triangle GCB$，因此 $\triangle ADE \backsim \triangle GCB$．而这两个三角形中，$AD$ 与 BC 均为已知边，且不是对应边，因此就有了结论：$DE \cdot CG$（或 $AE \cdot BG$）为定值；

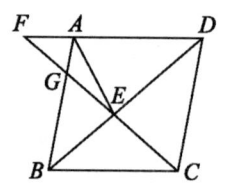

图 13

简解：因为 E 为外心，可知 $EA=EB=EC$，这就有 $\angle EAB = \angle ABE = \angle ADE = \angle AFG$，从而 $\triangle ADE \backsim \triangle GFA \backsim \triangle GCB$，所以 $\dfrac{AD}{GC} = \dfrac{DE}{CB}$，$DE \cdot CG = AD \cdot CB = 4 \times 4 = 16$.

延伸 10：如图 14，当动点 E 为 $\triangle ABC$ 的外心时，发现 $\angle AFE = \angle ABE$，看到了 A，F，B，E 四点在同一个圆上，只是"共圆"的证明过程较繁琐．回避这个问题，从另一角度可以看到 $\triangle AFG \backsim \triangle EBG$，再进一步可得出

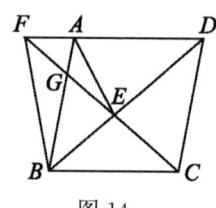

图 14

$\triangle AEG \backsim \triangle FBG$，进而得到 $\angle GAE = \angle GFB = \angle AFG$. 基于以上这些分析，可设置问题："求证：$EF$ 平分 $\angle AFB$".

简解：E 是 $\triangle ABC$ 的外心时，可知 $EA = EB = EC$，可得 $\angle EAB = \angle ABE = \angle AFE$，进一步得到 $\triangle AFG \backsim \triangle EBG$，就有 $\dfrac{AG}{EG} = \dfrac{FG}{BG}$，依此可发现 $\triangle AEG \backsim \triangle FBG$，从而就有 $\angle GAE = \angle GFB = \angle AFG$，所以 EF 平分 $\angle AFB$.

五、命题反思

1. 重视教材，关注学生发展

试题应对一线教学具有一定的导向作用与指导价值，引领老师们重视教材，创造性运用教材. 引领老师们反思教学，树立以发展学生核心素养为导向的教学意识，在课堂教学中关注知识的内涵，知识间的内在联系，关注几何图形变化过程中的不变性，关注分类讨论、转化思想的渗透.

2. 关注能力，提升素养发展

试题源自教材例题习题，依托图形特征求解，利于学生找到解决问题的切入口，学生会有似曾相识的感觉. 因此可以有效激发学生的主动探究欲望，促进学生的数学思考，在思考的同时关注其能力的发展. 同时试题的设计、拓展问题的设置实现了数学内容、思想、方法的高度融合、运用与考查. 试题的解答，需要学生具有逻辑推理、直观想象、数学建模、数学抽象、数学运算等数学核心素养.

3. 恒久坚守，不断追求卓越

数学命题过程辛苦而又孤独，常常是独自一人闭门而思，往往是长时间的不懈思考，为寻求好的问题经常绞尽脑汁，对身心是极大的挑战，这就需要恒心毅力，以高标准严格要求自我，突破自我，超越自我. 把命题过程当作是一次惬意的旅行，不在乎目的地，在乎沿途的风景. 多年的坚守只为了不断追求卓越，命题路漫漫，无畏路途的崎岖，只因初心不改！

3.5 一中双圆画板探究 动中有静分类讨论

一、试题展示

已知：如图1，$AD \perp AT$ 于 A 点，B 为射线 AT 上的动点（$AB \neq AD$），四边形 $ABCD$ 是矩形，对角线 AC，BD 相交于 O 点，点 A' 是点 A 关于 BD 的对称点，连接 AA' 交 BD 于 E 点，$AD=1$.

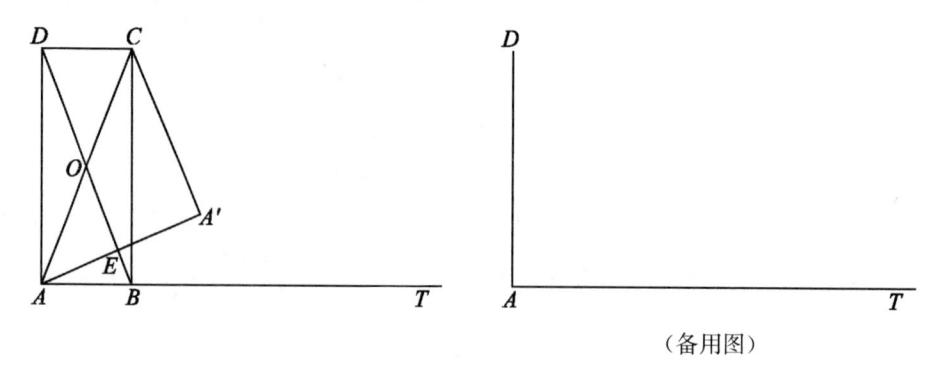

图1

（备用图）

(1) 求证：$\angle AA'C = 90°$；

(2) 当以 O 为圆心，OE 为半径的圆与 $A'C$ 相切时，求该圆 O 的面积.

二、命题过程

（一）命题立意

"一中同圆与一中双圆"．第（1）小题是一中同圆，点 A，B，C，D，A' 五点共圆，第（2）小题是一中双圆，以 O 为圆心，OA 为半径的圆与以 O 为圆心，OE 为半径的圆是同心圆，隐隐约约地把整个初中几何的重要核心内容统一到两个圆．在第（1）小题中，$AD=1$，无论 AB（$AB \neq AD$）边的长为何值，都有 $\angle AA'C = 90°$，即随着点 B 在射线 AT 上的运动，$\angle AA'C$ 始终保持不变（$90°$），点 A' 始终落在以 AC 为直径的圆上．让学生在图形运动变化中探索一些不变的量，考查学生对轴对称性质，点与圆的位置关系这些

110

核心知识掌握的情况；在第（2）小题中，当 $AB<AD$ 时，点 A' 落在直线 CD 的下方，AA' 与 OD 相交于 E 点；当 $AB>AD$ 时，点 A' 落在直线 CD 的上方，AA' 与 OB 相交于 E 点；考查学生的空间观念，渗透了分类与整合思想；以 O 为圆心，OE 为半径的圆与 $A'C$ 相切于 F 点时，利用切线的性质，三角形的中位线性质，可推导出四边形 $OEA'F$ 是正方形，从而可以把 OE 的长用 AB 的代数式表示，再转化到 $\triangle DAE$ 与 $\triangle DBA$ 中，利用勾股定理与相似三角形的性质相结合，可以先求出 AB^2 的值，再求圆的面积，渗透了数形结合、化归与转化、方程思想，以及整体代换这些重要的思想方法．

（二）试题命制

1. 原始模型

本题源于人教版《数学》九年级上册的第 80 页的例 1 和第 81 页的练习 3 以及第 81 页的图 24.1～6 等例题与练习．

2. 命题思路

本题处于中考试卷的压轴题位置，思维含量及解题难度逐步增大，可以区分不同层次的学生．要求区分点：课标明确要求的内容；高中学习必需、初中必学的知识、方法．基于能力立意而命制的试题，通常被赋予体现考试选拔功能的重任，这意味着往往会同时把多个能力目标融合在一起，以较为综合的知识内容为载体予以考查．

（1）注重知识与素养两条主线的交融、协调，凸显不同知识、不同单元之间存在的实质性联系，关注内容主线之间的关联以及同一个内容主线中重要知识点之间的关联，注重知识背后的数学思想、方法的贯通，注重形、数之间的结合；

（2）主要指能依据语言的描述画出图形，懂得描述图形的运动和变化规律，并利用图形描述和分析问题，研究基本图形的性质；

（3）数学基本思想：①方程思想，根据题目中隐含的等量关系列方程，通过解方程进行研究并以此解决问题，方程思想和"整体与局部""一般与特殊"以及"动态与静止"等是相互联系的，它们可以相互转化；②数形结合思想，根据数与形之间的对应关系，通过数与形的相互转化来解决数学问题，包含"以形逐数"和"以数促形"两个方面；③分类与整合思想，抓住主导问题发展方向的主要因素，由大化小、由整体化部分、由一般化特殊，基本方向是"分"，但是分类解决问题之后还必须把它们整合在一起，即"合—分—合"；④化归与转化思想，采用某种手段将问题转化为熟悉的基本问题，根据题目中的条件与条件、条件与结论之间存在的差异，有目的地不断转化矛盾，最终解决矛盾．

3. 试题生成

利用几何画板软件，动态设计模型，如图 2，图 3．

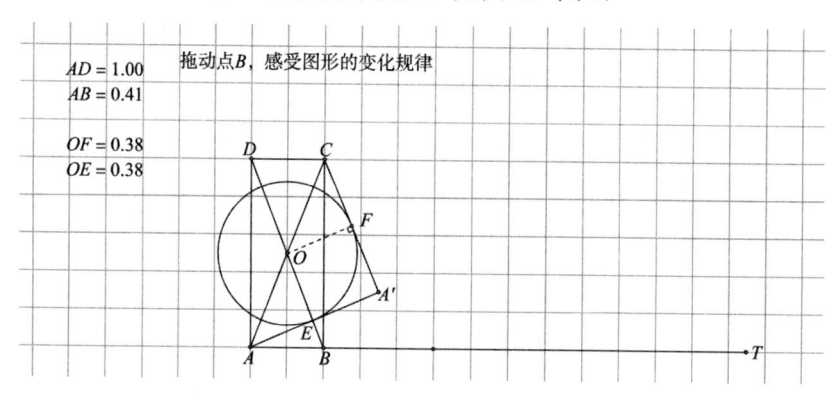

图 2

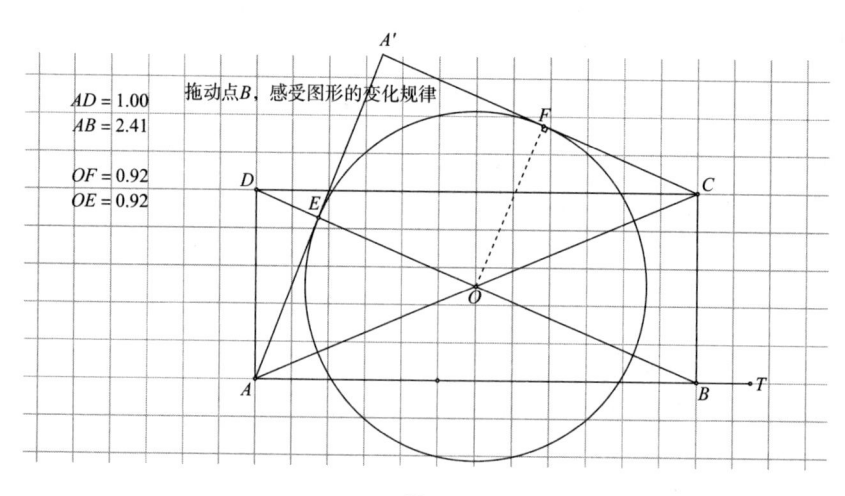

图 3

三、解题分析

1. 思路分析

解数学题的基本思想方法是面对方向，寻找方法；步步有据，步步有序。本题的易错点为四边形 ABCD 是矩形，隐含的条件是 $AB \neq AD$；解题关键是：挖掘教材的原始模型，即人教版数学八年级上册至人教版九年级下册的 5 个基本模型及通性通法。但在已知条件中没有直接给出圆方面的信息，而是隐藏在题目中，要通过分析和转化，发现隐圆和显圆，把上述的基本模型集中统一到两个同心圆中，从而最终可以利用圆的知识迎刃而解。有词为证：慧眼识图隐圆现，看似无圆却有圆。有圆好结缘，无圆难续缘，一圆沟通全图，歧路变坦途；解题善作辅助圆，无缘亦能化有缘。

本题是图形运动中的计算说理综合题，一个主要特征是在折叠的运动变化中寻找不变的量，把握规律，探求关系；另一个主要特征是把图形的对称性与分类讨论思想结合在一起，也就是平常所说的一题多解，同时还渗透数形结合思想、化归与转化思想、方程思想，以及整体代换这些重要的思想方法。解题是"经历"内化为"经验"的"催化剂"，不同解法的对比分析能有效促进深度反思，而深度反思更有助于解题经验的积累和解题能力的提升。

本题第（1）小题，$AD=1$，无论 AB（$AB \neq AD$）边的长为何值，都有 $\angle AA'C = 90°$，即随着点 B 在射线 AT 上运动，$\angle AA'C$ 始终保持不变为 $90°$，点 A' 始终落在以 AC 为直径的圆上。让学生在图形运动变化中探索一些不变的量，考查学生对轴对称性质，点与圆的位置关系这些核心知识掌握的情况；第（2）小题，当 $AB<AD$ 时，点 A' 落在直线 CD 的下方，AA' 与 OD 相交于 E 点；当 $AB>AD$ 时，点 A' 落在直线 CD 的上方，AA' 与 OB 相交于 E 点；考查学生的空间观念，渗透了分类与整合思想；以 O 为圆心，OE 为半径的圆与 $A'C$ 相切于 F 点时，利用切线的性质，三角形的中位线性质，可推导出四边形 $OEA'F$ 是正方形，从而可以把 OE 的长用 AB 的代数式表示，再转化到 △DAE 与 △DBA 中，利用勾股定理与相似三角形的性质，可以先求出 AB^2 的值，再求圆的面积，渗透了数形结合思想、化归与转化思

113

想、方程思想，以及整体代换这些重要的思想方法.

2. 解法呈现

解：(1) 连接 OA'，以 O 为圆心，OA 为半径作圆 $\odot O$，如图 4.

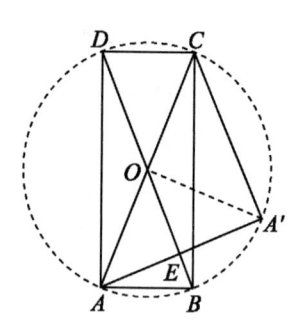

∵ 四边形 $ABCD$ 是矩形，

∴ $OA=OB=OC$，$\angle ABC=90°$，

∴ AC 是 $\odot O$ 的直径.

∵ 点 A，A' 关于 BD 对称，

∴ BD 是 AA' 的垂直平分线，

∴ $OA=OA'$，

∴ 点 A' 在 $\odot O$ 上.

∵ AC 是 $\odot O$ 的直径，

∴ $\angle AA'C=90°$.

(2) 当 $AB<1$ 时，点 A' 在 CD 的下方，如图 5.

当以 O 为圆心，OE 为半径的圆与 $A'C$ 相切时，记切点为 F，连接 OF，则 $\angle OFA'=90°$，

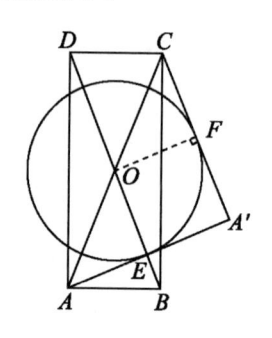

又∵ $\angle OEA'=\angle AA'C=90°$，$OE=OF$，

∴ 四边形 $OEA'F$ 是正方形，

∴ $A'F=OF=OE$.

∵ 四边形 $ABCD$ 是矩形，

∴ $OA=OC$，

又∵ $AE=A'E$，

∴ $OE=\dfrac{1}{2}A'C$，

∴ $OE=OF=A'F=CF$.

∵ $BD=AC=\sqrt{AB^2+AD^2}=\sqrt{AB^2+1}$，

∴ $OE=OF=\dfrac{\sqrt{2}}{2}OC=\dfrac{\sqrt{2}}{4}AC=\dfrac{\sqrt{2}}{4}\cdot\sqrt{AB^2+1}$，

∴ $DE = OD + OE = \frac{\sqrt{AB^2+1}}{2} + \frac{\sqrt{2} \cdot \sqrt{AB^2+1}}{4} = \frac{(\sqrt{2}+2)\sqrt{AB^2+1}}{4}$.

由 $S_{\triangle ABD} = \frac{1}{2} AD \cdot AB = \frac{1}{2} BD \cdot AE$，得 $AE = \frac{AD \cdot AB}{BD} = \frac{AB}{\sqrt{AB^2+1}}$.

由 $\triangle DAE \backsim \triangle DBA$ 得 $\frac{DE}{DA} = \frac{AE}{BA}$，

∴ $\frac{\frac{(\sqrt{2}+2)\sqrt{AB^2+1}}{4}}{1} = \frac{\frac{AB}{\sqrt{AB^2+1}}}{AB}$,

解得 $AB^2 = 3 - 2\sqrt{2}$，

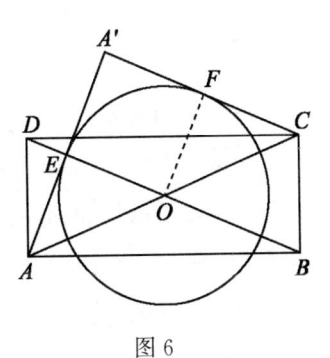

∴ 当 $AB < 1$ 时，以 O 为圆心，以 OE 为半径的圆面积为 $OE^2 \cdot \pi = \left[\frac{\sqrt{2} \cdot \sqrt{AB^2+1}}{4}\right]^2 \pi = \frac{2-\sqrt{2}}{4}\pi$.

当 $AB > 1$ 时，点 A' 在 CD 的上方，如图 6：

当以 O 为圆心，OE 为半径的圆与 $A'C$ 相切时，

记切点为 F，连接 OF，则 $\angle OFA' = 90°$，

同理可得：$OE = OF = \frac{\sqrt{2}}{2} OC = \frac{\sqrt{2}}{4} AC = \frac{\sqrt{2}}{4} \cdot \sqrt{AB^2+1}$,

由 $S_{\triangle ABD} = \frac{1}{2} AD \cdot AB = \frac{1}{2} BD \cdot AE$,

得 $AE = \frac{AD \cdot AB}{BD} = \frac{AB}{\sqrt{AB^2+1}}$.

由 $\triangle BAE \backsim \triangle BDA$ 得 $\frac{BE}{BA} = \frac{AE}{AD}$.

∴ $BE = OB + OE = \frac{(\sqrt{2}+2)\sqrt{AB^2+1}}{4}$,

∴ $\frac{\frac{(\sqrt{2}+2)\sqrt{AB^2+1}}{4}}{AB} = \frac{\frac{AB}{\sqrt{AB^2+1}}}{1}$,

解得 $AB^2 = 3 + 2\sqrt{2}$.

图 6

∴当 $AB>1$ 时，以 O 为圆心，

OE 为半径的圆的面积为 $OE^2 \cdot \pi = \left[\dfrac{\sqrt{2} \cdot \sqrt{AB^2+1}}{4}\right]^2 \pi = \dfrac{2+\sqrt{2}}{4}\pi$.

综上所述，当以 O 为圆心，OE 为半径的圆与 $A'C$ 相切时，该圆 O 的面积为 $\dfrac{2\pm\sqrt{2}}{4}\pi$.

四、试题评析

试题考查了矩形的性质，正方形的判定与性质，轴对称的性质，三角形的中位线定理，点与圆的位置关系，半圆所对的圆周角是直角，切线的性质，相似三角形的判定与性质，勾股定理．同时试题考查了数形结合思想、分类与整合思想、方程思想、化归与转化思想．

五、命题拓展

第（1）小题的四边形 $ABCD$ 是矩形，可以变式为四边形 $ABCD$ 是平行四边形，$\angle DAB \neq 90°$，结论仍然成立；但是要解答第（2）小题，必须要增加条件 $\angle DAB = 90°$，先利用矩形 $ABCD$ 的对角线互相平分且相等的性质；

第（2）小题改为：当以 O 为圆心，OE 为半径的圆与 $A'C$ 相离时，求该圆 O 的面积取值范围．

六、命题反思

此题属于动态探究性综合题，看似无序的运动，实则动中有静，变中有不变，实现了动与静的完美融合．试题通过分层设问，逐步递进，将三角形、四边形、圆、三角函数、方程、轴对称等初中数学的核心知识融为一体，蕴藏着许多经典的基本图形，要求学生通过阅读理解、推理计算、分类讨论等方式进行研究．无论是对基础知识还是对数学思考能力、逻辑推理能力都有较高要求，充分体现了"知识与能力并重，思想与方法交融"的特点，凸显数学本质．因此，对一道动态几何压轴题的研究，先要研究其解法，特别是

要思考这种解法是如何想到的.在此基础上,进行教学思考.在教学中,一要重视挖掘题中的基本图形,此题就包含着很多常见的基本图形,如相似图形;二要重视数学思想方法的渗透,本题通过设元,用未知数的代数式表示相关的线段,并利用勾股定理建立方程,这种设元建立方程的思想非常重要.另外题中还涉及分类讨论,数形结合等思想方法;三要提倡问题解法的多样化,一题多解,可以开阔学生思路,发散学生思维,使学生学会多角度分析和解决问题,在解题教学中,当呈现一种解法后,教师要及时追问一句:还有其他解法吗?学生由此展开不同思路的探究与交流;四要关注数学问题的本质内涵,现行中考试题加大了对数学问题本质的探究,弱化了对特殊技巧的考查,这需要教师在平时的解题教学中善于就问题进行分析、挖掘,寻到隐含在其中的本质内涵,才能有效地形成解题思路.

利用几何画板软件,设计几何综合题,可以直观展示图形运动变化过程中哪些量始终保持不变,哪些量随着图形的位置变化而变化;观察图形变化的规律,可以从特殊性质探索一般性质,这是从特殊到一般的发散性思维;也可以利用一般性规律结合与其他知识的综合应用,是对从一般到特殊的收敛性思维.本道题目的设计过程是以直线 CA' 的位置随着点 B 的运动而变化,当 $\odot O$ 与 CA' 相切时,四边形 $OEA'C$ 是正方形,是从一般(矩形)到特殊(正方形)的思维过程.当 $AB=AD=1$ 时,$\odot O$ 是点圆,点 C,A' 重合,不存在 $\odot O$ 与 CA' 相切.本题考查的都是初中数学核心知识,渗透了数形结合思想、化归与转化思想、方程思想、分类与整合思想等重要的思想方法,可以体现优秀生的学业水平.

第四章　图形变换重构造

4.1　类比中构造　联系中变换

一、试题展示

已知等腰直角△ABC，∠BAC＝90°，D，E 分别是腰 AB，AC 上的点，连接 DE，设∠EDC＝α．

（1）当点 D 是 AB 的中点时：

①如图 1，若 E 是 AC 的中点，求 tan α 的值；

②如图 2，若 α＝45°，求 $\dfrac{CD}{ED}$ 的值；

（2）如图 3，若 AE＝BD，当 $\dfrac{CD}{ED}$ 的值最大时，求 tan α 的值．

图 1　　　　　图 2　　　　　图 3

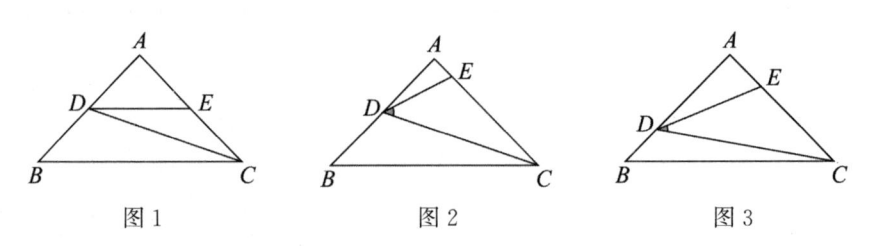

二、命题过程

1. 试题立意

此题为几何综合题，考查等腰直角三角形、特殊角的三角函数、动态最值等平面几何中最核心的内容．试题关注几何基本模型、思想，从几何演绎推理发展到代数推理，与高中知识衔接，抽象程度较高.

逻辑推理是学生发展所需的数学核心素养，我们设想在等腰直角三角形的背景下，通过角度的变化，探究两条线段的比值$\dfrac{CD}{ED}$，以此为线索将3个小问串联起来.

2. 试题构建

（1）原始模型构建.

在对托勒密定理"圆内接四边形中，两条对角线长度之积等于两组对边乘积之和"的证明、研究过程中，我们发现：可利用旋转构造全等的方法解决等线段共顶点问题.

模型1：如图4，正方形$ABCD$内接于圆，P是$\overset{\frown}{AD}$上一动点，则$PB=\sqrt{2}PA+PD$.

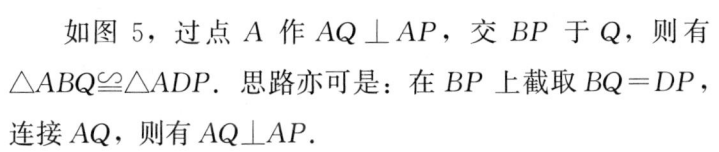

图4

如图5，过点A作$AQ \perp AP$，交BP于Q，则有△$ABQ \cong$ △ADP. 思路亦可是：在BP上截取$BQ=DP$，连接AQ，则有$AQ \perp AP$.

当背景为等腰直角三角形时，结论仍然成立.

模型2：如图6，在等腰直角△ABD中，$AB=AD$，$\angle BAD=90°$，若点P是△ABD外一动点，$\angle BPD=90°$，则$PB=\sqrt{2}PA+PD$.

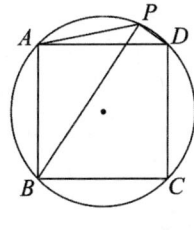

图5

图6

图7

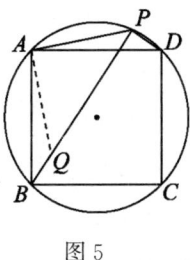

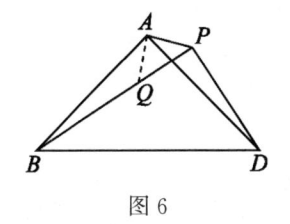

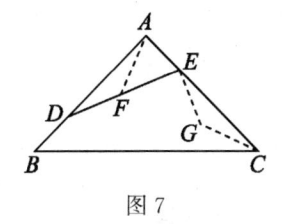

只要满足一组等线段条件，就可利用几何构造法得到一组全等三角形. 如图7，等腰直角△ABC中，$AB=AC$，$\angle BAC=90°$，D，E分别为边AB，AC上的动点，若$BD=AE$，则无论点F在DE上的哪个位置，均可过点E作$EG \perp DE$，使$EG=DF$. 连接AF，CG，有△$ADF \cong$ △CEG. 据此，我们

119

编制了第1稿，可作为填空题的压轴题.

【第一稿】 如图8，在等腰直角△ABC 中，$AB=AC$，$\angle BAC=90°$，D，E 分别为边 AB，AC 上的动点，若 $BD=AE$，则 $\dfrac{CD}{ED}$ 的最大值是_____.

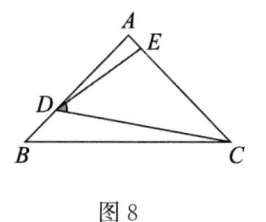

图8

（2）命题思路分析.

第1稿强调建模、推理，既可以用代数方法解答，也可以用几何构造法解答.

代数解法：设 $BD=AE=a$，$AD=CE=b$，则有 $DE^2=a^2+b^2$，$CD^2=a^2+2ab+2b^2$，令 $\dfrac{CD^2}{ED^2}=t$，有 $(1-t)a^2+2ab+(2+t)b^2=0$，即 $(1-t)\left(\dfrac{a}{b}\right)^2+2\cdot\dfrac{a}{b}+(2-t)=0$，依题意 $\dfrac{a}{b}$ 有解，得 $t^2-3t+1\leqslant 0$，解得 $\dfrac{3-\sqrt{5}}{2}\leqslant t\leqslant \dfrac{3+\sqrt{5}}{2}$，所以 $\dfrac{\sqrt{5}-1}{2}\leqslant \dfrac{a}{b}\leqslant \dfrac{\sqrt{5}+1}{2}$. 又因为 D，E 分别在边 AB，AC 上，所以 $1\leqslant \dfrac{CD}{DE}\leqslant \dfrac{\sqrt{5}+1}{2}$，即 $\dfrac{CD}{DE}$ 的最大值为 $\dfrac{\sqrt{5}+1}{2}$.

几何解法：如图9，取 DE 的中点 F，连接 AF，设 $AF=EF=DF=a$，作 $EG\perp DE$，使 $EG=a$，连接 DG，CG. $\because AE=BD$，$\therefore \triangle DAF\cong\triangle ECG$，$\therefore CG=AF=a$，$\therefore CD\leqslant DG+CG=(\sqrt{5}+1)a$（当且仅当 D，G，C 三点共线时，等号成立）. 又 $\because DE=2a$，$\therefore \dfrac{CD}{DE}$ 的最大值为 $\dfrac{\sqrt{5}+1}{2}$.

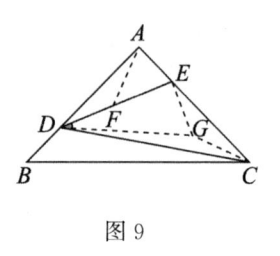

图9

作为填空题的压轴题，此题难度较大，学生完成情况不佳，于是，我们对其进行改编.

3. 试题改编

（1）特殊位置分析.

为了让试题的起点低些，我们将第（1）问设计为：当点 D，E 均为边

AB，AC 上中点时，求 $\dfrac{CD}{DE}$ 的值. 若将两个条件进行适当的改变，则 $\dfrac{CD}{DE}$ 也会是定值，于是就有了第（2）问的创意，当点 D 是边 AB 上中点，$\angle EDC$ 为特殊角.

【第二稿】 已知等腰直角 $\triangle ABC$，$\angle BAC = 90°$，D，E 分别是腰 AB，AC 上的点，连接 DE.

（1）如图 10，若 D，E 均为边 AB，AC 上中点，求 $\dfrac{CD}{DE}$ 的值；

（2）如图 11，若 D 是边 AB 上中点，且 $\angle EDC = 45°$，求 $\dfrac{CD}{DE}$ 的值；

（3）如图 12，若 $BD = AE$，求 $\dfrac{CD}{DE}$ 的最大值.

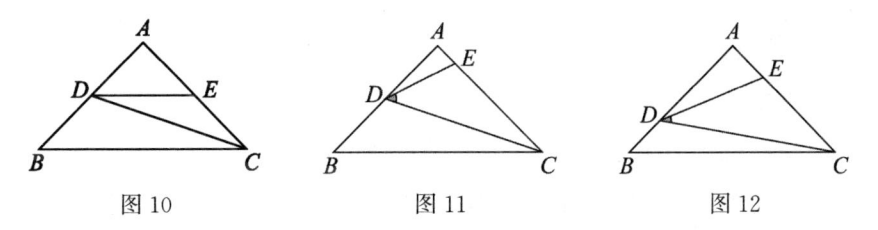

图 10　　　　图 11　　　　图 12

但这样，试题在呈现结构上失去了美感，于是我们对第（1）问的设问进行了改编，使试题的小问之间有关联，同时每一小问又有属于自身的结构.

【第三稿】 已知等腰直角 $\triangle ABC$，$\angle BAC = 90°$，D，E 分别是腰 AB，AC 上的点，连接 DE，设 $\angle EDC = \alpha$，

（1）当点 D 是 AB 的中点时，

①如图 13，若 E 是 AC 的中点，求 $\tan \alpha$ 的值；

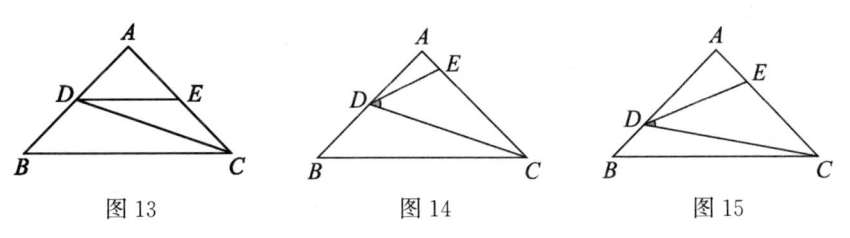

图 13　　　　图 14　　　　图 15

②如图 14，若 $\alpha = 45°$，求 $\dfrac{CD}{DE}$ 的值；

(2) 如图 15，若 $BD=AE$，求 $\dfrac{CD}{DE}$ 的最大值.

(3) 关系分析.

第（1）①问，点 D、E 的特殊位置确定，答案显见；第（1）②问答案隐蔽，解题者需要动用逻辑思维，理解点 D、E 是关联的动点；第（2）问侧重对问题的分析，把原先的求 $\dfrac{CD}{DE}$ 最值的问题，变成一个关联条件，将问题设置为"求 $\angle EDC=\alpha$ 的正切值"，既首尾呼应，又使得 3 个问题均与角度 α 有关，这样不但关注了数学思想方法、实现了难点突破，还能引导学生探究事物本源.

【第四稿】 方定稿（参见文初的试题）.

三、评析拓展

1. 评析

试题第（1）①问起点较低，从点的特殊位置出发，旨在让大部分学生得分；第（1）②问从特殊到特殊，要求学生对条件作逻辑分析，此问知识内涵丰富，主要考查角度的转化、图形之间的联系与重构，对学生逻辑推理能力的要求较高；第（2）问考查学生能否合理运用"综合分析法"探寻解决最值问题的思路.

试题作为几何压轴题，知识点之间的融合自然、流畅，题干简约和谐，3 小问之间设问方式相近、逻辑联系紧密，有利于学生经历从特殊到一般的数学探究过程，感悟科学研究的基本方法.

2. 拓展

"从特殊到一般"，我们尝试利用归纳、类比、猜想等推理形式，探索结论的一般性、延展性及可变性等.

方案1：探"源"之一，题设中隐含的条件.

如图 16，从"点 D 是边 AB 的中点"，可以拓展为"D 是边 AB 上一个动点"，如图 17，从而上升到点 D、E 是 $\angle EDC=45°$ 这个条件关联下的双动点，得到更一

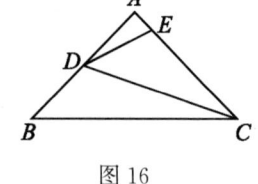

图 16

般性的结论.

结论1：当 D 在边 AB 上运动时，点 E 必落在边 AC 上；

结论2：若 $\dfrac{AD}{AB}=k$，则 $\dfrac{CD}{DE}=\dfrac{\sqrt{2}k}{1+k}$.

方案2：探"源"之二，题设中限制的条件.

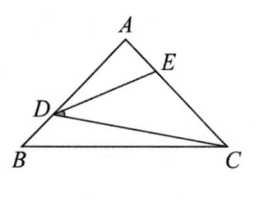

图 17

仔细分析、比较题设条件，我们不难发现潜在数量关系" $\angle EDC=\angle B=\alpha$ "，抓住这个共性量（限制条件），若将其作为命题或改编试题的承上启下的参量，则可以围绕它来展开变换、推证.

如图 18，在△ABC 中，$\angle BAC=90°$，D，E 分别是边 AB，AC 上的点，连接 DE，$\angle EDC=\angle B=\alpha$.

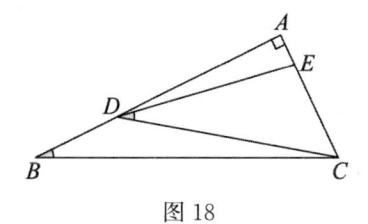

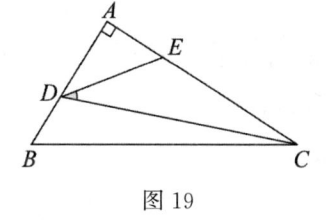

图 18

图 19

结论3：若点 D 是边 AB 的中点，则 $\dfrac{CD}{DE}=\dfrac{\cos\alpha}{2-\cos^2\alpha}$；

结论4：若 $\dfrac{AD}{AB}=k$，则 $\dfrac{CD}{DE}=\dfrac{k\cos\alpha}{1-(1-k)\cos^2\alpha}$.

方案3：探"源"之三，题设中可变的条件.

从命制的角度出发，还可以考虑将" $\angle EDC=\angle B=\alpha$ "迁移为" $\angle EDC=\angle ACB=\alpha$ "，如图 19，如此这道试题就有如下新的改编思路.

探究1：当 D 在边 AB 上运动时，点 E 不一定落在边 AC 上.

分析：当 $\alpha\leqslant 45°$，D 在边 AB 上运动时，点 E 一定落在边 AC 上；当 $\alpha>45°$，E 的位置由 $\dfrac{AD}{AB}=k$ 的取值而决定.

探究2：若 $\dfrac{AD}{AB}=k$，则需要添加什么条件，才能确定 $\dfrac{CD}{DE}$ 的值，若不能确

123

定，那么 CD 与 ED 的数量关系是什么？

分析：如图 20，由 ∠EDC＝∠ACB，有 ∠1＋∠2＝∠ABC，过点 B 作 BG∥DE，则 ∠1＝∠3，得 △DEC∽△CGB，有 $\dfrac{CD}{DE}=\dfrac{CB}{CG}$．

如此，便可得到通过添加不同的条件来编制不同试题了．具体演变，请有兴趣的读者尝试．

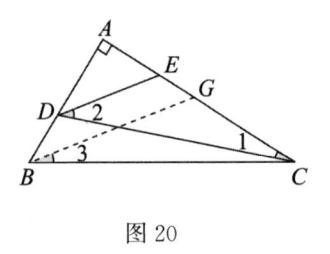

图 20

四、反思

从特殊到一般理解几何问题，是引领几何解题、析题、命题等活动的重要思维方式，是类比联想、分类讨论等数学思想的重要依托．文初试题命制，以等腰直角三角形所具有的基本性质为背景设计，从图形动点位置的变化、背景一般化的过程中挖掘几何图形的结构，尝试思路突破、图形生成和图形变换，引导学生找寻图形的位置关系、数量关系，逐步揭示几何图形基本性质的连续性、延展性，以达到探"源"的目的．

几何题的命制若落脚于"让学生积累、总结基本图形、模式图形"，则测试目标只能是知识表象的积累和获得，这与初中数学教学要获得的"抽象数学对象的认知与理解，在数学对象模型的直观感知基础上抽象出数学对象的特征"的目标相距甚远．因此，我们在命题中不但要定位试题所要考查的目标、突出问题解决的思维过程，而且要关注试题的拓展延伸，使试题具有"生长性"．当然，让每一道压轴题都具有"生长性"，这是有前提条件的：要确保试题立意、教育价值与考试目标保持一致，要考虑难度、设问的方式是否合宜．如此，试题才能发挥良好的考查功能、导向功能．

4.2　融变换于试题命制　探素养于思维提升

几何变换是初中几何教学的内核，从"几何直观"走向"几何思维"是初中几何教学的方向．通过几何变换探究几何学习中逻辑思维的养成，促进数学核心素养培养落地. 在一次福州举办的命题征集活动中,我们尝试通过变换的手段,从几何直观入手,融合情与演绎并重,促进几何思维提升.

一、试题呈现

如图1,正方形 $ABCD$ 边长为2,E 在 BC 边上,作射线 AE,点 D 关于直线 AE 的对称点为 F,直线 BF 与射线 AE 交于点 G,连接 DF,DG.

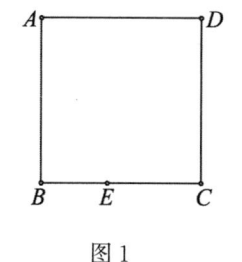

(1) 根据题意补全图形,并判断△DFG 的形状;

(2) 求出 FG^2+BG^2 的值;

(3) 在直线 AG 右侧的平面有一点 H,使△AGH 为等腰直角三角形,求点 H 的运动路线长.

图1

本道试题分为3个小题,是一道以几何作图入手,融多种几何变换的一道几何压轴题.

二、命题过程

这道试题命制经历了根据思考设计主题、选择方向定方案、对称作图出隐圆、画板调整再优化、反复思考再完善的过程.

1. 设计主题

《福州教育研究院关于开展2019年福州市中高考数学试题征集与评选的通知》要求,参赛者要原创一道中考试题,并进行创作过程的梳理. 初中几何常见的变换主要有：平移、旋转、对称、相似,而近两年全国外省中考试卷对于辅助圆和运动轨迹的考查也屡见不鲜. 我们思考是否将这些几何变换的核心知识进行串联,实现一次命题原创?

2. 确定方案

在整理初三试题的过程中,2017年福州九上期末质检第24题让我们得到三点启发：

(1) 以等腰直角三角形为背景构建旋转类相似是几何变换一条思路；

(2) 构建等腰三角形会产生分类讨论,进而有分类画图、说理、计算等几何思维考查的内容；

（3）旋转相似产生的动点轨迹是圆（圆弧），可求最值或者圆弧的长.

在这三点的启发之下，我进行了一番探索：

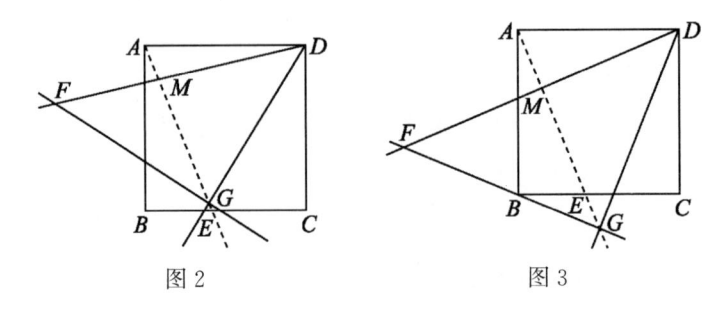

图 2　　　　　图 3

如图 2、图 3、图 4 都是从正方形 $ABCD$ 的 D 顶点出发构建一个等腰直角三角形 DFG，其中 $\angle FDG=45°$，发现当直线 FG 经过点 B 时，等腰直角三角形与正方形的结合最为紧密，且图形中能挖掘的信息最为丰富，故选定图 3 作为原创图形的母图. 进一步丰富图 3 中的隐藏线段，发现如下结论：

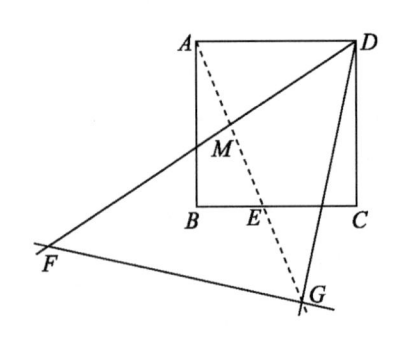

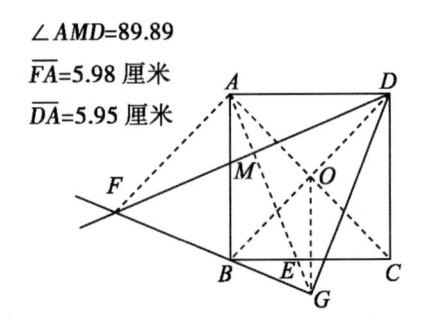

$\angle AMD=89.89$
$\overline{FA}=5.98$ 厘米
$\overline{DA}=5.95$ 厘米

图 4

等线段有：

①$AF=AD=AB=BC=CD$；

②$MF=MD$，$FG=DG$；

③$AO=BO=GO=CO=DO$.

等角有：

①$\angle DFG=\angle DBC=\angle DAC=\angle BAO=45°$；

②$\angle BAD=\angle BGD=\angle BCD=\angle ADC=90°$；

③$\angle AFM = \angle ADM$，$\angle FGM = \angle DGM$，…

从等线段①可以发现：F，B，D 是在以点 A 为圆心，AD 为半径的圆上；从等线段③或等角②可以发现 A，B，G，C，D 是在以点 O 为圆心，AO 为半径的圆上；从等线段②和等角③可以发现点 D，F 关于射线 AE 对称所得图形的性质……

至此正方形和等腰直角三角形结合的产物——"隐圆"开始浮出水面，对称作图的构思开始成形.

3. 隐圆出现

思考：若直接给出图 3，让学生证明等线段或等角是否达合适？再三思考决定放弃给图求证的方案，改为作图引入. 第（1）问的证明用到了圆的定义及圆周角定理，属于核心知识考查，至此第（1）问的创设工作基本完成.

对于第（2）问的设置，我们发现点 A，B，G，C，D 是在以点 O 为圆心的圆上，其中点 A 和点 G 是以 BD 为斜边的直角三角形的直角顶点，在 Rt△BGD、Rt△ABD 中由勾股定理可得：

$GD^2 + BG^2 = BD^2$；

$AB^2 + AD^2 = BD^2$；

此问设置旨在考查学生勾股定理的运用，降低难度是为了让更多的学生能继续探究精彩的第（3）问，达到我们希望的提升几何思维的效果.

4. 画板探索

为了实现本道命题的低开高走，第（3）问的设置就显得特别重要了.

在图 3 的基础上继续发现：E 点是主动点，G 点是从动点，当点 E 在线段 BC 上运动时，点 G 在 $\overset{\frown}{BC}$ 在运动，如图 5. 正方形中 AB，AD 及 AF 是等线段共顶点，由此联想构建一个三角形与图中△ABG 产生关联：或全等或相似. 笔者继续在几何画板上探索.

图 6 中发现将线段 AE 逆时针旋转 $45°$，E'点的轨迹仍然是一条直线，但是图中的条件不足以说明，故此方案搁置一旁. 图 7 中发现将线段 AF 逆时针旋转 $45°$交 FD 于 G'点，此时有△$AFG' \backsim$△GAB，G'的运动路线也是一段圆弧，考虑到学生较难发现图中的三角形相似的条件且推证麻烦，此方案备

图 5

图 6

图 7

图 8

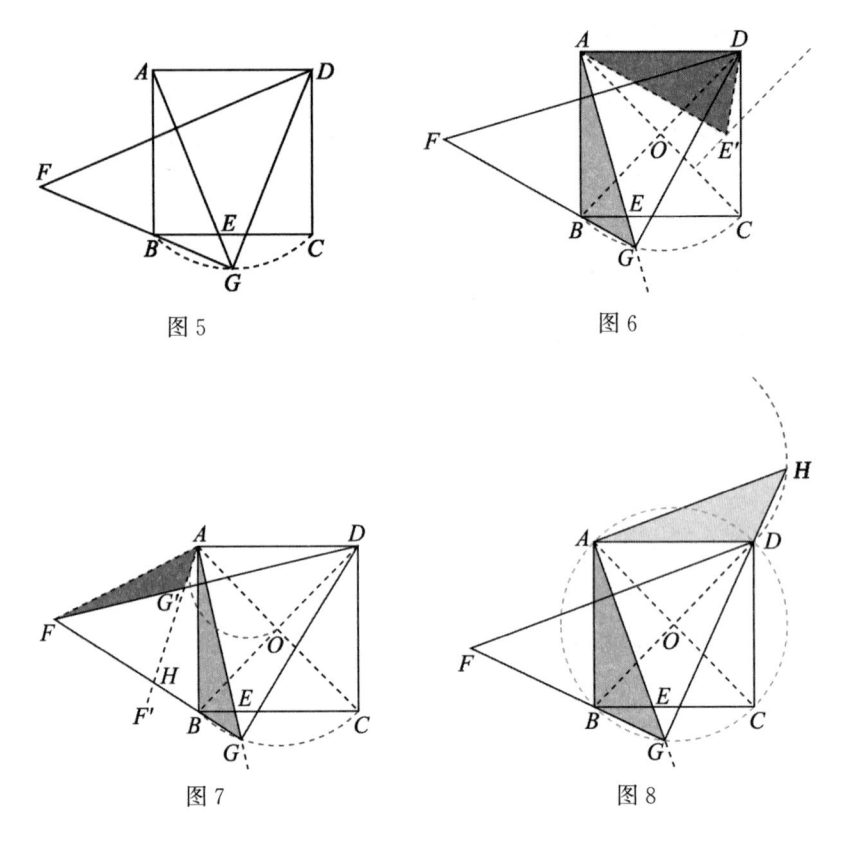

用. 图 8 中发现将线段 AG 绕点 A 逆时针旋转 $90°$ 至线段 AH, 图中有全等三角形且不难证明, 点 H 的运动路线上和点 G 的运动路线长相等. 对比之下, 我们决定采用图 8 的方案继续挖掘.

受到福州质检卷压轴题启发, 我们将等腰直角三角形的顶点分别为 $90°$ 的情况在几何画板上继续试验, 得到以下两幅图形:

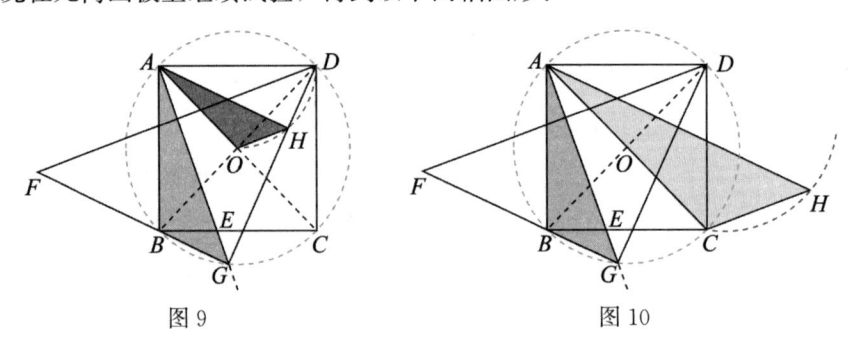

图 9

图 10

图 9 和图 10 中得到的都是两个相似三角形,一个是缩小的三角形,一个是放大的三角形,且点 H 的运动路线都是圆弧,可算!实现了最初的设想!这三种情况的分类讨论及说理计算的过程将初中几何的高阶变换进行一次完美的呈现,犹如夜幕中开出那绚烂的三朵礼花.

5. 完善试题

大的方向与问题形式确定后,接下来就是对问题细节的处理,如呈现方式、文字表述等问题的推敲、雕琢,以尽可能达到准确完善. 经过多次计算发现,正方形的边长为 1,3,5 和 4,6,均不能达到计算过程式子最优化,最后将正方形的边长锁定为 2.

三、试题拓展

在命题千回百转的过程中,尤其是在第二次辅助圆浮出水面之后,我们还发现本题有许多变式,略举几例如下:

方案一:可证图形中的线段和差关系.

在图 9 的条件下求证:$BG+CG=\sqrt{2}AG$.

方案二:在图 9 的基础上进一步发现一般图形规律.

(1) 如图 11,六边形 $ABCDEF$ 是 $\odot O$ 的内接正六边形,点 P 为 $\overset{\frown}{BC}$ 上一动点,请探究 PA,PB,PC 三者之间有何数量关系,并给予证明;

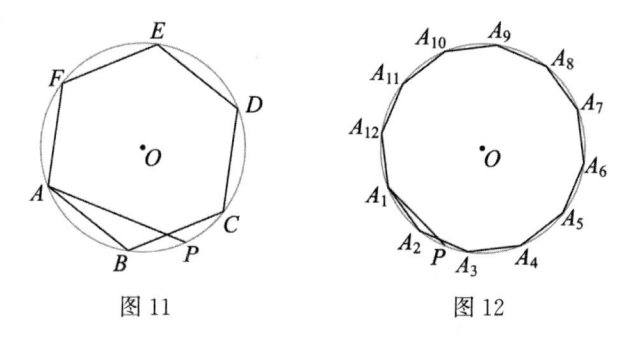

图 11

图 12

(2) 如图 12,十二边形 $A_1A_2 \cdots A_{12}$ 是 $\odot O$ 的内接正十二边形,点 P 为 $\overset{\frown}{A_2A_3}$ 上一动点,请探究 PA_1,PA_2,PA_3 三者之间有何数量关系,并给予证明;

（3）拓展到一般情况：在图 12 中的条件改为，若以 OP 为半径的圆作内接正 n 边形 $A_1A_2\cdots A_n$，P 在 $\overparen{A_2A_3}$ 上，猜想 A_1P，A_2P，A_nP 三条线段的数量关系，并给出证明．（结合三角函数，可以得到这类试题的通用等式）

方案三：半角模型的应用．

如图 13，将线段 AG 绕点 A 逆时针方向旋转 $45°$ 交 CD 于 H 点．设 $BE=x_1$，$DH=x_2$，$\triangle CEH$ 的内切圆半径为 r．

(1) 求证：$EH=x_1+x_2$；

(2) 求证：$(x_1+2)(x_2+2)=8$；

(3) 若 $r=\dfrac{1}{3}$ 且 $x_1<x_2$，求 x_1，x_2 的值．

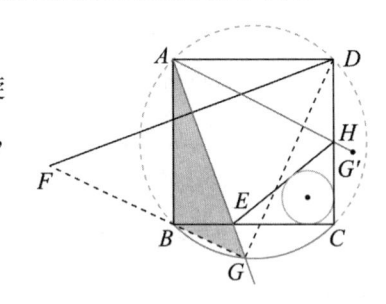

图 13

四、试题评析

本题从学生的基本学习经验（基础几何作图）出发，创设一道低开高走的试题，让不同层次的学生都能得到充分展示的机会，会用数学的眼光观察（数学抽象、直观想象）、会用数学的思维思考（逻辑推理、数学运算）、会用数学的语言表达（数学建模、数据分析），这"三会"就是"六大数学核心素养"，具体如下：

作图引入，发展学生直观想象力——几何学习应遵循"有图有真相"的原则，本题引导学生作图发现几何图形之间新关系，用数学的眼光观察图形的特征．平面几何是高中立体几何和解析几何的基础，故从作图引入是一个不错的思路．

几何变换，提升数学逻辑推理力——初中数学最为生动有趣的当属几何变换．通过几何变换将一个又一个孤立的图形有机融合在一起，呈现出几何图形的对称之美，神奇之美．对辅助圆构造，不是单一的一种方式呈现——第（1）问是共顶点等线段共圆；第（2）问则是双直角共圆；第（3）问又更上一层楼——瓜豆原理之下的圆弧轨迹，并且考查到了相等、放大、缩小的三种情况，是对学生的几何思维内核进行的考查．

构思巧妙,凸显几何思维抽象力——本题以初中平面几何的两种黄金图形为载体——正方形和圆,构思巧妙,一明一暗,正方形是明的,圆是暗的;一静一动,正方形是静止的,圆弧轨迹是运动的. 本题将平面几何的各类型变换进行了一次有机的递进式的融合,凸显几何思维的抽象力.

五、命题的感悟与反思

近年来,中考数学试题的命制从原来的"以知识立意"向"以能力立意"转化,强调由"知识测量型"向"能力测量型"转变,更加注重考查学生继续学习的潜能,注重考查学生的数学核心素养和创新能力. 我们通过多年一线教学,对正方形的性质进行较为深刻的分析和研究,发现正方形的最大特点是等线段多和等角多,以正方形为背景的几何综合题可以进行多种几何变换的融合. 透过此次命题比赛,我们对几何综合题的命题研究,着重于将几何变换所涉及的核心知识及学科素养进行深度思考,用心构思,希望做到每一步变换都能解决一类问题,真正达到融变换于试题命制,探素养于思维提升,引发思维的碰撞,掌握合情推理的方法,培养学生几何学习的高阶思维力.

4.3 一道填空压轴题的命制过程及反思

当前,福建中考都是毕业、升学两考合一试卷,兼顾学生的基础和发展,考试具有考查学习和甄选人才的功能. 压轴题的主要功能就是选拔,自由度和区分度较大,目的是考查学生能力,特别是观察、分析、猜想、归纳等思维能力,同时还可以预测学生未来学习或发展的潜在能力.

数学学科的压轴题常以贯穿整个初中数学的主要知识和思想方法为载体,注重对学生的数学基本能力和综合应用能力的检查,注重考查数学思想方法,如数形结合的思想、分类讨论的思想、逻辑划分的思想、等价或不等价变换的思想等. 所以,压轴题是试卷区分度和综合性的集中体现,是命题者智慧的结晶,同时也为教师和学生提供必要的信息,使教学和学习借以调整、改进，促进教学质量的提高．

一、试题呈现

（一）试题

已知直线 $l_1: y = \dfrac{1}{2n-9}(x-1)+1$（其中 n 为不等于 5 的自然数）和直线 $l_2: y = x$.

（1）当 $n=0$ 时，直线 l_1，l_2 与 x 轴围成的三角形的面积为 $S_0 = $ _____；

（2）当 $n=0$，1，2，3，…，105 且 $n \neq 5$ 时，设直线 l_1，l_2 与 x 轴围成的三角形的面积分别为 S_0，S_1，S_2，S_3，…，S_{105}，则 $S_0 + S_1 + S_2 + S_3 + \cdots + S_{105} = $ _____．

（二）思路分析

当 $n=0$ 时，直线 l_1，l_2 的交点（1，1），应想到当 n 取其他不等于 5 的自然数时，交点也是（1，1），这是解本题的关键；

本题第（2）问中，要先求出在一般情况下，直线 l_1 与 x 轴的交点坐标为（$10-2n$，0），从而得到三角形的底边长为 $|10-2n|$，同时要注意 n 取不同自然数时，$10-2n$ 的符号变化．

（三）解法呈现

（1）当 $n=0$ 时，直线 $l_1: y = -\dfrac{1}{9}(x-1)+1 = -\dfrac{1}{9}x + \dfrac{10}{9}$，直线 $l_2: y = x$ 的图象如图 1 所示．联立两直线的解析式，得交点为 $A(1, 1)$．又直线 l_1 与 x 轴的交点坐标为 $B(10, 0)$，直线 l_2 与 x 轴的交点坐标为 $O(0, 0)$，所以直线 l_1，l_2 与 x 轴围成的三角形的面积为 $S_0 = \dfrac{1}{2} \times 10 \times 1 = 5$.

（2）当 $n=5$ 时，直线 $l_1: y = (x-1)+1 = x$ 与直线 $l_2: y = x$ 重合，无交点，不合题意，故当 $n \neq 5$ 时，联立直线 $l_1: y = \dfrac{1}{2n-9}(x-1)+1$ 和直线

$l_2:y=x$，得交点为 $A(1，1)$. 同时，求得直线 l_1 与 x 轴的交点坐标为 $B(10-2n，0)$（n 为自然数且 $n\neq 5$），直线 l_2 与 x 轴的交点坐标为 $O(0，0)$，如图 2 所示，所以直线 l_1，l_2 与 x 轴围成的三角形的底边 $OB=|10-2n|$. 又因为当 $0\leqslant n\leqslant 4$ 时，$|10-2n|=10-2n$，当 $n>5$ 时，$|10-2n|=2n-10$，所以直线 l_1，l_2 与 x 轴围成的三角形的面积为 $S_n=\dfrac{1}{2}\times 1\times |10-2n|$

$=\begin{cases}5-n，(0\leqslant n\leqslant 4)\\ n-5，(n>5)\end{cases}$.

所以 $S_0+S_1+S_2+S_3+\cdots+S_{105}==5+4+3+2+1+1+2+\cdots+100$
$=5065$.

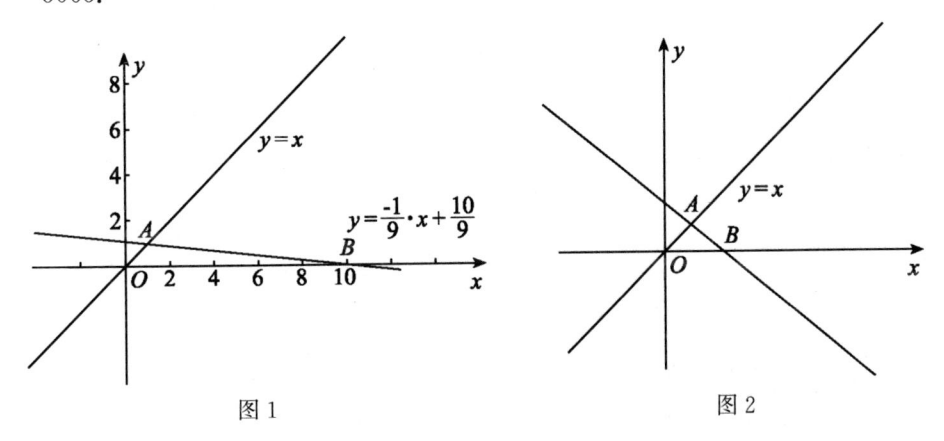

图 1

图 2

二、命制过程

（一）取材背景

试题的改编创作离不开"题源". 原题取材广泛，可以来源于教材、各地测试题、中考真题、各类教辅材料等."他山之石，可以攻玉"，对试题进行科学改造、有效包装，既实现了推陈出新的目的，又可以探究原题中尚未研究的其他侧面，可使我们对问题的各个侧面有一个全面的了解，真正理解题目背后隐含的数学规律，效果会是很好的，因此，用"改题"的方法编制试题在命题中是一种十分重要的方法.

试题改编的一种常见思路是把原题条件替换成另外一些同类的或不同类、较弱或较强的条件，或者将某个前提条件与结论的互换，等等，目的是保留原题型的结构框架或解题方法，尽管改编"面目全非"，但原题型的影子依旧隐约可见．值得注意的是，此类试题改编能够有效考查学生洞悉问题本质的能力，给学生解决问题带来新的挑战．

（2018年乐山中考第16题）已知直线 l_1：$y=(k-1)x+k+1$ 和直线 l_2：$y=kx+k+2$，其中 k 为不小于 2 的自然数．

（1）当 $k=2$ 时，直线 l_1，l_2 与 x 轴围成的三角形的面积为 $S_2=$ _____；

（2）当 $k=2$，3，4，…，2018 时，设直线 l_1，l_2 与 x 轴围成的三角形的面积分别为 S_2，S_3，S_4，…，S_{2018}，则 $S_2+S_3+S_4+\cdots+S_{2018}=$ _____．

本题是在 2018 年四川乐山第 16 题的基础上进行改编．原题利用两条动直线与 x 轴围成三角形，面积求和采用"裂项相消"的方法．本题改变动直线的解析式，并改其中一条动直线为定直线，仍求直线与坐标轴围成的三角形的面积，这时面积求和的方法就不同了．而且第（2）小题处有一个小陷阱：当 $0 \leqslant n \leqslant 4$ 时，$|10-2n|=10-2n$，当 $n \geqslant 5$ 时，$|10-2n|=2n-10$，需要考虑绝对值变号的问题，增加了对绝对值及分类讨论思想的考查，更加凸显本题考查知识和能力的目的．尽管改编题仍然保持原题的形式结构，而且提问方式也相同，但在解题方法与难度上却有大变化，这就是改编题的妙处所在：题型变化不大，考查内容却不大相同．

（二）命题思想

随着新课程标准基本理念的深化，对"合情推理"与"数学活动过程"的考查日渐增多．这类试题呈现三个特征：首先，命题立意立足于"合情推理"能力的重要价值或"数学活动过程"中的知识内涵，尤其是思想方法内涵；其次，命题背景要以核心知识内容为基础，不仅是现实的、可行的，更要是新颖的、具有挑战性的；最后，命题呈现的方式和内容不仅要提供给"合情推理"和"数学活动"得以形成、开展的足够的条件和必要引导，还要提供给学生尽可能多的思考和活动空间，以更好地发挥他们的自主性和独到见解.

为了实现这一理念,本题第(1)小题设计:通过直线解析式求交点坐标,继而求三角形的面积,用代数方法解决几何问题,帮助学生从不同的角度收集"数"与"形"的信息,为猜想和数学活动做准备,属于基础性考查.第(2)小题直线的运动带动图形的形状发生变化,三角形的面积也就与自然数形成了函数对应关系,试题通过自然数的不同取值来区分函数的不同变化趋势,为学生自主探究留下尽可能大的思考空间和活动空间,保证了试题具有较高的区分度和拓展性.

(三)商榷定稿

新课标提出要让"不同的人在数学上得到不同的发展".数学考试自然也要适应不同学生在学习过程中"个别差异"的要求,做到有的放矢、区别对待.

为了达到这一目标,我们在试题的第一环节就降低起点,提供了"$n=0$"的启示,学生在解完"$n=0$"中的具有广泛意义的思考或研究方法(即所谓"一般性方法")后,就能在第二个环节中类比解决后续的问题. 在问题设计上,我们特地设计一组前后联系、层层深入的问题情境,给学生一个解题的踏板,让不同层次的学生都能有所收获. 此外,为避免在计算上花过多时间而影响对主要内容的考查,第(2)小题 n 的最大值取到 105,这时 $S_0+S_1+S_2+S_3+\cdots+S_{105}$ 就会出现比较常见的从 1 加到 100 的求和计算.

(四)总结反思

压轴题入口要低、宽,以让不同层次的学生都能有所得,同时问题的设置要体现数学活动过程,有效区分学生的思考分析能力以及思维深度,让学生尽可能地展现自己的独到见解. 推理过程的长短、计算过程的繁简、数字计算量的大小都要适当控制,不能太繁、计算量太大,尤其是选择、填空题,要让学生把主要精力集中在计算方法、推理方法、思想方法的寻求上.

本题的命制经历"择取改编素材—研究试题规律—合理改编条件—研究

设问方向"的过程，问题的设置循序渐进，实现了知识的有效整合，如第（1）小题为第（2）小题的求解做踏板，起到了方法和思维引领的作用，第（2）小题通过一次函数的建模、计算，对 n 的范围进行分类讨论求得 $S_0+S_1+S_2+S_3+\cdots+S_{105}$ 的值，有效考查学生的运算能力．当然，探索无止境，我们认为此题还能加以发展，举一反三，形成变式题，如将结论推广至一般情况，探索 $S_0+S_1+S_2+S_3+\cdots+S_n$ 的值．

三、命题感悟

众所周知，当我们进行一次物理测量时，都要有量具，一次考试就相当于一次测量，而试题就是量具，没有量具的测量是不可想象的．因此，在考试的诸多环节中，命题是最为关键的环节．

命制一道好的中考压轴题，首先，要细致地考虑试题的方方面面，比如，考查的内容、考核的能力、材料的选用、题型的选择、解题时采用的思想和方法、难度、梯度的调控、学生的学习备考等，分析得越透，越容易达到试题的目的．其次，要选择一个好的试题或结论作为素材，经过一系列改编，或修改考查的知识点，或改变解题的方法、难度以及解题过程的繁简程度，逐步调整形成适用的试题．最后，要仔细斟酌打磨，规范用语，严谨无漏洞，不产生歧义，不会引起学生不必要的猜测或误解，才能保证试题考查功能的发挥，体现命题方向以及教学导向．探索无止境，探索越多，思考越深，命出的试题质量就会越高，学生受益也就越大，评价的导向功能也就越好！

4.4 圆与基本几何图形结合的综合题编制

一、试题展示

如图1，CD 为 $\odot O$ 的直径，点 A 在上半圆上，点 B 在 $\odot O$ 上，连接 AO 并延长交 $\odot O$ 于点 E，连接 AB，BC，CE，DE，AC．AB 交 CD 于点 F，BC 交 AE 于点 H，DE 交 AB 于点 G，交 BC 于点 I，且 $\angle EAC=\angle BCE$．

(1) 若∠B=∠COE，求∠COE 的度数；

(2) 在 (1) 的基础上，$AF=\sqrt{3}$，求线段 GI 的长；

(3) 若点 A 只能在上半圆运动（不包括 C，D 两点），点 B 在 ⊙O 上运动，试说明∠BAC 与∠OCB 的数量关系，并说明理由.

图 1

备用图 1

备用图 2

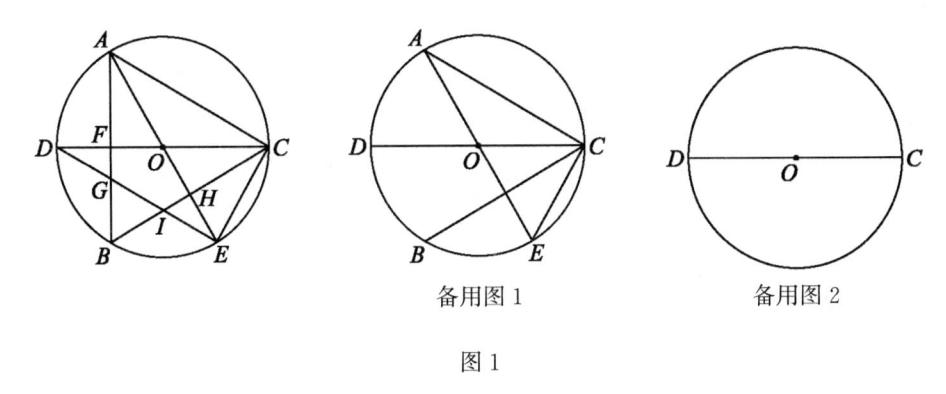

二、命题过程

（一）命题立意

数学试题的价值在于最大限度发挥其"甄别"考生的功能，所以试题的立意不能仅停留在"知识立意"层面，应当基于考核的知识点，呈现课程标准中的"能力要求"，达到"素养立意"．"素养立意"具体表现为试题能够考核到知识技能的内在逻辑，激发学生数学应用意识，锻炼数学思维，培养学生数学核心素养．

本题考查数学抽象、逻辑推理、数学运算、直观想象等素养，具体表现为：

学生需要从角之间的等量关系发现圆周角、圆心角之间的联系，再从角之间的数量关系中抽象出三角形全等、线段垂直等关系，从两个相似三角形中抽象出角之间的数量关系；

学生需要依据题干给定的圆、直径、圆周角与圆心角之间的联系推导出基本几何图形（等腰三角形），并在小题添加条件下将多个知识点衔接推断出题目要求的结论，从而考查学生的逻辑推理素养；

数学运算每个小题都有涉及，第（1）问采用方程解答最为快速，第（2）问借助全等、垂径定理、三角函数等推导出等边三角形，在第（2）问中主要涉及线段的运算，第（3）问需要将目标角化归到一个直角三角形中才能发现数量关系；

学生需要从复杂的图形中找到题干已知条件涉及的几何图形，在单个几何图形内解决问题，再推广联系到其他几何图形，学生在这个过程中要借助图形描述数学问题、建立数与形之间的联系，从而培养直观想象素养.

（二）命题过程

1. 命题思路

先构造基本几何图形，但在描述题目时不直接给出等边三角形、角平分线、直角三角形等信息，而是用逐步生成的方式，通过添加条件推导还原出基本几何图形.

基本几何图形：在圆上取三等分点，在圆内部构造等边三角形△ABC，再分别作∠A，∠C 的角平分线 AE，CD，连接 DE，产生的△GBI 是等边三角形. 连接 CE，此时该几何图形中含有多个直角三角形.

2. 命题过程

为了保证△ABC 是等边三角形，根据等边三角形的对称性将其两条角平分线描述成圆的直径，仅是直径还不够，还需要∠BAE＝∠EAC，并且这两个角都是 30°.

为了保证∠BAE＝∠EAC，根据同弧所对的圆周角相等，即∠BAE＝∠BCE，∠CBE＝∠EAC，于是添加条件∠EAC＝∠BCE，这样就能通过等量代换推导出∠BAE＝∠EAC. 与此同时还能根据全等推导出 AE⊥BC，此时只能够保证△ABC 是等腰三角形，所以还需要∠BAE＝∠EAC＝30°. 但不直接给出 30°，而是给∠B＝∠COE，这样就能推导出△ABC，△GBI 都是等边三角形，AB⊥CD 以及图形中各个角的度数，如果此时给定任意一条线段长度那么就能求出其他线段的长度.

在设置第（3）问时，就当前题目已知条件可知△ABC∽△OEC，此时由于 AE⊥BC 造成∠COE+∠OCB=90°，于是根据相似的性质有∠BAC+∠OCB=90°，在第（1）、第（2）小题中涉及数形结合、方程思想，还缺少分类讨论思想，此时如果将点 B 设置成动点，该数量关系会随点 B 运动而发生变化，故需要进行分类讨论.

难度预设：大部分学生可以做出第（1）、（2）小题，对于第（3）小题少部分学生可能会根据如图情况只做出一种，另一种情况学生比较难想到，时间有限的情况下还得证明数量关系.

三、解答分析

（一）思路分析

一般性解决：第（1）问题目没有给任何一个角的度数却要求∠COE 的度数，说明这个角可以通过列方程来求的，这就确定了解题的方向；第（2）问要求 GI 的长度，那就要找到与 GI 等长的线段或 GI 所在的几何图形特征；第（3）问将目标角转化到一个特殊的几何图形中，从而找到角之间的数量关系.

功能性解决：第（1）问为了列方程，要去寻找∠COE 与其他角之间存在的等量关系，尤其是与题干中的角之间存在圆周角、圆心角的关系；第（2）问观察猜测 GI 所在的△GIB 是等边三角形，因此要判定△GIB 是等边三角形并利用其性质求出 GI 长；第（3）问要将∠BAC 与∠COE 建立联系，就要将∠BAC 与∠OCB 放在△OHC 中去讨论.

特殊性解决：第（1）问利用∠COE 与∠AOC 形成平角，∠B 与∠AOC，∠COE 之间的关系列出方程；第（2）问借助圆周角之间的等量关系以及三角函数推导出∠BAE，∠AHB 的度数，经过△GIB 是等边三角形的判定及其性质的推导过程得出线段 GI 长度.

第（3）问不仅是对点 B 的位置进行分类讨论，为了将目标角转化到一个直角三角形中去，还得证明△ABC∽△OEC.

（二）解法呈现

基本方法（本题一共12分）

(1) 设 $\angle EAC = x$，

∵ AE 为直径，

∴ $\angle COE = 2\angle EAC = 2x$，

∴ $\angle B = \angle COE = 2x$，

∴ $\angle AOC = 2\angle B = 4x$.

∵ $\angle AOC + \angle COE = 180°$，

∴ $4x + 2x = 180°$，

∴ $x = 30°$，

∴ $\angle COE = 2x = 60°$.

(2) 解法1：

由（1）可得，$\angle B = \angle COE = 60°$，$\angle EAC = \angle BCE = 30°$，

∴ $\angle D = \angle EAC = 30°$，

∴ $\angle BAE = \angle BCE = 30°$，

∴ $\angle BAC = 60°$.

∵ $OA = OC$，

∴ $\angle ACO = \angle EAC = 30°$，

∴ $\angle D = \angle ACO$，

∴ $AC // DE$，

∴ $\angle BGI = \angle BAC = 60°$，

在 △BGI 中，$\angle BGI = \angle B = 60°$，

∴ △BGI 为等边三角形.

∵ $\angle FGD = \angle BGI = 60°$，

∴ $\angle DFG = 180° - \angle D - \angle FGD = 90°$，

即 $AB \perp DC$.

连接 OB，又 ∵ $OA = OB$，

∴$FB=AF$.

在 Rt△AFO 中，$AF=\sqrt{3}$，

∴$OF=AF \cdot \tan 30°=1$, $AO=\dfrac{AF}{\cos 30°}=2$，

∴$OD=AO=2$，

∴$DF=DO-OF=1$.

在 Rt△DFG 中，$FG=DF \cdot \tan 30°=\dfrac{\sqrt{3}}{3}$，

∴$GI=BG=FB-FG=\dfrac{2\sqrt{3}}{3}$.

解法 2，连接 BE，

∴∠BAE=∠BCE.

又∠EAC=∠BCE，

∴∠BAE=∠EAC.

易证△BAE≌△CAE，

由此再证△BAH≌△CAH，

∴∠$AHB=90°$，

即 $AE \perp BC$.

∵∠ABC=∠COE，

∴∠ABC+∠DCB=∠COE+∠$DCB=90°$，∠$CFB=90°$.

根据垂径定理，$BF=AF=\sqrt{3}$.

∠EDC=∠$EAC=30°$，

∴∠$DGF=90°-$∠$EDC=60°$，

∴∠BGI=∠$DGF=60°$.

又∵∠B=∠$COE=60°$，

∴△BGI 为等边三角形.

在 Rt△AFO 中，$OF=AF \cdot \tan 30°=1$，

$AO=\dfrac{AF}{\cos 30°}=2$，

∴ $OD = AO = 2$,

∴ $DF = DO - OF = 1$.

在 Rt△DFG 中，$FG = DF \cdot \tan 30° = \dfrac{\sqrt{3}}{3}$,

∴ $GI = BG = FB - FG = \dfrac{2\sqrt{3}}{3}$.

(3) 第一种情况，当点 B 在下半圆运动时，$\angle BAC + \angle OCB = 90°$.

∵ $\angle BCE = \angle BAE$，$\angle EAC = \angle EBC$，$\angle BCE = \angle EAC$,

∴ $\angle BCE = \angle EAC = \angle BAE = \angle EBC$,

∴ $\angle EOC = 2\angle EAC = \angle BAC$,

且易证△$BAE \cong$△CAE,

∴ $AB = AC$，$\angle AHC = 90°$,

又∵ $OE = OC$,

∴ △$ABC \sim$ △OEC,

∴ $\angle BAC + \angle OCB = \angle EOC + \angle OCB = 90°$；

第二种情况，当点 B 在上半圆运动时，

$\angle BAC - \angle OCB = 90°$.

∵ $\angle BCE = \angle BAE$，$\angle EAC = \angle EBC$，$\angle BCE = \angle EAC$,

∴ $\angle BCE = \angle EAC = \angle BAE = \angle EBC$,

∴ $\angle EOC = 2\angle EAC = \angle BAC$.

∵ $OA = OC$,

∴ $\angle EAC = \angle OCA$,

∴ $\angle BCE = \angle OCA$,

∴ $\angle BCE - \angle BCD = \angle OCA - \angle BCD$,

即 $\angle BCA = \angle ECO$,

∴ △$ABC \sim$ △OEC,

$\angle BAC + \angle AOC = \angle EOC + \angle AOC = 180°$.

又∵ $\angle AOC + \angle OCB = 90°$，∴ $\angle BAC - \angle OCB = 90°$.

第三种情况，当点 B 与点 D 重合时，$\angle OCB=0°$，易证 $\angle BAC+\angle OCB=90°$.

综上所述，$\angle BAC+\angle OCB=90°$，或 $\angle BAC-\angle OCB=90°$.

四、试题评析

本题涉及多个知识点的衔接以及涵盖多种数学核心素养，要求教师注重学生四基的培养，在知识方面注重概念性教学，以及知识点之间的联系性. 题目在圆的背景下，但凡给定直径，那么直径所对的圆周角就是直角，题干中涉及圆周角可以引导学生与圆心角联系；在技能方面注重引导学生以问题为导向，以题干信息为起点，不断将知识点往有利于解决问题方向进行推导；为教师培养学生分析解决问题能力提供素材. 学生需要分析题意，将已知条件与问题关联从而解决问题；在思想方面涉及方程思想、数形结合、分类与讨论等思想，尤其是第三问，目标角之间的数量关系往往要化归到一个简单几何图形中才能找到，因此还可以培养化归与转化思想.

五、命题拓展

改编方案一：

(1) 求 $\angle AHC$ 的大小；

(2) 在 (1) 的基础上，连接 FH，求证：$FH=\dfrac{1}{2}DE$；

(3) 若点 A 只能在上半圆运动（不包括 C，D 两点），点 B 在 $\odot O$ 上运动，AB 所在直线与 CE 所在的直线交于点 F，试说明 $\angle AOC$ 与 $\angle F$ 的数量关系，并说明理由.

改编方案二：

(1) 求证：$AB=AC$；

(2) 在 (1) 的基础上，$CH=AF=\sqrt{3}$，求证 $\triangle GBI$ 为等边三角形；

(3) 若点 A 只能在上半圆运动（不包括 C，D 两点），点 B 在 $\odot O$ 上运动，试说明当点 A 在何位置时有 $\triangle ABC \cong \triangle OEC$.

六、命题反思

这道题的亮点在于设置了一个学生容易遗漏的考点，点 B 在圆上运动，这里要进行分类讨论，从表象来看，点 B 的运动会造成 $\angle COB$ 的位置、大小发生变化，第一种情况是 $\angle OCB$ 在 $\triangle ABC$ 内部，第二种情况是 $\angle OCB$ 在 $\triangle ABC$ 外部，第三种情况是点 B 与点 D 重合时，$\angle OCB = 0°$，学生受到给定图形的干扰容易忽略第二种、第三种情形；与动点相关的试题一般最终考查的是角、线段、图形面积的等量关系，而这个数量关系能够成立，是因为根据数学三种语言转化的可行性，借助几何画板操作观察，在点 B 的运动过程中，$\triangle OHC$ 始终为直角三角形，$\angle EOC = \angle BAC$，所以数量关系的考查可以围绕这两个"动中有定"展开，学生如果能够识别出"动中有定"，那么问题就迎刃而解．但是动点问题一直是学生薄弱点，线段、角数量多学生处理不过来，不容易发现"动中有定"，于是试题区分度得以保证，可以用于甄别优秀、中等层次学生．

第一问较为基础，需要学生列一个一元一次方程求解，实在不会的学生也可以通过观察图形猜测角度；第二问求线段 GI 的长度学生可以通过多个角度去求解，考查学生对图形对称性、等边三角形、三角函数等知识点熟练运用程度；第三问虽为动点问题，实质"动中有定"考查角的数量关系．三个问题考核的知识点都在课程标准要求范围内，第一、二问都是常考的知识点，第三问是常考题型，因此试题效度有保障．但是第二问由于方法较多，教师阅卷有难度，可以设置只有一两种解题思路的题目，减轻教师阅卷负担．

最后一问还不算太难，难不倒优生，属于常见的动点问题、角等量关系问题．因此这道试题不足之处在于试题的创新性不足，导致对学生创新思维的发掘不够．可以结合平面直角坐标系，设置角平分线交点，考查交点横坐标取值范围等，数形思想的考查可以提升难度．

如果要进行试题变式，由于本题的基础图形是在圆上取三等分点，构造圆内接三角形而成，因此还可以取圆上四等分点、五等分点构造圆内接三角形进行题目设置．除此之外，借助几何画板，寻找点 B 在运动过程中的线段、角"动中有定"情形,比如当点 B 在下半圆运动过程中,$GD=GB$,$GA=GE$,那么就可以让学生去证明 $GD=GB$,$GA=GE$,△IHE 与△ICE 相似.

第五章　基本模型再拓展

5.1　几何模型莫泛化　变式有方求自然

一、试题展示

等边三角形 ABC 边长为 6，D 为边 AB 上一点，E 为直线 AC 上一点，连接 DE，将 DE 绕点 D 顺时针旋转 α 得到线段 DF.

(1) 如图 1，若 $\angle AED = 90°$，$\alpha = 90°$，过点 F 作 $FG \perp AC$ 于点 G，求 $\dfrac{AD}{FG}$ 的值；

(2) 如图 2，若 D 为 AB 中点，$\alpha = 60°$，点 F 恰好落在边 BC 上，求作 $\triangle EDF$；（尺规作图，不写作法，保留作图痕迹）

(3) 设 $AD = x$，AF 的最小值为 y，若 $\alpha = 90°$，

①当 $x = 4$ 时，y 的值是 _____ ；

②直接写出 y 与 x 的关系式.

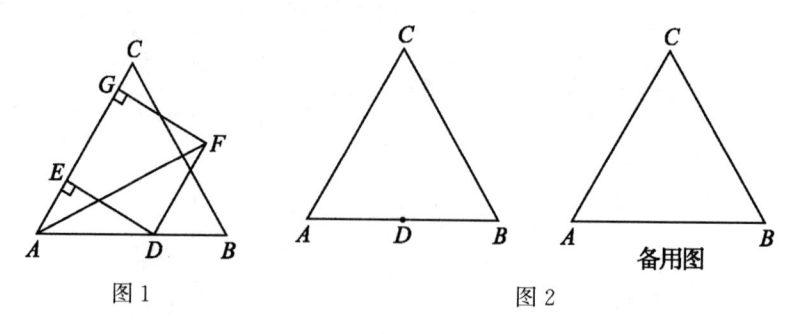

图 1　　图 2　　备用图

二、命题过程

(一) 命题立意

本题设计以正三角形为背景探究旋转变换问题，考查等边三角形的性质，正方形判定与性质，有一个角为 30°的直角三角形的性质，旋转变换的性质，全等三角形等知识点；考查学生尺规作图在旋转变换问题中的应用；考查学生运用画图和函数等几何和代数结合的方法研究几何问题的能力；考查学生数形结合，转化化归等数学思想方法；其中第 (3) 小题第②问的设计引导学生运用函数思想思考几何问题的动态变化过程，综合体现了数学抽象、逻辑推理、直观想象、数学运算等数学学科核心素养。

试题难度逐步增加。第 (1) 问考查正三角形的性质，有一个角为 30°的直角三角形的性质（或者说特殊角的三角函数），矩形的判定，代数式的简单变形等知识，预估难度系数约 0.7。其中体现的数学运算素养达到水平一：能够正确进行运算；直观想象素养达到水平一：能够在熟悉的数学情境中，借助图形的性质和变换发现数学规律；逻辑推理的素养达到水平二：能够对与学过的结论有关联的数学命题，通过对条件和结论的分析，探索论证的思路，选择合适的论证方法予以证明。

第 (2) 问考查运用尺规作图画出目标图形，作法较多，学生可以运用几何直观和数学实验来猜测，预估难度系数约 0.4～0.5，但是只有理解最本质的作法才能完成第 (3) 问。其中体现的直观想象素养达到水平二：能够在关联的情境中，想象并构建相应的几何图形。其中也包含数学抽象，逻辑推理等素养的考查。

第 (3) 问①是对给定特殊值进行计算，难点在于运用几何变换的思想理解动点 F 随 E 点变化而运动的轨迹是一条直线，则 AF 最小值即为定点 A 到动点 F 所在直线的垂线段，②从特殊到一般，发现整个运动过程中运动变化的 AF 的最值（即为线段 AK）与 AD 之间的数量关系，预估难度系数约 0.2～0.3。第 (1)、(2) 问的设计为第 (3) 问做了合理有效的铺垫，其中体现的逻辑推理，数学运算，直观想象，数学抽象的素养基本都达到水平二以上，也蕴藏数学建模的素养.

（二）命题过程

1. 原始模型

一线三等角相似模型，点线最值模型.

2. 命题思路

命题设计的灵感源自全国中考题的学习与中考复习教学设计的思考. 在每年中考后，我们常常对中考题进行解题学习与归档整理. 其中梳理了一份文件《玩转等边三角形之2017季》，文件收集了一些2017年的含等边三角形元素的设计精良的中考题. 但是有关命题设计的特点偏重几何，缺乏对其中相关的代数关系的深入思考与考查，这是多数几何问题设计的狭隘之处，所以我们想设计一道压轴题力求有所突破.

3. 命题过程

本题的设计经历比较久的时间和多次的打磨. 从2018年9月有了创意，到2018年10月初步成稿，再到2019年4月这个题目最终打磨完善.

【第一稿】 如图3，△ABC为等边三角形，边长为6，D为边AB上一点，将∠ACB折叠使点C与点D重合.

(1) 尺规作出折痕所在直线EF，其中点E，F分别为折痕与BC，AC交点，连接DE，DF，并证明：△ADF∽△BED；

(2) 当△BDE为直角三角形时，求AD的值；

(3) ①当AD=2时，求DF的长；

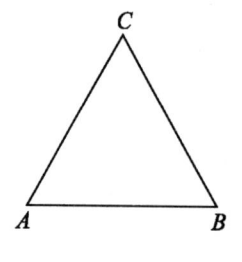

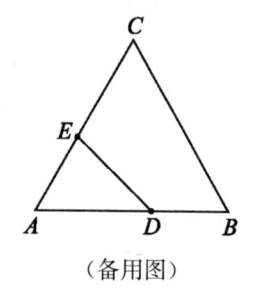

图3

②求 DF 的最小值，并指出 DF 取最小值时 AD 的长.

第一稿的小改编：不改变原题框架，改变研究的对象，比如研究其他的变化线段的问题（含但不仅是最值问题），以及变化的图形的周长或者面积的有关问题（含但不仅是最值问题），如：当点 D 在线段 AB 上运动时，求 △CEF 的周长的最小值；当四边形 CFDE 为菱形时，有关的特殊位置的有关线段或者面积的计算；在 D 运动过程中，求 △CEF 与 △ABC 的面积的比值的取值范围；……

【第二稿】 改变考查命题设计的叙述方式，改变已知未知元素的呈现顺序，改原来设计中的一个动点为两个动点，后将思路确定为如下问题.

如图 4，△ABC 为等边三角形，边长为 6，D 为边 AB 上一点，E 为边 AC 上一点.

(1) 作点 A 关于直线 DE 的对称点 F；

(2) 连接 EF，DE，若点 F 恰好在边 BC 上，求证：△CFE∽△BDF；

(3) 若 AE=4，点 F 在△ABC 的边上，求 AD 的长；

(4) 若 AD=3，点 F 在△ABC 的边上，求 AD 的长；

(5) 设 AD=3，点 E 在边 AC 上运动，求 CF 的最小值；

(6) 设 AD=x，AE=y，当点 F 恰好在边 BC 上时，求 y 与 x 的关系式.

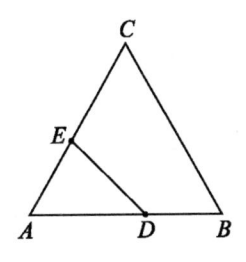

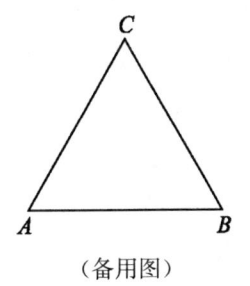

图 4

（备用图）

【第三稿】 改换考查的核心元素——折叠，换成正三角形背景下的旋转变换问题的考查.

如图 5，△ABC 为等边三角形，边长为 6，D 为边 AB 上一点，E 为边

AC 上一点，点 E 绕点 D 顺时针旋转 $60°$ 得到对应点 F.

(1) 作出对应点 F；

(2) 若 $AE=2$，$AD=4$，求证：点 F 在边 BC 上；

(3) 若 $AE=2$，$\triangle ADE$ 为直角三角形，求 CF 的长；

(4) 若 $AD=4$，点 E 在边 AC 上运动，求 CF 的最小值；

(5) 设 $AE=x$，$AD=y$，若点 F 在边 BC 上，求 y 与 x 的关系式.

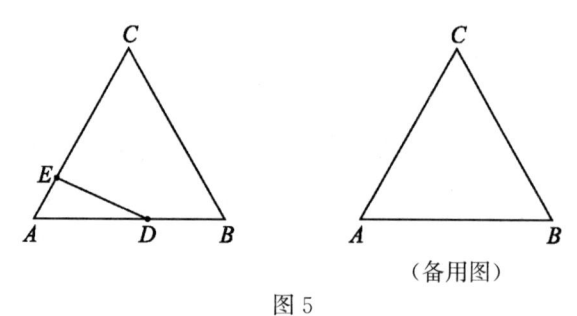

图 5

【第四稿】 改变旋转核心元素的旋转角，从 $60°$ 改为 $90°$，有了如下的设计.

已知 $\triangle ABC$ 为等边三角形，边长为 6，D 为边 AB 上一点，E 为直线 AC 上一点，点 E 绕点 D 顺时针旋转 $90°$ 得到对应点 F.

(1) 如图 6，若 $AE=2$，$\angle AED=90°$，求 AF 的长；

(2) 如图 7，若 D 为 AB 中点，点 F 在边 BC 上，作出点 E，F；（尺规作图，保留作图痕迹，不写作法）

(3) 若 $AD=x$，点 E 在直线 AC 上运动，AF 的最小值为 y；

①若 $x=3$，求 y 的值；

②求 y 与 x 的关系式.

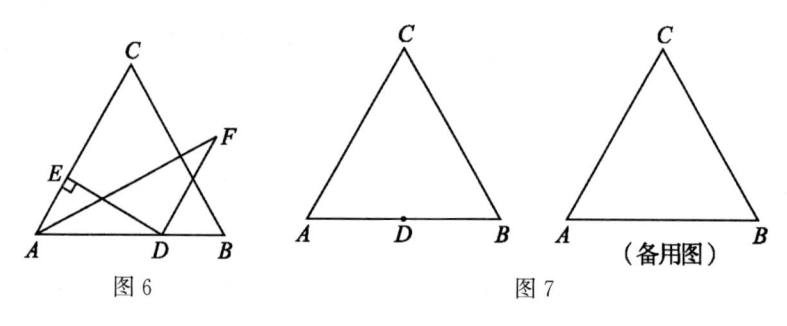

图 6   图 7

命制好以上四稿后，经过解题研究发现个别题的缺点是解题方法偏巧法非通法，个别题目设计的代数计算偏超纲，故又继续思考打磨本题．本题吸取前面的经验，综合了其他稿件的较有价值的设计元素，对题目的难度和梯度以及问题前后的关联性做了更好的取舍，逐渐形成最终稿．

4. 命题方法

命题的主要方法是先取定基本背景与要考查的核心要素，比如考查几何变换的旋转或轴对称；其次添加动点来设计动态图形，对其特殊的位置设计问题，再转为一般位置的一般问题探究；第三抓住几何问题的核心要素线段和角的有关位置关系和数量关系，设计合理梯度合理难度的问题．在解题中变式设计，变式的基本方法就是改变问题的每一个关键元素，改变问题的呈现方式等．

三、解题分析

（一）思路分析

本题的思路分析可以看出其中蕴藏的从特殊到一般，从一般再到特殊的数学几何问题的探究路径，可以看出画图操作等数学活动对几何数学问题以及相关数学思想的理解的价值，可以看出数学知识、数学方法和数学思想在其中的综合运用．

第（1）问的思路首先需要证明有关的特殊四边形，得出有关相等线段关系；其次从等边三角形出发推导特殊角，从特殊角得到边角关系的转化，推理出有关线段比，最后对代数式子进行简单的变形，求出所求的线段比．

第（2）问考查运用作图画出目标图形，作图的思路其实恰好体现学生对这个问题的理解的不同层面．这题的作法非常丰富，几乎涵盖大部分作图基础知识．如果学生能够通过前面的特殊的点的画图感受理解其中旋转变换的动点相对应的轨迹特征，可以得到下面解法呈现中的作法一的作法；另外，也可以通过几何直观和几何实验等方法合情推理出 E、F 点的位置的特殊性，从而得到相应的作法．几何画图是几何运算和几何推理的综合应用．

第（3）问首先需要理解题意后隐藏的结论——给定旋转中心 D 与旋转角后，动点 F 的运动轨迹随动点 E 的运动轨迹（直线）而确定的另一条直线．从而将 AF 的最值转化为相应的垂线段 AK，最后转化为解三角形的问题．①问先考查特殊情况 $AD=4$ 时，有关线段的求解计算．②问再研究整个运动过程中，相关的动态变化的线段的有关等量关系，以及其中蕴藏的最值问题．本题难点在于对题意背后数学思想的理解与运用．

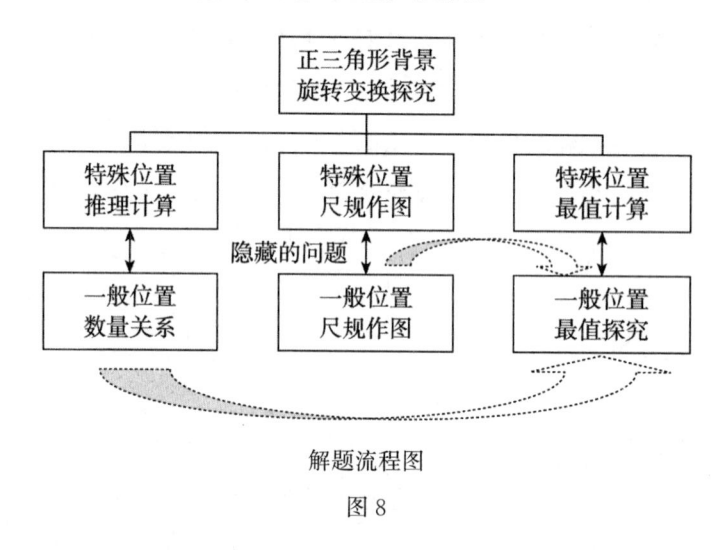

解题流程图

图 8

（二）解法呈现

解：（1）由旋转可得 $\angle EDF=90°$．

∵ $FG\perp AC$ 于点 G，

∴ $\angle EGF=90°$．

又∵ $\angle AED=90°$，

∴ $\angle GED=90°$，

∴ 四边形 $EDFG$ 为矩形，

∴ $FG=DE$．

∵ △ABC 为等边三角形，

∴ $\angle BAC=60°$．

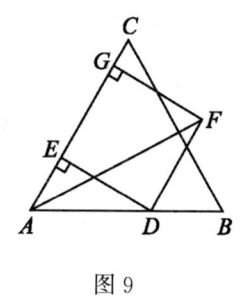

图 9

152

在 Rt△AED 中，$\sin\angle BAC = \dfrac{DE}{AD} = \dfrac{\sqrt{3}}{2}$，

$\therefore \dfrac{AD}{FG} = \dfrac{AD}{DE} = \dfrac{2}{\sqrt{3}} = \dfrac{2\sqrt{3}}{3}$；

(2) 作法不唯一，不限于本题参考答案的作法．

作法一：

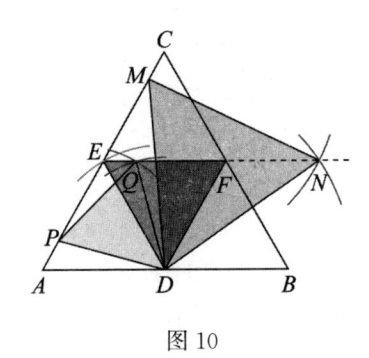

图 10

△EDF 即为所求的图形．

作图说明：在线段 AC 上，任取点 P 与点 M，作出点 P 和点 M 绕点 D 顺时针旋转 60°得到的对应点 Q 和点 N，连接 QN 交 BC 于点 F，将点 F 绕点 D 逆时针旋转 60°即为点 E．图中虚线 QN 即为动点 F 的运动轨迹．本题中作点 E 时少画了一条弧，是合理的．

作法二：

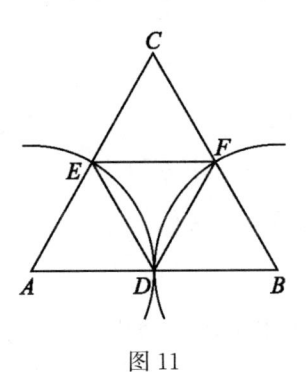

图 11

△EDF 即为所求的图形．

作图说明：由作法一知点 E 和点 F 分别为 AC 和 BC 的中点，则由题意得 $AE=AD$，$BF=BD$.

作法三：

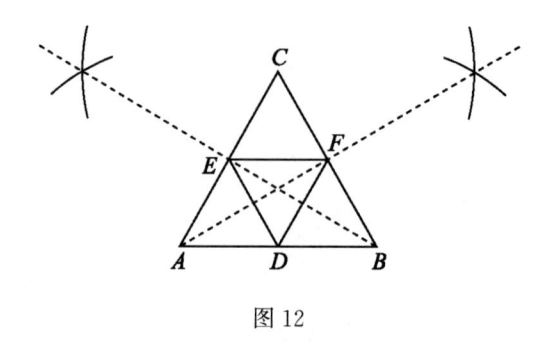

图 12

$\triangle EDF$ 即为所求的图形.

作图说明：分别作 AC 和 BC 的垂直平分线，垂足即为点 E 和点 F. 此图中作 AC 的垂直平分线时利用了点 B 在这条直线的结论.

作法四：

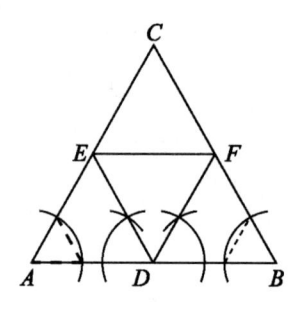

图 13

$\triangle EDF$ 即为所求的图形.

作图说明：过点 D 分别作 $DF \parallel AC$ 交 BC 于点 F，作 $DE \parallel BC$ 交 AC 于点 E.

(3) ① $2+2\sqrt{3}$；

简单说明：首先需要理解给定旋转中心 D，给定旋转角，顺时针旋转 $90°$，直线 AC 上的动点 E 的旋转对应点 F 的运动轨迹为直

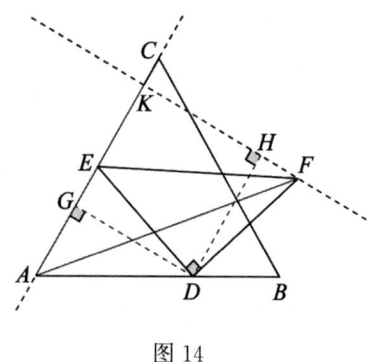

图 14

154

线 KF，其中 $KF \perp AC$ 于 K.

由 $\angle AGD = 90°$，$\angle DAG = 60°$，$AD = 4$，可得 $AG = 2$，$DG = 2\sqrt{3}$.

又可证得四边形 $GDHK$ 为正方形，故 $GK = DG = 2\sqrt{3}$.

由垂线段最短可得 $AF \geqslant AK = AG + GK = 2 + 2\sqrt{3}$，所以此时 AF 的最小值为 $2 + 2\sqrt{3}$，即 y 的值为 $2 + 2\sqrt{3}$；

② $y = \dfrac{1+\sqrt{3}}{2}x$（$0 \leqslant x \leqslant 6$）.

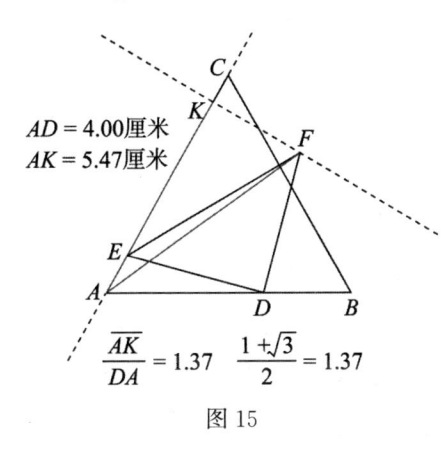

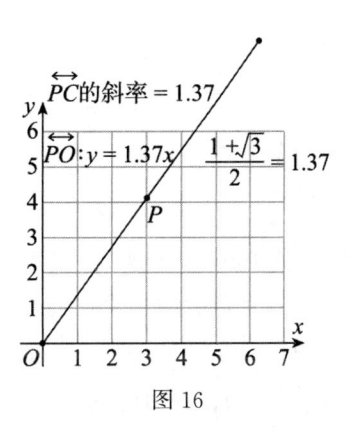

图 15

图 16

四、试题评析

本题设计力求打破几何与代数问题的隔阂，既考查几何的画图作图、线段求值和求比等几何核心问题，还考查运用函数思想理解动态问题中的数量的关系．这是本题设计的主要出发点．本题考查的核心数学思想一个是几何旋转变换的性质，每一个点的旋转特征与整体的旋转特征相同，这是变换中比较难理解与运用的核心内涵；理解这个几何变换的内涵才可以作出（2）中的图形．考查的另一个核心数学思想是运用函数观点来理解动态变化过程中线段之间的数量关系，函数的核心是变化与对应；本题的难点在于理解对于动点 D，当给定点 D 某一位置后，动态线段 AF 的最值其实是定线段 AK；双动点的解决策略是控制变量法，先确定其中一个变量．因此本题对数学思想的理解的考查是比较深刻的，学生只靠简单的刷题而没有理解数学方法与数学思想内涵，不容易解答这样的考题.

第（1）问考查特殊四边形的推导以及边角关系的转化的推理，关注两条线段的比也为最后一问研究 y 与 x 的比预留铺垫.

第（2）问的设计考查运用作图画出目标图形；此题的难点在于对旋转变换的性质"每一个点的旋转特征与整体的旋转特征相同"的深刻理解与运用，但是又可以运用其特殊位置特殊处理解决，不同的理解的后果在于对第（3）问的解决的铺垫效果不同. 作图的思路其实恰好体现学生对这个问题的理解的不同的层面. 这题的作法非常丰富，几乎涵盖大部分基础作图.

第（3）问在前面两个小题铺垫的基础上，综合考查本题中蕴含的数量关系. 学生首先需要理解题意后隐藏的给定旋转中心 D 与旋转角后，动点 F 的运动轨迹随动点 E 的运动轨迹（直线）而确定为另一条直线. ①问先考查特殊情况下 $AD=4$ 时，有关线段的求解计算. ②问再研究整个运动过程中，相关的动态变化的线段的有关等量关系，以及其中蕴藏的最值问题. 其中的难点在于对题意背后数学思想的理解.

总之，问题的设计是基于对学生数学理解的考查，基于四基四能的过程性考查，基于对数学核心素养的考查与教学导向.

五、命题拓展

总结前面几稿的试题，还可以总结思考本题的其他改编方案：

方案一：改变原题等边三角形背景.

可以改为特殊矩形或菱形，或者等腰直角三角形或者含 30°角的直角三角形（三角板）等，也可以设计有关动态的折叠问题或者旋转变化问题. 本题设计过程都是先基于等边三角形背景的设计，目的就在于先研究好基于等边三角形背景的设计，再把其设计思路迁移到其他背景.

方案二：改变动点运动的元素.

比如改变动点所在的路径可以从线段改成射线或直线；还可以改成折线；还可以关注动点的个数，单动点、双动点的改变；还可以改变动点之间的关联条件. 如下图的一些初步思考.

如图，△ABC 为等边三角形，边长为 6，D 为边 AB 上一点，E 为△ABC 的外接圆上一点，点 E 绕点 D 顺时针旋转 α 得到对应点 F，

可以调整旋转角 α = $\boxed{-90}$°

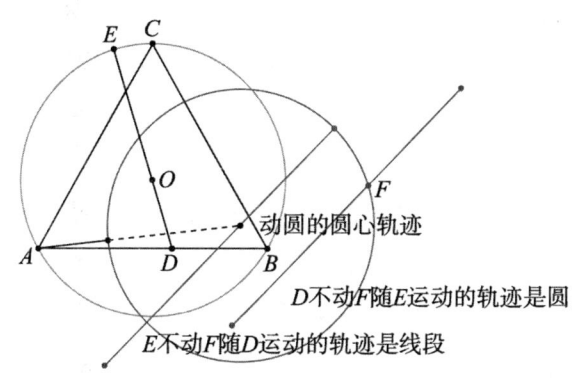

图 17

方案三：改变折叠与旋转等有关元素在其中的呈现方式设计，例题见前面几个初稿.

方案四：改变问题探究的方向.

可以研究几何的边与角的核心元素的求值关系判定，周长面积的求值，或者线段的比或者积或者更复杂的关系式的计算，或者关注线段之间的函数关系等.

总之，改编的基本方法就是改变数学问题的一个关键元素.

六、命题反思

题目设计上固化为等边三角形的背景，这是作茧自缚，其实可以设计为普通的等腰三角形的探究，或者普通的直角三角形的探究. 另外命题设计的初步是基于教学的题组设计，但是中考命题与教学中的例题或练习的设计有着本质不同，中考命题需要基于考查的有效性；命题设计的出发点是促进学生的数学关键能力的培养，促进学生对数学思想方法的理解与运用.

如图 18，在等腰△ABC 中，AB = AC，∠B = α，点 D，E 分别位于边 BC，AB 上，连接 DE，将 DE 绕点 D 顺时针旋转角度 α 得到 DF，连接 EF.

(1) 当 $BD=BE$ 时，求证：$EF/\!/BC$；

(2) 当 $\alpha=45°$ 时，若点 F 恰好在边 AB 上（含 A 点），求 BD 与 BE 之间的数量关系，并求出 BE 的最大值；

(3) 当点 F 落在边 AC 上时，求 BD，BE，BC 之间的数量关系.

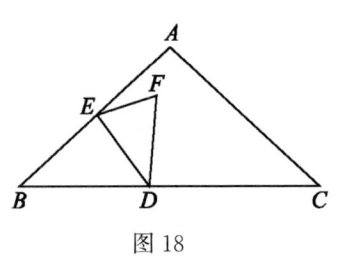

图 18

5.2 问题设置层次分明 几何轨迹隐含最值

一、试题展示

如图 1，已知在平面直角坐标系中，$A(-2,0)$，点 B 是函数 $y=-\sqrt{3}x$ 的图象上的动点，以 AB 为边作矩形 $ABCD$，$\dfrac{AD}{AB}=\sqrt{3}$，且点 C 始终落在 x 轴的上方.

(1) 如图 1(a)，若点 D 在 x 轴上时，求点 C 的坐标；

(2) 如图 2(b)，若点 D 不在 x 轴上，当点 B 在函数 $y=-\sqrt{3}x$ 的图象上运动时（不与原点重合），请问 $\angle PAC$ 与 $\angle ABO$ 有怎样的数量关系？请说明理由；

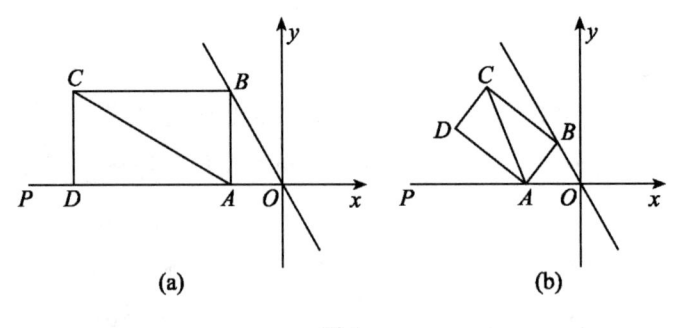

图 1

(3) 连接 OD，则在点 B 运动的过程中，线段 OD 是否存在最小值？若存在，请求出线段 OD 的最小值，若不存在，请说明理由.

二、命题过程

1. 命题立意

在学生经历数与代数的运算、图形的抽象、分类、位置确定等过程中，既掌握了数与代数的基础知识，还掌握了图形与几何的基础知识和基本技能. 旨在培养学生的空间观念，形成几何直观和运算能力，发展形象思维和抽象思维；学生在观察、猜想、证明的过程中，发展了合情推理和演绎推理的能力，提高了学生数学核心素养的同时也渗透了数学思想方法.

2. 命题过程

命题思路：把上图放在平面直角坐标系里，给定一个一次函数和一个长宽比例为定值的矩形，矩形一个点固定在 x 轴上，另一个点在函数图象上运动，探究在运动的过程中角的定量关系以及动线段的最小值问题.

命题方法：在教学一次函数问题时，考虑是否可以将几何图形和函数结合起来，利用解析几何的方法解决，于是利用几何画板把动点 B 放在函数图象上运动，发现 $\angle PAC$ 和 $\angle ABO$ 的数量关系和点 B 所在的象限有关；而且线段 OD 的长度随之变化，但存在最小值. 继续探究发现，在点 B 运动的过程中，点 D 跟着动，且运动轨迹也是一条一次函数的图象；深入探究发现，可求出最小值.

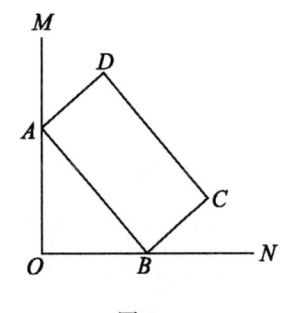

图 2

命题拓展：本题还可以拓展为把矩形换成正方形、直角三角形、菱形等，函数可以从一次函数到反比例函数、二次函数，利用相似、勾股定理、三角函数的思想解决问题，对函数背景下的几何问题及初高中衔接问题的解析几何研究具有一定的价值.

3. 试题评析

本题严格遵循考试说明，以能力立意，在考查基础知识和基本技能的同时，注重考查学生的数学思想方法及学科能力，展现了数学的科学价值和人文价值．试题具备基础性和综合性，对知识和能力实现了多角度、多层次的考查，达到了考查数学核心素养的考试要求．

本题要求学生能够掌握在平面直角坐标系背景下求矩形的顶点坐标，能利用相似三角形或者外角证明一些角之间的数量关系，能够灵活利用矩形的性质，并能在具体的推理中去探究动点带来角的定量问题和抽象问题．其中第三步可用二次函数求最值，更巧妙的是可以利用解析几何的思想去解决问题，与当代"潮流"下的初高中衔接命题模式不谋而合．

本题难度设计合理，由易到难，层次分明，符合考生的认知规律和学习特点．大部分学生都能解决第一步、想出第二步，少部分学生能突破第三步．梯度分明，逐层递进，思维起点从低逐步升高，考查学生的探索能力和创造性解决问题的能力．在保证有区分度的前提下，彰显了"以人为本"的新课标理念．

4. 解答分析

（1）点 D 在 x 轴上时，易知 $BA \perp x$ 轴，则 $AB = \sqrt{3} OA$，$BC = \sqrt{3} AB = 3OA$，再根据矩形对边平行的性质即可求点 C 的坐标；

（2）方法 1：分类讨论：若点 B 在第二象限，结合三角函数再利用 $\triangle AOB$ 的外角即可推出 $\angle PAC = \angle ABO$；若点 B 在第四象限，结合三角函数，得 $\angle ABO + \angle OAB = 60°$，$\angle CAO + \angle OAB = 60°$，则 $\angle ABO = \angle CAO$，又因为 $\angle PAC$ 与 $\angle CAO$ 互补，故 $\angle PAC + \angle ABO = 180°$．综上，$\angle PAC$ 与 $\angle ABO$ 的关系相等或者互补；

方法 2：（图 3，图 4）可过点 B 引 x 轴的垂线 BE，易证 $\angle 1 = \angle 2$，若点 B 在第二象限，由三角函数知 $\angle CAD = \angle OBE = 30°$，得出 $\angle PAC = \angle ABO$；若点 B 在第四象限，同理得 $\angle 2 = \angle DAE$，由于 $\angle 1 + \angle DAE = 180°$，因此 $\angle 1 + \angle 2 = 180°$，由三角函数知 $\angle CAD = \angle OBE = 30°$，则 $(\angle PAC - 30°) + (\angle ABO + 30°) = 180°$，即 $\angle PAC + \angle ABO = 180°$．综上，$\angle PAC$ 与 $\angle ABO$ 的关系相等或者互补；

注：还可以延长 CD（DC）构造相似三角形证明（图 5，图 6）．

图3

图4

图5

图6

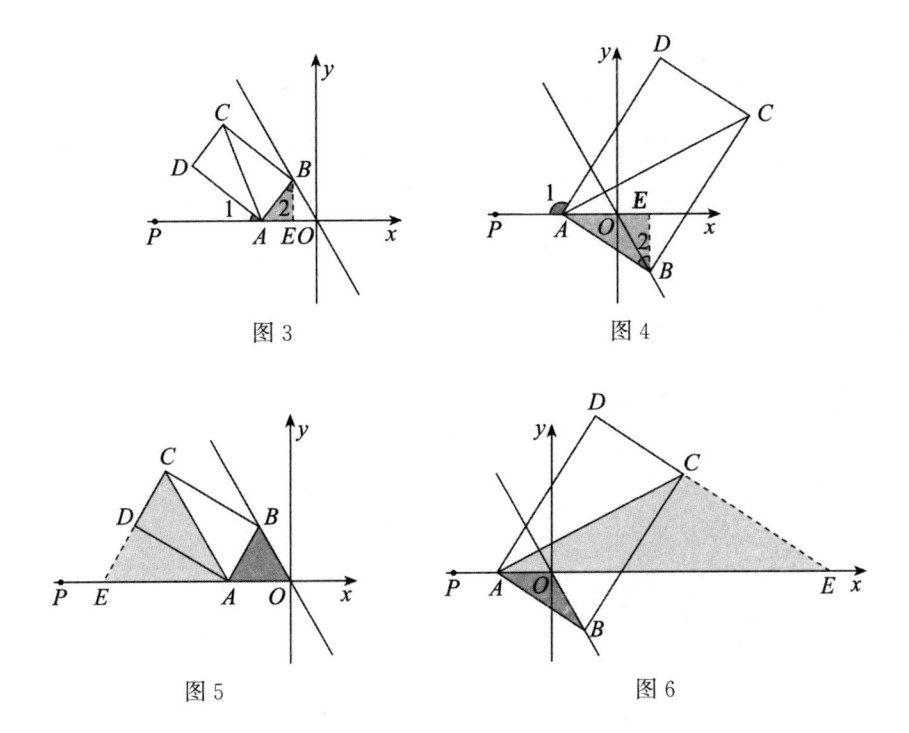

（3）方法1：（图7，图8）本题可以利用函数求最值思想解决. 分别过点 B，D 作 $BG \perp x$ 轴于 G，$DH \perp x$ 轴于 H，不妨设 $B(m, -\sqrt{3}m)$，则 $BG = \sqrt{3}|m|$，$AG = |m+2|$，由（2）知 $\triangle ABG \backsim \triangle DAH$，得 $DH = \sqrt{3}|m+2|$，$AH = 3|m|$，$OH = |3m-2|$，由勾股定理得：$OD^2 = OH^2 + DH^2 = 12m^2 + 16$，显然 $m^2 \geqslant 0$，当 $m=0$ 时，$12m^2 + 16$ 有最小值为 16，所以 OD 的最小值为 4；

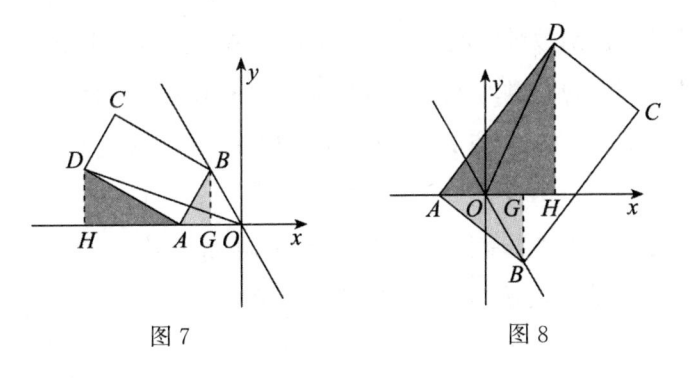

图7

图8

161

方法2：（图9，图10）本题还可以用动点轨迹解答．容易发现点 D 的运动轨迹是一条直线，只需求出这条直线的解析式即可，点 B 无论在第二还是第四象限，点 D 的轨迹都是一样的，现取点 B 位于第二象限说明：分别过点 B，D 作 $BE \perp x$ 轴于 E，$DF \perp x$ 轴于 F，由（2）知 $\triangle ABE \sim \triangle DAF$，得 $AF = \sqrt{3} BE$，$DF = \sqrt{3} AE$；不妨设 $B(t, -\sqrt{3}t)$，则可求出点 D 的轨迹为直线 $y = \frac{\sqrt{3}}{2}x + \frac{8\sqrt{3}}{3}$，显然当 OD 垂直于该直线时，OD 具有最小值，不难求出最小值为4，此时点 B 与原点重合．

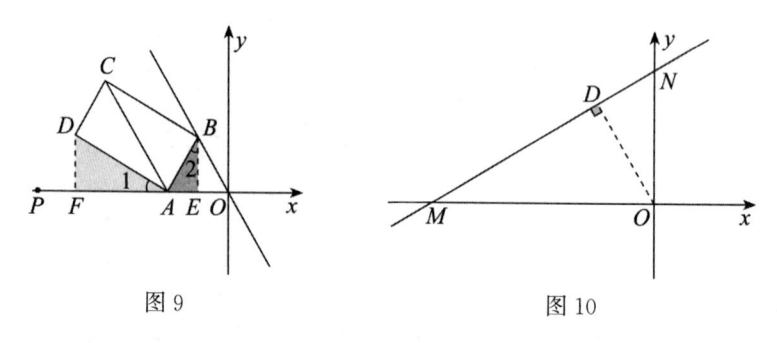

图9

图10

5. 解题反思

易错点：题目已知点 B 是直线上的动点，可能落在第二或第四象限，学生会忽略讨论第四象限；本题第二步方法比较多，可用外角解决，但"一线三等角"相似型为本步的通性解法，看到直角，想到"扶正取直"构造一线三等角；第三步设置了让矩形三个点动起来，"主动点"带着"从动点"，求 D 点和原点的距离的最小值，"一定三动"平时做的较少，做起来较为困难．当然本题可用二次函数最值问题求解，但如果考虑到初高中衔接的话，可以采用"解析几何"的思想，把点 D 的运动轨迹求出来，从而求出 OD 的最小值．然而，点 D 的轨迹和点 B 的轨迹是一样的，这又有着"瓜豆原理"的味道．

解题关键：寻找"不变量""定量"，以静制动．

方法归纳：动点轨迹为"定直线"，利用"垂线段最短"；动点轨迹为"定圆"，利用"三点共线"；动点轨迹为"曲线"，转化为三角形．

6. 总结

我们大量研究题目并不断总结归纳出"动线最值"的解题方法，主要是从单动点型和双动点型问题切入，从几何变换到寻找运动变化过程中的"不变量"，再到运动轨迹，探讨出解决该类问题的基本方法，不管是对数学教师的教学还是对学生的解题，都有很大的帮助．从宏观角度而言，当今中考动点问题题型繁多、题意创新，但换汤不换药．从动到静、动中有静、动静结合，以不变应万变，"动线最值"问题将不再是学生翻不过去的墙了．

5.3 聚焦基本模型　拓展深度思考

一、试题展示

已知，在四边形 $ABCD$ 中，$\angle ABC = \angle BCD = 90°$，点 E 是线段 BC 上的一个动点．

(1) 如图 1，$AE \perp DE$，求证：$\triangle ABE \backsim \triangle ECD$；

(2) 如图 2，$AE \perp AD$ 且 $\angle AEB = \angle DEA$，$AB = 4$，$BC = \dfrac{16}{3}$，求 BE 的长．

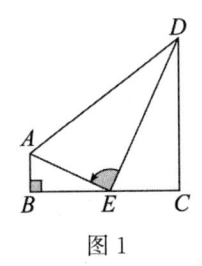

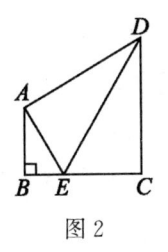

图 1　　　　图 2

二、命题过程

（一）命题立意

在数学核心素养下考查相似三角形、四边形的核心知识和基本的数学思想（函数与方程思想、转化与化归思想、数形结合思想），能较好地反映学生能力水平和思维特征，考查学生的创新意识．预测难度系数 0.5，属于中档题．解决问题时要用到识图、分析、归纳、转化的思想，主要考查运算能力、推理能力．本题背景熟悉，入手简单，题面简洁，方法灵活，聚焦基本模型，拓展深度思考，彰显数学核心素养．

（二）命题过程

1. 原始模型："一线三等角"基本模型

如图 3，点 B，E，C 在同一直线上，且 $\angle B = \angle AED = \angle C$，这一基本模型为"一线三等角"模型．易知 $\triangle ABE \backsim \triangle ECD$，如果添加条件 $AE = DE$，那么 $\triangle ABE \cong \triangle ECD$．当 $\angle B = \angle AED = \angle C = 90°$ 时，如图 4 所示，也称该模型为三垂直模型．

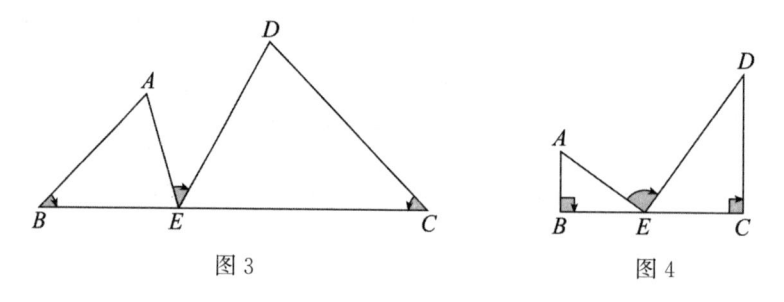

图 3

图 4

该模型在近年来数学中考试卷中经常出现，部分题目隐藏此模型，只有深刻理解该模型的内涵，才可以看透数学问题的本质，进而轻松解决问题．

2. 命题思路

旨在设计一道综合考查三角形、四边形等初中核心知识的试题，反映出其对核心知识的理解水平，本题情境较为简单，要求学生在动点变化中发现规律，有利于全面考查探索过程（函数方程思想在整个思维活动中能得到充分的体现），从而培养学生发现问题、分析问题、解决问题的能力．让学生在动态情境中建立严谨的逻辑思维及进行合情推理的思维认知．

3. 命题过程

从数学知识看，考查三角形和四边形等初中核心知识；从数学思想看，主要考查函数与方程思想，转化与化归思想；从数学能力看，考查学生逻辑思维能力和运算能力．在内容上层层递进，体现基础知识的联系性，解题方法自然生成、多样，关注学生学习和探究过程，凸显数学本质，充分考查学生的思想品质，彰显对数学核心素养的考查要求，注意题目给出的问题特征，可构造三垂直模型或其变式，搭建问题线索，形成解决程序．

【第一稿】 新人教版八下课本第 34 页第 6 题，如图 5，在正方形 $ABCD$ 中，E 是 BC 的中点，F 是 CD 上一点，且 $CF=\dfrac{1}{4}CD$，求证：$\angle AEF=90°$．

图 5

图 6

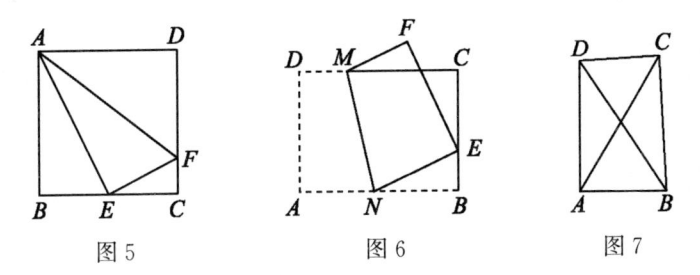

图 7

【第二稿】 如图 6，在矩形 $ABCD$ 中，$AB=8$，$BC=6$，M，N 分别为边 CD，AB 上的点，将四边形 $ADMN$ 沿 MN 翻折至四边形 $EFMN$，点 E 在 BC 边上，且 $BE=4$，求 DM 的长．

【第三稿】 如图 7，在四边形 $ABCD$ 中，$\angle BAD=\angle BCD=90°$，$\tan\angle ABD=2$，连接 AC．若 $AC=5$，求四边形 $ABCD$ 的面积．

三、解答分析

（一）思路分析

从学生熟悉而又简单的三角形相似问题出发，通过不断演变，逐渐深入研究，不仅有利于消除学生学习的畏难情绪，还能让学生积极、主动地投入到数学学习中，有利于提高学生综合解决问题的能力．

第（1）题：已知条件：三个角相等（$\angle ABC=\angle AED=\angle ECD=90°$），可得 $\angle BAE+\angle AEB=90°$，$\angle AEB+\angle CED=90°$，$\angle CED+\angle CDE=90°$，

由此∠BAE=∠CED，∠EDC=∠AEB，结论：△ABE∽△ECD.

第（2）题：在线段 AB 上有∠ABE=∠DAE=90°两个直角，考虑作辅助线借助一线三等角（K 字型全等或相似）构造相似三角形实现边角关系转化.

（二）解法呈现

第（1）题比较简单（略），重点分析第（2）题.

解法一：如图 8，过 D 作 $DH⊥BA$ 的延长线于点 H.（构造一线三等角）

设 $BE=x$，则 $△ADH∽△EAB$，

∴$\dfrac{DH}{AB}=\dfrac{AH}{EB}$，

∴$\dfrac{\frac{16}{3}}{4}=\dfrac{AH}{x}$，

∴$AH=\dfrac{4}{3}x$.

∵∠AEB=∠DEA，∠DAE=∠ABE=90°，

∴$△DAE∽△ABE$，

∴$\dfrac{AD}{AE}=\dfrac{AB}{BE}$，

∴$\dfrac{4}{x}=\dfrac{\sqrt{\left(\frac{16}{3}\right)^2+\left(\frac{4}{3}x\right)^2}}{\sqrt{4^2+x^2}}$，

解得 $x_1=3$，$x_2=-3$（舍去），

∴$BE=3$.

分析：∠DAE=∠ABE=90°，可以考虑作另一个直角，构造一线三垂直模型，通过"相似三角形+勾股定理"轻松解决，这是学生比较容易想到的解法.

解法二：如图 9，连接 AC.

∵∠DAE=∠DCE=90°，

166

∴ A，D，C，E 四点共圆，

∴ $\angle ACB = \angle ADE$.

∵ $\angle AEB = \angle DEA$，

$\angle AEB + \angle BAE = 90°$，$\angle AED + \angle ADE = 90°$，

∴ $\angle BAE = \angle ADE$，

∴ $\angle ACB = \angle BAE$，

∴ $\triangle ABE \sim \triangle CBA$，

∴ $AB^2 = BE \cdot BC$，

∴ $BE = \dfrac{4^2}{\dfrac{16}{3}}$，

∴ $BE = 3$.

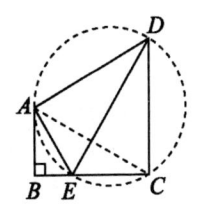

图 9

分析：$\angle DAE = \angle DCE = 90°$，可以考虑 A、D、C、E 四点共圆，通过导角得出相似，转化线段关系.

解法三：如图 10，过 D 作 $DH \perp BA$ 的延长线于 H，延长 DA，CB 交于 G.

设 $BE = x$，则 $\triangle ADH \sim \triangle EAB$，

∴ $\dfrac{DH}{AB} = \dfrac{AH}{EB}$，

∴ $\dfrac{\frac{16}{3}}{4} = \dfrac{AH}{x}$，

∴ $AH = \dfrac{4}{3}x$.

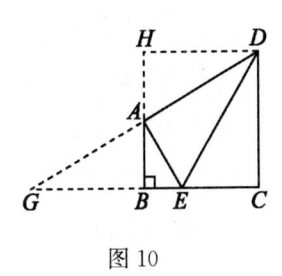

∵ $\angle AEB = \angle DEA$，$AE = AE$，

$\angle GAE = \angle DAE = 90°$，

∴ $\triangle AEG \cong \triangle AED$（ASA），

∴ $AD = AG$.

∵ $DH \parallel BC$，

∴ $AH = AB$，

图 10

167

$\therefore 4 = \frac{4}{3}x$,

$\therefore BE = 3$.

解法四：如图 11 过 A 作 $AF \perp DE$ 的于点 F，过 D 作 $DH \perp BA$ 的延长线于点 H.

$\because \angle AEB = \angle DEA$，$\angle ABE = \angle AFE = 90°$，

$\therefore AB = AF = 4$，$BE = EF$.

$\because \angle AEF + \angle ADE = 90°$，$\angle DAF + \angle ADE = 90°$，

$\therefore \angle DAF = \angle AED$.

$\because \angle AFD = \angle AFE = 90°$,

$\therefore \triangle AEF \sim \triangle DAF$,

$\therefore AF^2 = EF \cdot DF$,

$\therefore DF = \frac{16}{DF}$,

$\therefore DF = \frac{16}{BE}$.

$\because \angle DAE = 90°$，$\angle BAE = \angle EAF$,

$\therefore \angle DAF = \angle DAH$.

又 $AD = AD$,

$\therefore \triangle DAF \cong \triangle DAH$（AAS），

$\therefore DH = DF$,

$\therefore \frac{16}{3} = \frac{16}{BE}$,

$\therefore BE = 3$.

分析：解法三、四由 AB 上有两个直角，联想到"一线三直角"模型，通过"全等＋相似"转化线段，问题迎刃而解！

四、试题评析

本题是一道几何综合题，要熟练掌握四边形的核心知识及三角形相似的

判定和性质的综合运用.本题起点不难,具有"低起点、宽入口、坡度缓、步步高、窄出口"的分层考查的特点,考查学生的综合运用知识解决问题的能力.以直角梯形为依托,以动点的变化形式综合考查了两个三角形相似、两个三角形全等、角平分线性质等知识,找到正确的思路是解决问题的关键.

由线段 AB 上有两个直角考虑到作辅助线借助一线三等角构造相似三角形实现边角关系转化,体现了数学的育人价值.本题题干简洁,难度虽然不大,但是知识涵盖量大,考查的知识点多,主要考查学生知识综合应用的能力,试题解法灵活、方法多样、解法较多.

从数学核心素养上看,培养学生从数学角度出发的问题意识,关注学生"发现和提出问题,分析和解决问题"的能力评价,用数学思维分析和解决问题(几何直观),学生用数学语言表达问题,培养学生合情推理和演绎推理的能力,体现出对学生知识内化的数学核心素养的考查.

从知识层面上看,主要考查两个三角形全等或相似,勾股定理等.

从考查能力层面上看,考查学生知识迁移能力,识图能力和推理能力.

从"三垂直"模型角度出发,通过构造相似三角形进而解决问题,由于 Rt△ABE 的边长关系无法确定,因此处理起来相对繁琐;通过引入变量,最终化简消元,体现了数形结合的数学思想,能更清晰地感悟到变中不变的规律.

五、命题拓展

变式与拓展 1:如图 12,$\angle B=\angle C=90°$,$AE\perp DE$ 且 $AE=DE$,$CD=4$,$BC=\dfrac{16}{3}$,求 AB 的长.

变式与拓展 2:如图 13,$\angle ABC=\angle C=90°$,$AE\perp DE$,$AB=BC=6$,$CD=1.5$,求 BE 的长.

变式与拓展 3:如图 14,$\angle ABC=\angle C=90°$,$AE=DE=AD$,$AB=4$,$BC=\dfrac{16}{3}$,求 BE 的长.

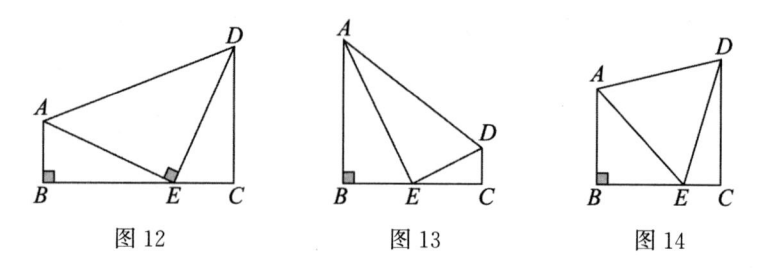

图 12　　　　　　　图 13　　　　　　　图 14

变式与拓展 4：如图 15，$\angle ABC=\angle C=90°$，$\angle ADB=45°$，$AB=5$，$BC=3$，求 CD 的长.

变式与拓展 5：如图 16，$\angle B=\angle C=90°$，$\angle ADE=45°$，$AB=4$，$BC=CD=6$，求 BE 的长.

变式与拓展 6：如图 17，$\angle B=\angle C=90°$，$AB=BC=6$，$AD\perp AE$，AF 平分 $\angle DAE$ 交 CD 于 F，$\sin\angle BAE=\dfrac{\sqrt{10}}{10}$，求 EF 的长.

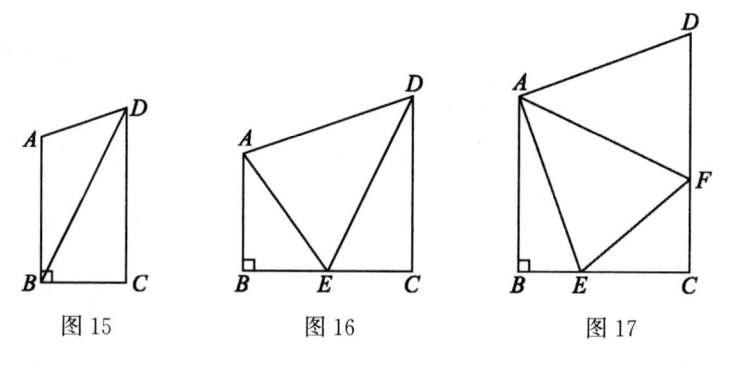

图 15　　　　　　　图 16　　　　　　　图 17

变式与拓展 7：如图 18，$AB=4$，$BC=9$，$CD=4.5$，$\angle B=\angle AED=\angle C$，求 BE 的长.

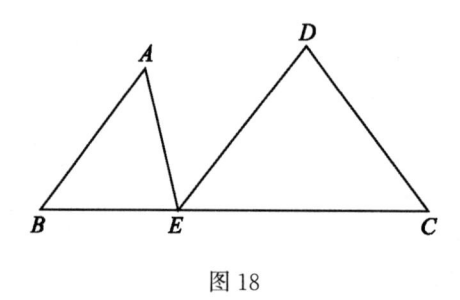

图 18

六、命题反思

原题中以直角三角形为背景,将原来三垂直模型进一步拓展到更一般的一线三等角的情况,得到进一步提升,并利用其解决问题.

首先,关注基本模型,聚焦问题表征. 在此过程中引导学生思考,寻找几何图形中存在的基本模型,搭建问题线索,立足从问题表征的角度去比较问题解决思路的异同,形成初步解题步骤.

其次,抓住通解通法,形成解题思路. 让学生掌握处理一个基本模型的方法,理解方法背后所隐含的数学思想,知道如何应用到其他情境中去,发展学生的数学建模素养和逻辑推理素养. 变式拓展变化的是题目,不变的是通法通解,通过对问题变式的探究和原问题的推广,帮助学生掌握一类数学问题的通解通法,进而形成解题模式.

第一,题中的隐含条件,关键点:"一线三等角"模型中只出现两个直角,把另一个直角进行了隐藏,而这就要求学生理性地从图形的角度进行思考与联想,发现其中最本质的特征,挖掘蕴含在图中的几何模型. 本题均较好地体现了对"四基"的综合考查,提升了学生思维的层次性和灵活性. 若学生能充分利用题中所给的已知两个直角,通过"找角,定线,搭框架",让模型"现出原形",则解题思路便会油然而生,豁然开朗.

第二,基本模型:由线段 AB 上有两个直角,考虑作辅助线借助"一线三等角"(K 字型全等或相似)构造相似三角形实现边角关系转化. 立足于基本模型是解决几何问题的一个基本套路,本题第(2)题的多种解题思路的探索都立足于常见的基本模型(相似或全等三角形,"一线三等角"),让学生的思维自然生长,思路一目了然,解题方法就会不断涌现. 本题的"一线三等角"并非直观呈现,而是隐藏在所给的图形中,这就需要通过观察辨别和分析探究,合理地予以构造,挖掘出图中隐藏的"一线三等角". 教师可引导学生通过对不同解法的探究和感悟,利用图形特征,搭建问题线索,初步形成本题的解题步骤为:直角三角形—三垂直模型—构造相似三角形. 若问题中存在两个直角三角形,则应优先通过其构造三垂直模型找相似三角形,将其作为解决问题的切入点.

第三，解题反思：通过添加适当的辅助线构造三角形全等或相似，进行边角之间的转化是解决几何求值最常用的方法．利用基本模型来解决数学问题确实有效，但是我们的课堂教学中不能"模型公式化"，要更多地关注数学本质，引导学生主动建构，少一点教师先入为主的机械灌输；要顺应学生的认知逻辑，避开"模型"陷阱，扣住问题本质属性，掌握数学知识与方法，发展数学能力．

第四，拓展点：通过变式练习，有意识地把教学过程施行为数学思维活动的过程，充分调动和展示学生的思维过程，让学生积极、主动地参与教学的全过程，培养学生独立分析和解决问题的能力，以及大胆创新、勇于探索的精神，从而真正把学生能力的培养落到实处．通过拓展变式教学，使一题多用，多题重组，常给人以新鲜感，能唤起学生的好奇心和求知欲，因而能产生主动参与的动力，保持其参与学习的兴趣和热情．

第六章 含参函数最应景

6.1 变换中探究性质 位置中寻找关系

一、试题展示

已知二次函数的解析式为 $C: y = -x^2 + 4mx - m$.

（1）不论 m 取何值，抛物线 C 的顶点都在某一函数 D 的图象上，求函数 D 的解析式；

（2）若 $m = 1$，将抛物线 C 沿着直线 $y = 2x$ 的方向平移，得到的抛物线与 x 轴交于 A，B 两点，且 $AB = 4$. 求平移后的抛物线的解析式；

（3）当 $0 < x < 4$ 时，函数 C 与直线 $y = x + m$ 的图象有两个不同的交点，求 m 的取值范围.

二、命题过程

（一）命题立意

二次函数是中考的一个重要的考点，也是一个常考的难点，以二次函数为载体考查函数或几何是中考数学压轴题的重点内容，是数形结合的完美体现，具有较强的综合性、灵活性和开放性. 而含参抛物线的有关计算更是中考压轴题里面常考的题型，本题立足于教材二次函数的基础知识、基本技能和基本方法的考查，从一个参数出发考查二次函数的顶点坐标、解析式的求解及函数图像基本概念等；本题将平移问题从一般的上下左右平移变式为沿某条斜线平移，是将二次函数与平面几何进行综合，突出对数形结合能力的考查；解题过程需要一定的探究过程，同时也需要考虑二次函数与一元二次方程之间的联系，考查学生的探究能力、数形结合能力、获取并处理信息的能力以及综合运用数学知识解决问题能力.

（二）命题过程

1. 原始模型

原始模型1：（2019年莆田市质检）函数 $y_1 = kx^2 + ax + a$ 的图象与 x 轴交于点 A，B（点 A 在点 B 的左侧），函数 $y_2 = kx^2 + bx + b$ 的图象与 x 轴交于点 C，D（点 C 在点 D 的左侧），其中 $k \neq 0$，$a \neq b$.

（1）求证：函数 y_1 与 y_2 的图象交点落在一条定直线上；

（2）若 $AB = CD$，求 a，b 和 k 应满足的关系式；

（3）是否存在函数 y_1 与 y_2，使得 B，C 为线段 AD 的三等分点？若存在，求 $\dfrac{a}{b}$ 的值；若不存在，说明理由.

原始模型2：（2018年湖州中考）在平面直角坐标系 xOy 中，已知点 M，N 的坐标分别为（-1，2），（2，1），若抛物线 $y = ax^2 - x + 2$（$a \neq 0$）与线段 MN 有两个不同的交点，则 a 的取值范围是（　　）

A. $a \leqslant -1$ 或 $\dfrac{1}{4} \leqslant a < \dfrac{1}{3}$　　　　B. $\dfrac{1}{4} \leqslant a < \dfrac{1}{3}$

C. $a \leqslant \dfrac{1}{4}$ 或 $a > \dfrac{1}{3}$　　　　D. $a \leqslant -1$ 或 $a \geqslant \dfrac{1}{4}$

2. 命题思路

初中的二次函数是一个重要的考点，含参抛物线的有关计算更是中考压轴题里常考的题型，这类题型的常见特点是恒过定点问题、顶点位置问题、与 x 轴的交点问题等，这些类型的题目主要是为了考查学生对二次函数基本知识的掌握程度，学生利用数形结合及综合应用所学知识解决问题的能力.本次的命题以二次函数在初中课程中的重要性及含参二次函数常见题型的特点作为切入点，主要为了考查二次函数的顶点坐标、函数解析式、一元二次方程根的存在性、韦达定理等基本知识与概念的应用，考查学生数形结合与化归、转化等数学思想方法的掌握，同时也考查学生综合运用所学知识及探究的能力．

3. 命题过程

一道试题应注重对学生的基础知识、基本技能、基本思想方法的考查，而在课程标准对二次函数基本性质的考查达到探究性理解的水平．命题源于教材、立足基础、关注本质、内隐探究及考查能力的目的．本试题的设置是为了考查二次函数的综合知识、培养学生"析数画形"和"释形读数"的能力，围绕二次函数最核心、最本质的特征进行命题．

【初稿题目】 已知二次函数的解析式为 $C：y=-x^2+4mx-m$．

（1）不论 m 取何值，抛物线 C 的顶点都在某一函数 D 的图象上，求函数 D 的解析式；

（2）将抛物线 C 沿着直线 $y=2x$ 的方向平移，得到的抛物线与 x 轴交于 A，B 两点，且 $AB=4$，求 m 的值；

（3）当 $0<x<4$ 时，函数 C 与直线 $y=x$ 的图象有两个不同的交点，求 m 的取值范围．

分析：初稿中第（1）问考查已知函数顶点坐标的计算方法及观察两个代数式之间所满足的等式关系；第（2）问在第（1）问求出顶点坐标的基础上与平移问题相结合，解题只需要利用顶点坐标在已知直线上、与 x 轴的交点坐标求法及两点间的距离公式即可求出，思路略显简单，需要加深难度，但又不能过于复杂．

【第二稿】 主要改动在于将第（2）问改为：若 $m=1$，将抛物线 C 沿着直线 $y=2x$ 的方向平移，得到的抛物线与 x 轴交于 A，B 两点，且 $AB=4$，求平移后的抛物线的解析式；

分析：改动后的第（2）问取定 m 的值，将抛物线特殊化，让学生领会从一般到特殊的过程；在求解过程中需要求出平移过程中顶点坐标所在的直线，可借助图形来感知，培养学生数形结合的思想．求解第（3）问只需要联立已知抛物线与直线方程，结合转化思想或一元二次方程的相关知识即可解决，但数学计算能力也是一个重要的目标,此题计算过程比较简单,因此,考虑将直线方程复杂化,将其认为是一条与 m 有关的直线.

【第三稿】 主要改动在于将第(3)问改为:当 $0<x<4$ 时,函数 C 与直线 $y=x+m$ 的图象有两个不同的交点,求 m 的取值范围.

在整个题目的设计与修改过程中,考虑到常见的题型是顶点位置在某个已知的函数图象上求参数,那么反过来的问题当然也值得探究,于是设计出第(1)小题,该问题与原始模型有异曲同工之处;考虑到二次函数图象的变换一般是上下左右平移,这类平移后的函数解析式学生可以用平移规律求得平移后的函数解析式,而如果沿着某一条斜线方向平移呢?于是设计第(2)问;两个函数的交点问题可以转化为一个函数与 x 轴的交点问题,考查学生综合应用知识的能力,于是设计第(3)问.

三、解答分析

(一)思路分析

本题的设计是一道二次函数的综合题,在求解过程中认真审题、理解题意、探究解题思路,最后正确作答. 不仅要考虑二次函数的基本知识概念,也要考虑题目所隐含的重要数学思想,如转化与化归思想、数形结合思想及方程的思想等,正确认识图形的特征与数、式之间的关系,从而确定正确的解答思路. 解题有三个思维层次,即一般性解决,即明确解题的总体方向;功能性解决,即选择解题方法;特殊性解决,即利用数学知识和技巧具体解答问题. 接下来,我们对每一小题从解题的这三个思维层次依次说明本题的解题思路.

第(1)问中抛物线 C 的顶点是与 m 有关的量,我们要根据"不论 m 取何值,抛物线 C 的顶点都在某一函数 D 的图象上"这一条件求出函数 D 的解析式,相当于要找出抛物线 C 的顶点坐标所要满足的等式关系(一般性解决);为了找等量关系,需要求出 C 的顶点坐标,探索顶点坐标之间的等量关系(功能性解决);根据二次函数顶点坐标公式求出顶点坐标,并建立等式关

系求得函数 D 的解析式（特殊性解决）．这一小题求解的关键点在于求出顶点坐标并探究坐标之间的关系，而易错点在于含参二次函数由一般式转化为顶点式学生在计算上容易出现问题．

第（2）问要求抛物线沿斜线平移后的解析式，只要确定顶点位置就可以了，也就是说相当于找出满足"抛物线 C 沿着直线 $y=2x$ 的方向平移，得到的抛物线与 x 轴交于 A，B 两点，且 $AB=4$"的抛物线的顶点坐标就可以了（一般性解决）；为了求出平移后的顶点坐标，我们需要知道抛物线沿斜线平移有什么特点，满足什么样的等式，根据这些特点和等式关系求出顶点坐标（功能性解决）；根据平移后的抛物线顶点均在一条与直线 $y=2x$ 平行的直线上的特点可以根据"设横表纵"的方法写出顶点坐标，再利用平移后的抛物线与 x 轴两个交点的距离为 4 这一条件，结合两点间的距离公式和一元二次方程的韦达定理求出顶点坐标（特殊性解决）．在解题过程中，关键是利用数形结合的思想找出抛物线沿斜线平移有什么特点，这也是本小题的一个易错点和难点．

第（3）问中要根据"当 $0<x<4$ 时，函数 C 与直线 $y=x+m$ 的图象有两个不同的交点"这一条件求出 m 的取值范围，相当于根据两个函数的交点问题所满足的式子寻找 m 所满足的不等式（一般性解决）；要寻找 m 所满足的不等式，则需要将两个函数的交点问题，通过方程的思想建立 x 和 m 所满足的数学关系式，再结合已知 x 的取值范围通过方程思想或函数思想得到（功能性解决）；通过联立函数 C 与直线 $y=x+m$ 的解析式可以得到一个关于 x 和 m 的一元二次方程，根据函数有两个交点相当于这个一元二次方程有两个实根的特点，再根据一元二次方程有两个实根等价于所对应的一元二次函数与 x 轴有两个交点和已知 x 的取值范围，作出草图，得出 m 所满足的不等式，最后通过解不等式组求出 m 的取值范围（特殊性解决）．本小题的关键点在于利用数形结合的数学思想方法，将抛物线与斜线段之间的交点问题转化成新抛物线与 x 轴间的交点问题，具有"化斜为直"的作用，将原本复杂的问题简单化，体现了数学中的数形结合与化归的思想．同时为抛物线与斜线段交点问题提供了一般性的解答思路．

（二）解法呈现

解：(1) $\because y = -x^2 + 4mx - m = -(x-2m)^2 + 4m^2 - m$,

$\therefore$ 抛物线 C 的顶点坐标为 $(2m, 4m^2 - m)$.

令 $\begin{cases} x = 2m, \\ y = 4m^2 - m, \end{cases}$ 解得 $y = x^2 - \dfrac{1}{2}x$,

$\therefore$ 函数 D 的解析式为 $y = x^2 - \dfrac{1}{2}x$.

(2) 当 $m = 1$ 时，抛物线 C 为：$y = -x^2 + 4x - 1 = -(x-2)^2 + 3$.

过抛物线 C 的顶点 $(2, 3)$ 作一条与 $y = 2x$ 平行的直线 l,

易得直线 l 的解析式为 $y = 2x - 1$,

则平移后的抛物线顶点均在直线 l 上，如图 1 所示：

设平移后的抛物线的顶点为 $(n, 2n-1)$,

则平移后的抛物线解析式为：

$y = -(x-n)^2 + 2n - 1$,

抛物线与 x 轴交于点 $A(x_1, y_1)$，$B(x_2, y_2)$,

令 $y = -(x-n)^2 + 2n - 1 = 0$,

得：$x^2 - 2nx + n^2 - 2n + 1 = 0$,

$\therefore x_1 + x_2 = 2n$，$x_1 x_2 = n^2 - 2n + 1$,

$\therefore AB = |x_1 - x_2| = \sqrt{(x_1+x_2)^2 - 4x_1 x_2}$

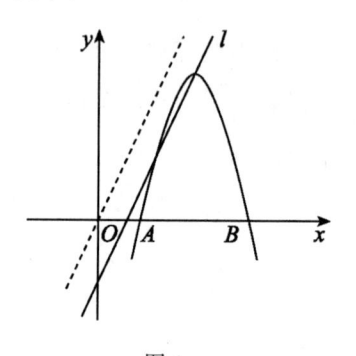

$= \sqrt{8n-4}$,

$\therefore \begin{cases} \sqrt{8n-4} = 4, \\ \Delta = (-2n)^2 - 4(n^2 - 2n + 1) > 0, \end{cases} \therefore n = \dfrac{5}{2}$,

图 1

$\therefore$ 平移后的抛物线解析式为：$y = -\left(x - \dfrac{5}{2}\right)^2 + 4$.

(3) 法一：(数形结合思想)

由 $\begin{cases} y = -x^2 + 4mx - m \\ y = x + m \end{cases}$ 得，$x^2 + (-4m+1)x + 2m = 0$.

当 $0 < x < 4$ 时，函数 C 与直线 $y = x + m$ 的图象有两个不同的交点等

178

价于：

当 $0<x<4$ 时，函数 $y=x^2+(-4m+1)x+2m$ 与 x 轴有两个不同的交点.

当 $x=0$ 时，$y=2m$；

当 $x=4$ 时，$y=-14m+20$.

作出函数 $y=x^2+(-4m+1)x+2m$ 的图象，如图 2 所示，

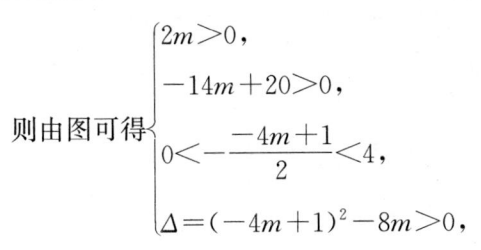

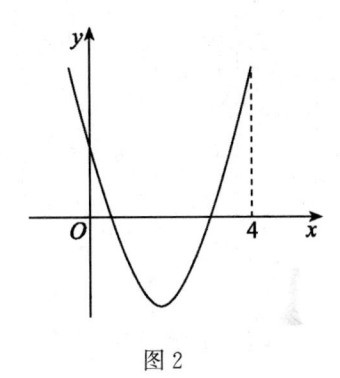

则由图可得 $\begin{cases} 2m>0, \\ -14m+20>0, \\ 0<-\dfrac{-4m+1}{2}<4, \\ \Delta=(-4m+1)^2-8m>0, \end{cases}$

图 2

$\therefore \begin{cases} m>0, \\ m<\dfrac{10}{7}, \\ \dfrac{1}{4}<m<\dfrac{9}{4}, \\ m>\dfrac{2+\sqrt{3}}{4} \text{ 或 } m<\dfrac{2-\sqrt{3}}{4}, \end{cases}$

$\therefore \dfrac{2+\sqrt{3}}{4}<m<\dfrac{10}{7}$.

法二：（韦达定理）

由 $\begin{cases} y=-x^2+4mx-m \\ y=x+m \end{cases}$ 得，$x^2+(-4m+1)x+2m=0$.

当 $0<x<4$ 时，函数 C 与直线 $y=x+m$ 的图象有两个不同的交点等价于：

方程 $x^2+(-4m+1)x+2m=0$ 有两个不相等的根 x_1，x_2，

则可得到不等式组 $\begin{cases} 0 < x_1 < 4, \\ 0 < x_2 < 4, \\ \Delta = (-4m+1)^2 - 8m > 0, \end{cases}$

$\therefore \begin{cases} x_1 + x_2 = 4m - 1 > 0, \\ x_1 x_2 = 2m > 0, \\ x_1 - 4 + x_2 - 4 = 4m - 8 < 0, \\ (x_1 - 4)(x_2 - 4) = -14m + 20 > 0, \\ \Delta = (-4m+1)^2 - 8m > 0, \end{cases}$

$\therefore \dfrac{2+\sqrt{3}}{4} < m < \dfrac{10}{7}.$

四、试题评析

本试题突出初中数学学科的特点，着重考查学生的综合运用数学思维方法（数形结合、转化等）分析问题、解决问题的能力，试题以学科素养为导向，比较全面地覆盖二次函数和一元二次方程的基础知识（顶点坐标、解析式、与轴的交点坐标、求根公式、韦达定理等），体现全面性、基础性的考查要求；通过考查二次函数与一元二次方程的联系、二次函数与平移的结合凸显综合性．试题以数学基础知识为载体，重点考查学生的理性思维和逻辑推理能力，固本强基，为高中的数学学习奠定一定的基础．第（1）问通过由解析式及顶点坐标公式求点的坐标，已知条件中点在某一函数图象，本质是顶点坐标所满足的函数关系式，考查学生分析、猜想能力，尝试从不同角度考查学生获取"数"与"形"的相关信息，属于基础性考查．第（2）问表面是抛物线的平移，实质是顶点位置的变化，有利于学生综合运用数学知识来解决问题，涵盖了方程和函数等知识，确保了试题具有较好的效度和可推广性．第（3）问转换条件，进一步考查函数图象特点与方程之间的关系．有利于学生猜想、分析和推理，又能考查数形结合、方程与函数、转化等思想和方法，以此考查并进而增强学生的探索能力、发现能力、获取并处理信息的能力、综合运用数学知识能力和创新能力．

五、命题拓展

二次函数与平面几何的综合命题，能够考查学生对代数与几何之间的掌握程度，综合运用所学知识解决问题的能力，以及能很好地考查学生数形结合及探究能力．因此，本题还可以通过在平面直角坐标系中将二次函数与平面几何的三角形、对称等知识结合起来，作出如下三种方式的拓展：

拓展方案一：顶点若要求在一个固定的三角形内部，求参数 m 的取值范围；也可以是顶点是在已知三角形的内部的整点，求 m 值．

拓展方案二：题（2）中平移后抛物线的顶点和与 x 轴两个交点若构成等边三角形，求 m 值．

拓展方案三：结合抛物线与 x 轴，y 轴对称后的图形进一步分析与直线 $y=x+4$ 的交点个数问题．

六、命题反思

函数既是初中数学中的一个重要的基础知识，也是核心内容，它体现了一种重要的数学思想．数学与实际生活问题往往也是通过函数建立联系，同时函数也涵盖了其他不同的数学知识，是中考数学试卷中不可或缺的重要内容．而二次函数是初中数学学习的重点与难点，也是高中进一步学习的重要内容，初中的学习为高中奠定一定的基础．关于二次函数的命题一般是结合图象的平移、几何图形或由点的运动导致几何图形的变化等，这种命题思路让代数与几何有机结合起来，可以培养学生数形结合的数学思想方法．在实际问题或综合问题中，一般会利用函数思想来确定或选择运用函数，通过建立函数模型，并根据函数的相关性质、函数与方程的关系等来解决相应的问题，突出考查函数思想在动态几何中的运用，考查学生综合应用数学知识的能力．以二次函数为背景的试题能够全面考查用数析形、以形析数的技能与计算能力，在考查学生思维的灵活性、创新性及广阔性等方面具有较高的效度．本试题紧扣中考热点，关注数学思想方法和思维能力的考查，在一定程度上能够反映学生综合利用知识解决问题的能力．

6.2 构造参数函数 考查建模应用

一、试题展示

已知二次函数 $y=ax^2-2ax+2am-am^2(m<1)$，$P(1,-1)$.

(1) 若 $a=1$.

①求证：二次函数与 x 轴有两个交点；

②抛物线与 x 轴的两个交点为 A，B，且点 A 在点 B 的左边. 连接 AP，BP，若在 AB，BP，AP 所围成区域内（含边界），横坐标和纵坐标都为整数的点的个数为 4 个，求 m 的取值范围；

(2) 若抛物线过点 P，与 x 轴两交点坐标为 (x_1, y_1)，(x_2, y_2)，令 $g(a)=-ax_1+x_1 \cdot x_2-ax_2$，求 $g(a)$ 的最大值.

二、试题命制

(一) 命题立意

本试题关注了与高中数学六大核心素养对接，第 (2) 题着重关注高中"四基"和"四能"的培养与发展. 从终身发展角度，关注当学生忘记"数学"之时，能否具备数学的能力、眼光、思维.

(二) 命题过程

1. 原始模型

在平面直角坐标系中，点 $A(a, 0)$，点 $B(2-a, 0)$，且点 A 在点 B 的左边，点 $C(1, -1)$，连接 AC，BC，若在 AB，BC，AC 所围成区域内（含边界），横坐标和纵坐标都为整数的点的个数为 4 个，那么 a 的取值范围为 (　　)

A. $-1<a\leqslant 0$　　　　B. $0\leqslant a<1$

C. $-1<a<1$　　　　D. $-2<a<2$

2. 试题改编

函数是贯穿初中数与代数课程学习的一条主线，二次函数更是中考命题的压轴试题. 在第（1）题中考查根的情况和整点的个数，在看到下面这道题目时，就想把它放在二次函数的背景下，让 A，B 两点成为抛物线与 x 轴的两个交点，把 $m<1$ 当作已知条件去判断点 A，B 的大致位置，相对原题降低难度，学生能自然而然找到一个整点 $(1,0)$，但是 A，B 两点要么同为整数，要么不同为整数，从而得到 $2\leqslant 2-m<3$，这个过程相对较难，区分度明显. 再让点 P 在抛物线上，得到 a 与 m 的关系式，消元得到只含参数 a 的二次函数，再定义一个关于 a 的关系式 $g(a)$，求 $g(a)$ 的最值问题.

三、解题分析

（一）思路分析

第（1）题①用根的判别式来判别根的情况，也可以通过求根公式或因式分解直接求出这两个交点坐标，从而得证. ②通过求根公式或因式分解求得 A，B 两点的坐标，把 $m<1$ 当作已知条件去判断点 A，B 的大致位置，学生能自然而然找到一个整点 $(1,0)$，再由点 P 的坐标知道整点只能在线段 AB 上，从而得到 $2\leqslant 2-m<3$. 第（2）题让点 P 在抛物线上，得到 a 与 m 的关系式，消元得到只含参数 a 的二次函数，再定义一个关于 a 的关系式 $g(a)$，求 $g(a)$ 的最值问题，用到一个结论：当 $a=b$ 时，$a+b\geqslant 2\sqrt{ab}$ $(a>0, b>0)$，当且仅当 $a=b$ 时，等号成立，注重初高中衔接. 也可用配方法得到这个结论，从而求出 $g(a)$ 的最大值.

（二）解法呈现

(1) ① $\because a=1$，

$\therefore y=x^2-2x+2m-m^2$.

令 $y=0$，则 $x^2-2x+2m-m^2=0$，

$\therefore \Delta=b^2-4ac=4-4(2m-m^2)=4(1-m)^2$.

∵ $m<1$,

∴ $4(1-m)^2>0$,

∴ $\Delta>0$,

∴ 二次函数与 x 轴有两个交点.

② $y=x^2-2x+2m-m^2=(x-m)(x-2+m)$.

令 $y=0$，则 $x_1=m$，$x_2=2-m$.

∵ $m<1$,

∴ $2-m>1$.

∵ A 在 B 的左边,

∴ $A(m,0)$，$B(2-m,0)$.

记 AB，BP，AP 所围成的区域（含边界）为区域 M，则落在区域 M 的横坐标和纵坐标都为整数的点的个数为 4 个.

∵ $P(1,-1)$，$A(m,0)$，$B(2-m,0)$,

∴ 区域 M 的内部（不含边界）没有横坐标和纵坐标都为整数的点,

∴ 已知的 4 个横坐标和纵坐标都为整数的点都在区域 M 的边界上.

∵ $P(1,-1)$ 的横坐标和纵坐标都为整数,

∴ 其余 3 个点都在线段 AB 上.

又∵ $m<1<2-m$,

∴ 线段 AB 上有一个横坐标和纵坐标都为整数的点 $(1,0)$,

∴ 线段 AB 上还有 2 个整点且 A，B 两点要么同为整数，要么不同为整数,

∴ $2 \leqslant 2-m<3$,

解得 $-1<m\leqslant 0$.

(2) ∵ 抛物线过点 P,

∴ $a-2a+2ma-am^2=-1$,

得 $2m-m^2=-\dfrac{1}{a}+1$ 即 $(m-1)^2=\dfrac{1}{a}>0$,

∴ $y=ax^2-2ax+a-1$，$a>0$.

又$\because \Delta=(2a)^2-4a(a-1)=4a>0$,

$\therefore$ 抛物线过点 P，与 x 轴有两个交点，坐标为 (x_1,y_1)，(x_2,y_2),

$\therefore \begin{cases} x_1+x_2=2, \\ x_1x_2=\dfrac{a-1}{a}, \end{cases}$

$\therefore g(a)=-ax_1^2+x_1x_2-ax_2^2=-a(x_1+x_2)+x_1x_2=-2a-\dfrac{1}{a}+1$.

$\because a>0$,

$\therefore 2a+\dfrac{1}{a}=\left(\sqrt{2a}-\sqrt{\dfrac{1}{a}}\right)^2+2\sqrt{2a}\cdot\sqrt{\dfrac{1}{a}}$,

$\therefore$ 当 $\left(\sqrt{2a}-\sqrt{\dfrac{1}{a}}\right)^2=0$，即 $\sqrt{2a}=\sqrt{\dfrac{1}{a}}$，解得 $a=\dfrac{\sqrt{2}}{2}$ 时，$2a+\dfrac{1}{a}\geqslant 2\sqrt{2a\cdot\dfrac{1}{a}}=2\sqrt{2}$,

$\therefore -\left(2a+\dfrac{1}{a}\right)\leqslant -2\sqrt{2}$,

$\therefore g(a)=-\left(2a+\dfrac{1}{a}\right)+1\leqslant -2\sqrt{2}+1$,

$\therefore g(a)$ 的最大值为 $-2\sqrt{2}+1$.

四、试题评析

用根的判别式来判别根的情况是新课标要求掌握的内容，也是各地方中考常考的知识，而将函数与整点的个数相结合，这是一个创新，当然，在这一步中，学生很容易用区间长度去求解，而忽略了点 A，B 都受到 m 的限制从而错解，忽略了 A，B 两点要么同为整数，要么不同为整数，从而增大了试题的难度，区分度明显. 第（2）题求最值问题与高中的"均值不等式"衔接，注重对学生建模、化归思想的考查，体现数学抽象、数学建模的核心素养.

五、命题拓展

中考命题的方向应有利于培养学生的数学核心素养．从掌握数学基础知识、训练数学基本技能、领悟数学基本思想、积累数学基本活动经验出发，系统、全面、科学地考查考生的"四基"和"四能"．其次，中考命题应在初高中数学的衔接教学上发挥好导向作用，为学生未来高中的数学学习打好坚实的基础．初高中数学在知识的难度、深度、广度、灵活度上均存在明显差异，为了让学生更快适应高中数学学习，可在中考命题中适度增加二次不等式、分式不等式等相关题型，在考查和选拔学生的同时，也能引导初中数学老师在日常教学中更关注初高中数学的衔接，从而促进学生数学学习的持续发展．因此，我们命制了这么一道二次函数的题型，该试题的创新之处就是大胆地与求解整点相结合，当然在第（3）题还可以跟一次函数、三角形或四边形或锐角三角函数相结合，考查范围更宽、更广．

六、命题反思

数学这门学科可以帮助人们利用数学知识分析判断或解决现实生活情境中的各种问题．热爱数学的人往往是一个富有创造性思维、勤于思考的人，这样的人往往能够利用丰富的数学生活提高个人生活品质．初中数学学习包含运用数学思维、学习数学知识、积累数学方法，学会结合数学理论思考现实情境中的问题并加以解决，形成较高的数学思考能力及习惯，这些都是人的良好素养．近几年，福建省九地市中考数学试卷对函数的考查题型可分为六大类：分别是考查一次函数、反比例函数、二次函数图象与性质的"函数基本型"，考查函数与代数知识综合的"函数代数型"，考查函数与几何知识综合的"函数几何型"，考查函数与生活实际相结合的"函数应用型"，考查函数与动点问题的"函数动点型"，以及考查函数与最值问题的"函数最值型"．其中基础题中涉及反比例函数与二次函数知识的题目较多，而能力题中涉及"函数几何型"及"函数应用型"较多，注重对数学抽象核心素养的考查，充分体现命题者"力求多元知识交汇，充分挖掘数学思想，关注学生探究活动，强调灵活应用数学"的命题思路．涉及函数知识的分值在 20～37 分之间，因此，核心素养导向下中考数学函数命题的研究应兼顾地区差异，城乡差异，注重命题基础性与公平性，注重命题的选拔性和导向性；在命题技术上应借鉴国外和外省市的中考命题方法，保证命题的科学性与创新性．因此，第（1）题直接给出 a 的值，力求大部分学生能拿到分数．在第（1）题②中，学生很容易用区间长度去求解，而忽略了点 A,B 都受到 m 的限制从而错解，或者忽略了 A,B 两点要么同为整数，要么不同为整数，这样增加了难度，又有区分度．第（2）题中设置了两个参数，用配方法求 $2a+\dfrac{1}{a}$ 的最小值时应考虑 a 的非负性，与高中数学衔接，促进学生数学学习的持续发展．

第七章 数形结合融交汇

7.1 对称函数图象融入对称几何图形

一、试题展示

如图1,点 A,B 分别在 x 轴的正半轴和负半轴上,以 AB 为边在 x 轴的上方作正方形 $ABCD$,正方形 $ABCD$ 的中心为点 $I(a,b)$. 作正方形 $ABCD$ 的内接正方形 $OPMN$,若双曲线 $y=\dfrac{k}{x}$ 经过点 N 和 I,则 $\dfrac{a}{b}$ 的值是_____.

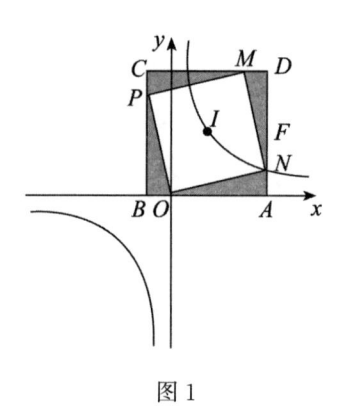

图1

二、命题立意

这道题是原创设计,以反比例函数为背景,将勾股弦图巧妙地嵌于图中,且结果为黄金分割比,力求将数学之对称美和数学文化通过试题展现出来. 作为填空压轴题,旨在设置反比例函数与几何对称图形的综合,以区分优秀生，对数学各块知识全面考查．本题对数形结合思想、函数与方程思想，以及逻辑推理、直观形象、运算能力等核心素养，尤其是运算能力要求较高，属较难题．

三、命题过程

1. 原始模型

（2018年"大梦杯"）如图2，四边形 $ABCD$，$DEFG$ 都是正方形，边长分别为 m，n，原点 O 为 AD 的中点，点 A，D，E 在 y 轴上．若抛物线 $y = ax^2$ 过 C，F 两点，则 $\frac{n}{m}$ 的值是（　　）

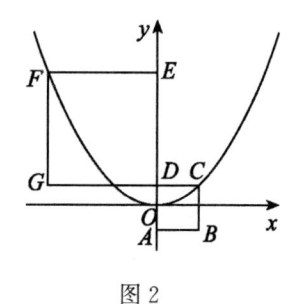

A. $\sqrt{3}+1$　　B. $\sqrt{2}+1$

C. $2\sqrt{3}-1$　　D. $2\sqrt{3}+1$

图 2

这道"大梦杯"试题呈现自然，表述简洁，图形优美，解法联通了"形和数"，需要较强的"含参运算和整体运算"能力，对数学思维有较好的训练作用，且接近中考选填压轴，是一道不错的试题，我们正是将其作为命题比赛的素材．

2. 命题思路

福建省近年中考填空压轴（16题）均考查了反比例函数与几何综合，尤其重点考查了反比例函数的对称性．故我们在命制本题时，一方面想继续保持这种风格，另一方面也想有所变化，力争计算简约而不简单，感受数学对称之美，弘扬数学文化，呈现形式有新意．

3. 命题过程

当看到上述"大梦杯"的题源时，一个"简单的模仿秀"油然而生：

（1）命题初稿

如图3，正方形 $OABC$ 的边长为 a，顶点 A，C 分别在 y 轴，x 轴的正半轴上，正方形 $CDEF$ 的边长为 b，顶点 F 在 x 轴负半轴上．若双曲线 $y = \frac{k}{x}$

恰好同时经过点 B 和 E，则 $\dfrac{a}{b}$ 的值是_____．

此稿是在"大梦杯"题源的基础上，把抛物线背景换成双曲线背景，"镶嵌"的两个正方形作类似的变化而得到的，结果为黄金分割比，看起来不错．

依题意，得点 $B(a,a)$，$E(a-b,-b)$，因为点 B，E 都在双曲线 $y=\dfrac{k}{x}$ 上，所以 $a^2=-b(a-b)$，

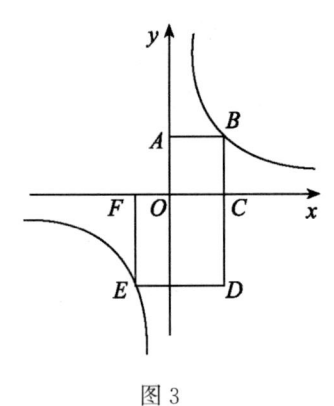

图 3

整理得：$a^2+ab-b^2=0$，即 $\left(\dfrac{a}{b}\right)^2+\dfrac{a}{b}-1=0$，解得 $\dfrac{a}{b}=\dfrac{\sqrt{5}-1}{2}$（舍去负根 $\dfrac{-\sqrt{5}-1}{2}$）．

此稿出来后，一方面觉得太接近"大梦杯"的试题，不利于公平选拔；另一方面，觉得正方形太"方方正正"，从边长导出坐标太过容易，所以就想把正方形进行旋转，稍稍加大求坐标的难度，当然，希望保留黄金分割的结果，这样，就有了二稿．

(2) 命题二稿

如图 4，在 x 轴的上方作正方形 $OPMN$，其中心 $I(a,b)$ 在第一象限，双曲线 $y=\dfrac{k}{x}$ 经过点 N 和 I，则 $\dfrac{a}{b}$ 的值是_____．

由条件 $I(a,b)$，结合正方形的相关知识可以导出点 $N(b+a,b-a)$，把它代入双曲线解析式，同上求得 $\dfrac{a}{b}=\dfrac{\sqrt{5}-1}{2}$．

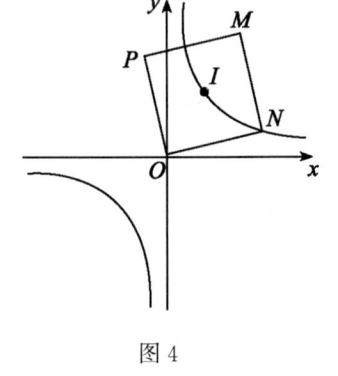

图 4

考虑到此稿中的正方形略显单薄，就想添加个元素，故往外套一个正方形，其它不作太多变化，于是定稿就出现了．

(3) 命题三稿（定稿）

190

如图 5，点 A，B 分别在 x 轴的正半轴和负半轴上，以 AB 为边在 x 轴的上方作正方形 $ABCD$，正方形 $ABCD$ 的中心为点 $I(a,b)$．作正方形 $ABCD$ 的内接正方形 $OPMN$，若双曲线 $y=\dfrac{k}{x}$ 经过点 N 和 I，则 $\dfrac{a}{b}$ 的值是 _____．

定稿的图形更优美，而且是学生熟悉的勾股弦图，背景的美观和熟悉能让学生有兴趣有信心将思考和运算进行到底，试题的考查会更有效．

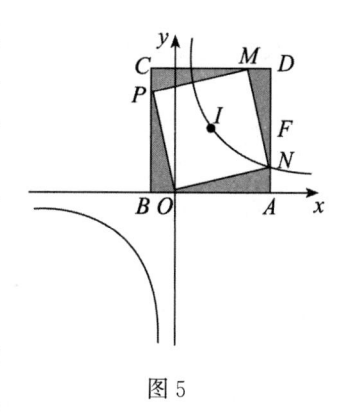

图 5

四、解题分析

1. 思路分析

双曲线 $y=\dfrac{k}{x}$ 过点 I，N，就说明点 I，N 的坐标都满足 $xy=k$，这样便可依此建立方程，而 I 的坐标已知，所以就需要求 N 的坐标．

要用到 $I(a,b)$，就需作 x 轴的垂线段 IG（当然也可作 y 轴的垂线段），然后可得 $IG=b$，$OG=a$，而根据小正方形内接于大正方形，利用正方形性质，容易得到 $\triangle NOA \cong \triangle OPB$，从而 $AN=OB$，结合线段关系，就可得到点 N 坐标 $(b+a, b-a)$．

利用 $x_I \cdot y_I = x_N \cdot y_N$ 就得到方程 $ab=(b+a)(b-a)$，整理成 $a^2+ab-b^2=0$，为了求出 $\dfrac{a}{b}$ 的值，方程两边同除以 b^2，就可以得到关于 $\dfrac{a}{b}$ 的一元二次方程，从而得解．

这里需要指出，学生在得到方程 $a^2+ab-b^2=0$ 之后，若不知道如何求 $\dfrac{a}{b}$ 的值，由于是填空题，可以特殊化处理，取 $b=1$，就可以化成 $a^2+a-1=0$，便可求出 a，然后 $\dfrac{a}{b}$ 的值就算出来了．

本题思维流程是：正方形 $OPMN$ 内接于正方形 $ABCD \Rightarrow \triangle NOA \cong$

$\triangle OPB \Rightarrow AN = OB = b - a \Rightarrow N(b+a, b-a) \Rightarrow ab = (b+a)(b-a) \Rightarrow \dfrac{a}{b} = \dfrac{\sqrt{5}-1}{2}.$

解决函数与几何综合题，需要灵活运用数形结合的思想，其关键点是：

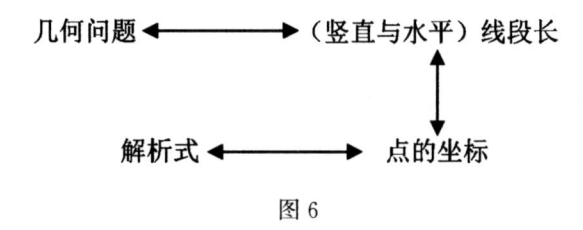

几何问题 ⟷ （竖直与水平）线段长

↕

解析式 ⟷ 点的坐标

图 6

2. 解法呈现

解法 1：如图 7，过点 I 作 $IG \perp x$ 轴于点 G，

∵ 正方形 $OPMN$ 内接于正方形 $ABCD$，

∴ $\angle OAN = \angle PBO = 90°$，$OP = ON$，$\angle PON = 90°$，

∴ $\angle POB + \angle NOA = 90°$，$\angle POB + \angle OPB = 90°$，

∴ $\angle NOA = \angle OPB$，

∴ $\triangle NOA \cong \triangle OPB$.

∵ 点 $I(a, b)$ 是正方形 $ABCD$ 的中心，

∴ $AG = BG = IG = b$，

∴ $OB = BG - OG = b - a$，$OA = OG + GA = b + a$.

∴ $AN = OB = b - a$，

∴ $N(b+a, b-a)$.

∵ 双曲线 $y = \dfrac{k}{x}$ 过点 $I(a, b)$，$N(b+a, b-a)$，

∴ $ab = (b+a)(b-a)$.

整理得：$a^2 + ab - b^2 = 0$ 即 $\left(\dfrac{a}{b}\right)^2 + \dfrac{a}{b} - 1 = 0$，

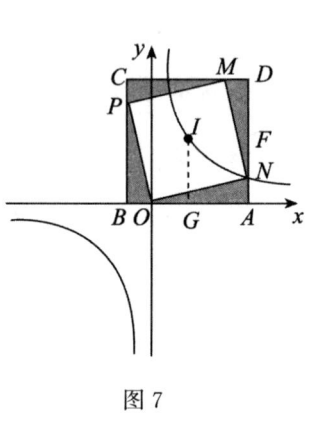

图 7

解得 $\dfrac{a}{b}=\dfrac{\sqrt{5}-1}{2}$（舍去负根 $\dfrac{-\sqrt{5}-1}{2}$）.

解法 2：如图 8，连接 IO，IN，过点 I 作 $IE\perp y$ 轴于点 E，延长 EI 交 AD 于点 F，

$\therefore IO=IN$，$\angle OIN=90°$，

$\therefore \angle OIE+\angle EOI=\angle OIE+\angle FIN=90°$，

$\therefore \angle EOI=\angle FIN$，

$\therefore \triangle EOI\cong\triangle FIN$，

$\therefore FN=EI=a$，$FI=OE=b$.

$\because$ 点 $I(a, b)$ 是正方形 $ABCD$ 的中心，

正方形 $OPMN$ 内接于正方形 $ABCD$，

$\therefore$ 点 $I(a, b)$ 是正方形 $OPMN$ 的中心，

$\therefore OA=EF=b+a$，$AN=AF-FN=b-a$，

$\therefore N(b+a, b-a)$.

$\because$ 双曲线 $y=\dfrac{k}{x}$ 过点 $I(a, b)$，$N(b+a, b-a)$，

$\therefore ab=(b+a)(b-a)$.

解得 $\dfrac{a}{b}=\dfrac{\sqrt{5}-1}{2}$（舍去负根 $\dfrac{-\sqrt{5}-1}{2}$）.

图 8

五、试题评析

问题以双曲线中嵌勾股弦图为背景，答案又是黄金分割点，既弘扬了数学文化，又烘托数学对称之美．试题有机地将代数与几何联系在一起，在知识块层面和知识链层面上合理设计，加强对综合应用数学核心概念和数学思想方法的考查，在考查学生思维的敏捷性，灵活性，广阔性，深刻性方面具有较高的效度．

问题以函数为载体考查函数和几何的有关知识，既考查了学生对正方形性质，三角形全等相关知识，反比例函数图象和性质的理解与应用，又重点考查数形结合的思想与运算能力．学生需要从图形中找出线段间的数量关系，

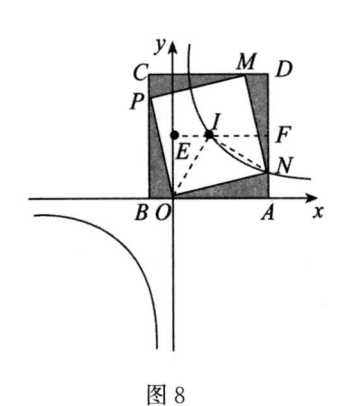

再转化为点的坐标问题,从而代入函数解析式列出方程,且本题没有具体数据,只有参数介入运算,还需要用整体思想来求解,属于较难题,适合出现在填空压轴的位置.

六、命题拓展

此题可以衍生出诸多精彩变式题. 原题换一种几何情境,把正方形换成同样是双对称图形(既是轴对称图形又是中心对称图形)的圆,反比例函数和圆也可以擦出火花.

1. 改编题第一组:双曲线与圆

改编1:如图 9,双曲线 $y=\dfrac{4}{x}$ 与 $\odot O$ 在第一象限内交于点 A,B,$\angle AOB=60°$,求扇形 AOB 的面积.

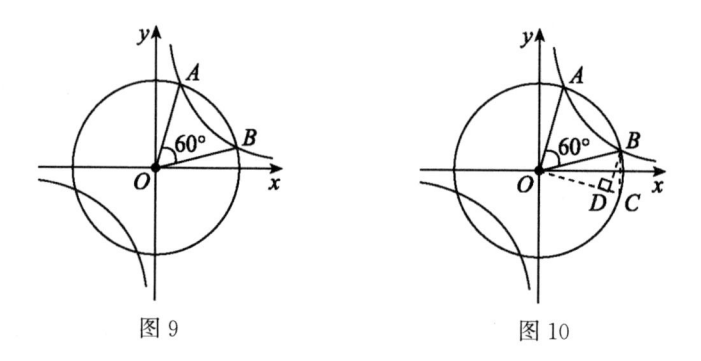

图 9

图 10

此题解法颇多,其中一种比较好的方法就是将 $60°$ 角旁边的两个 $15°$ 角拼在一起. 如图 10,作点 B 关于 x 轴的对称点 C(或将 OA 绕点 O 顺时针旋转 $90°$),连接 BC,OC,作 $BD\perp OC$ 于点 D,则 $BD=\dfrac{1}{2}OB=\dfrac{1}{2}r$,因为 $S_{\triangle BOC}=2\times\dfrac{1}{2}|k|=4$,又 $S_{\triangle BOC}=\dfrac{1}{2}OC\cdot BD=\dfrac{1}{4}r^2$,所以 $\dfrac{1}{4}r^2=4$,从而 $r^2=16$,$S_{扇形BOC}=\dfrac{60}{360}\pi r^2=\dfrac{8}{3}\pi$.

此题可推广为一般情况:当 $\angle AOB=n°$ 时,$S_{扇形OAB}=\dfrac{n}{45\cos n°}\pi$.

改编2：如图11，已知双曲线 $y=\dfrac{4}{x}$ 与半径为 4 的 $\odot O$ 在第一象限交于 A，B 两点，则 $\triangle AOB$ 的面积是_____．

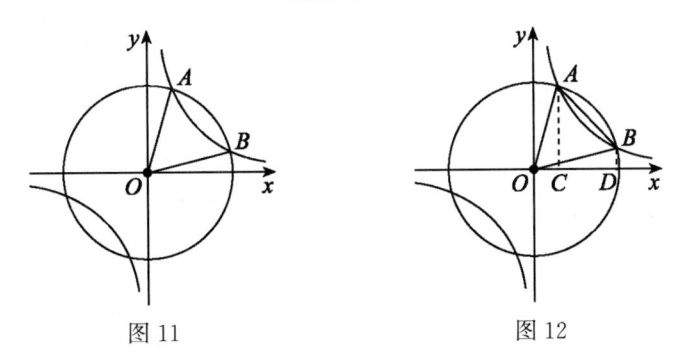

图 11

图 12

所求 $\triangle AOB$ 要转化处理，转化方式多种，可以用割法：横割或竖割，也可用补法：作直线 AB 分别交 x 轴，y 轴于点 M，N，转化成 $\triangle MON$ 的面积减 $\triangle BOM$ 再减 $\triangle AON$ 的面积，或作 $\triangle AOB$ 外接正方形，转化成正方形面积减去旁边的三个直角三角形的面积．

考虑到双曲线的面积特性，我们用转化成梯形面积的方法求解．

简解：如图 12，设 $A(m，n)$，不妨假定 $m<n$，由圆和双曲线关于直线 $y=x$ 对称，可知 $B(n，m)$，所以 $S_{\triangle AOB}=S_{梯形ACDB}=\dfrac{1}{2}(BD+AC)\cdot CD=\dfrac{1}{2}(m+n)(n-m)$，由 $\begin{cases} mn=4, \\ m^2+n^2=16, \end{cases}$ 可得 $(m+n)^2=24$，$(m-n)^2=8$，所以 $m+n=2\sqrt{6}$，$n-m=2\sqrt{2}$，从而 $S_{\triangle AOB}=\dfrac{1}{2}\times 2\sqrt{6}\times 2\sqrt{2}=4\sqrt{3}$．

双曲线关于直线 $y=x$ 对称学生很熟练，那么若是考察双曲线的另一条对称轴 $y=-x$，学生能懂得用吗？请看改编3．

改编3：如图13，已知点 A，B 分别是双曲线 $y=\dfrac{4}{x}$ 与半径为 $\sqrt{10}$ 的 $\odot O$ 在第一、三象限内的靠左的交点，AB 交 y 轴于点 C，则点 C 的坐标是_____．

只要求出直线 AB 解析式，即可得出点 C 坐标．

简解1：设 $A(m，n)$，其中 $m<n$，由于圆和双曲线都关于直线 $y=-x$

对称，所以它们的交点也关于直线 $y=-x$ 对称，从而可得 $B(-n,-m)$，用待定系数法可得 AB 解析式：$y=x+n-m$，由 $\begin{cases} mn=4, \\ m^2+n^2=10, \end{cases}$ 可得 $(m-n)^2=2$，所以 $n-m=\sqrt{2}$（负值舍去），从而直线 AB 解析式：$y=x+\sqrt{2}$，所以点 $C(0,\sqrt{2})$.

简解 2：由点 A 和 B 关于直线 $y=-x$ 对称，可设直线 AB 解析式：$y=x+b$，联立方程组 $\begin{cases} y=x+b, \\ y=\dfrac{4}{x}, \end{cases}$ 则 $\begin{cases} y-x=b, \\ xy=4, \end{cases}$ 从而 $x^2+y^2=(y-x)^2+2xy=b^2+8=10$，所以 $b=\sqrt{2}$（负值舍去），所以点 $C(0,\sqrt{2})$.

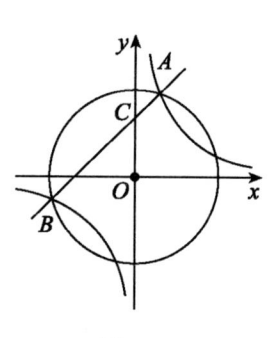

图 13

上面的图形都是"死的"（固定），若让圆动起来，研究范围或最值问题，不失为一个好的方向，请看改编 4.

改编 4：如图 14，已知双曲线 $y=\dfrac{3+2\sqrt{2}}{x}$ 及第一象限内的点 $M(m,m)$，半径为 m 的 $\odot M$ 与该双曲线有且只有两个交点 A，B，若 $\angle AMB \leqslant 90°$，则 $\odot M$ 面积的取值范围是_____.

欲求动态问题的范围，需找到界点（两个极端）.

简解：点 $M(m,m)$ 始终在抛物线对称轴 $y=x$ 上，所以点 A，B 关于直线 $y=x$ 对称，另一方面 $\angle AMB$ 随着 m 的增大而增大. 如图 13，当 $\odot M$ 与该双曲线的交点 A，B 重合时，解 Rt$\triangle ANM$，得 $MN=AN=\dfrac{\sqrt{2}}{2}$，于是 $x_A=y_A=\left(1+\dfrac{\sqrt{2}}{2}\right)m$，代入 $y=\dfrac{3+2\sqrt{2}}{x}$ 中，得 $\left[\left(1+\dfrac{\sqrt{2}}{2}\right)\right]^2=3+2\sqrt{2}$，$m^2=2$，此时 $S_{\odot M}=\pi m^2=2\pi$；如图 14，当 $\angle AMB=90°$ 时，得 $A(m,2m)$，代入 $y=\dfrac{3+2\sqrt{2}}{x}$ 中，得 $m \cdot 2m=3+2\sqrt{2}$，$m^2=y=\dfrac{3+2\sqrt{2}}{2}$，此时 $S_{\odot M}=\pi m^2=$

$\frac{3+2\sqrt{2}}{2}\pi$,所以 $2\pi < S_{\odot M} \leqslant \frac{3+2\sqrt{2}}{2}\pi$.

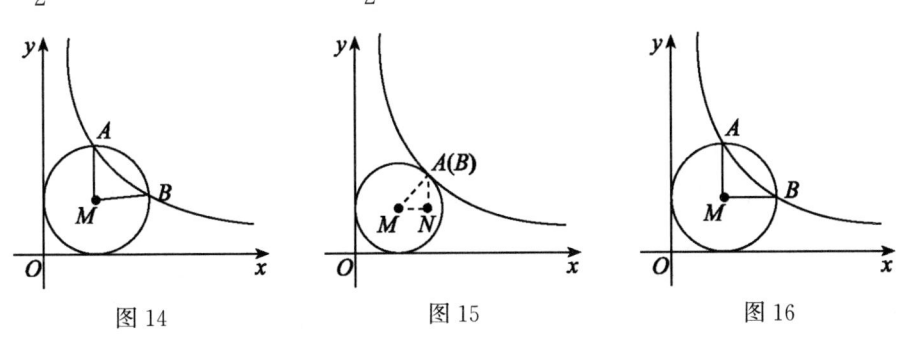

图 14

图 15

图 16

当然,反比例函数图象与其他双对称图形,如正六边形、正八边形也能擦出漂亮的火花,读者有兴趣可以自己编题试试.

若想丰富函数味道,可以加一种函数,仍以反比例函数和对称图形为背景,会有怎样的期待?

2. 改编题第二组(加一种函数——正比例函数)

改编 5:如图 17,正方形 $ABCD$ 的顶点 A,C 在直线 $y=kx$ 上,顶点 B,D 在双曲线 $y=\frac{4}{x}$ 上,若正方形 $ABCD$ 的面积为 32,则 k 的值是_____.

简解:如图 18,由对称性,可得 $k<0$,直线 BD 过点 O. 设点 $A(a, ka)$,则点 $D(ka, -a)$,将其代入双曲线解析式 $y=\frac{4}{x}$,得 $ka \cdot (-a) = 4$,即 $a^2 = -\frac{4}{x}$.

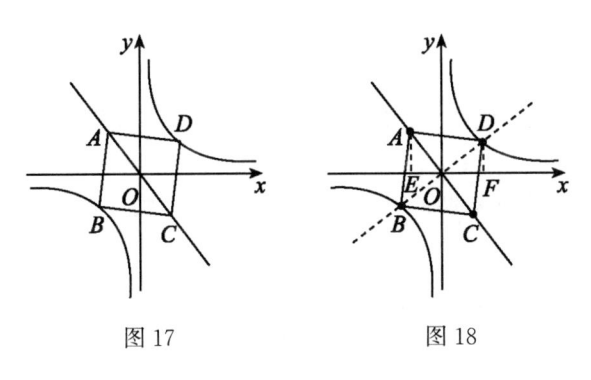

图 17

图 18

197

所以 $S_{正方形ABCD}=2AO^2=2[a^2+(ka)^2]=2\left(-\dfrac{4}{k}-4k\right)=32$，整理得：$k^2+4k+1=0$，解得 $k=-2\pm\sqrt{3}$（均符合要求）.

这种改编既考查几何图形的对称性，也考查了正比例函数与反比例函数图象的对称性（中心对称），对运算能力的要求也挺高.

改编6：正方形 ABCD 的顶点 A，C 在直线 $y=k_1x$ 上，顶点 B，D 在双曲线 $y=\dfrac{k_2}{x}$ 上，用含 k_1，k_2 的式子表示正方形的面积 S，则 S 的值是_____.

简解：方法同上题，答案：$-\dfrac{2k_2+2k_1^2k_2}{k_1}$.

改编7：如图19，菱形 ABCD 的顶点 A，C 在直线 $y=-2x$ 上，顶点 B，D 在双曲线 $y=\dfrac{4}{x}$ 上，且 $\angle BAD=120°$，则菱形 ABCD 的面积是_____.

参考图20，方法与上题类似，利用好 △AEO 与 △OFD 的相似比为 $1:\sqrt{3}$，可得求解结果是 $\dfrac{20\sqrt{3}}{3}$.

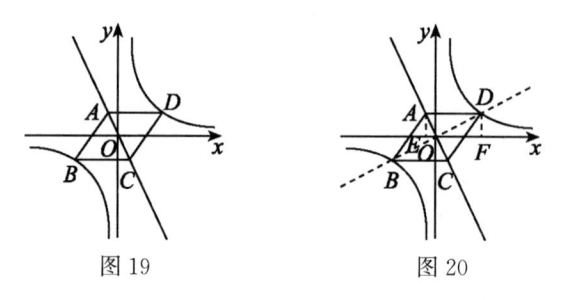

图19

图20

3. 改编题第三组（加一种函数——反比例函数）

改编8：如图21，已知正方形 ABCD 的顶点 A，B 在双曲线 $y=\dfrac{4}{x}$（$x>0$）上，顶点 C，D 分别在双曲线 $y=\dfrac{12}{x}$（$x>0$）上，则正方形 ABCD 的面积是_____.

图 21　　　　　　　　图 22

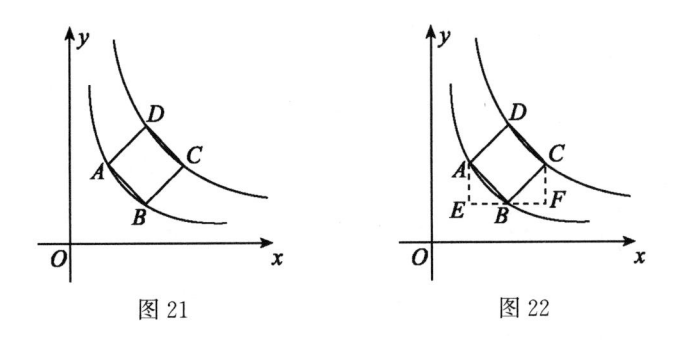

简解：如图 22，设点 $A(a, b)$，由双曲线关于直线 $y=x$ 对称，知 $B(b, a)$，等腰 Rt△AEB≌Rt△BFC，可得点 $C(2b-a, b)$. 因为点 $B(b, a)$ 在双曲线 $y=\dfrac{4}{x}$ 上，点 $C(2b-a, b)$ 在双曲线 $y=\dfrac{12}{x}$ 上，可得 $\begin{cases} ab=4 \\ b(2b-a)=12 \end{cases}$，解得 $\begin{cases} a=\sqrt{2} \\ b=2\sqrt{2} \end{cases}$，所以 $S_{\text{正方形}ABCD}=2AE^2=2(b-a)^2=4$.

此题有多种解法，由于大同小异，所以不一一赘述.

改编 9：如图 23，已知矩形 $ABCD$ 的顶点 A，B 在双曲线 $y=\dfrac{4}{x}$ ($x>0$) 上，顶点 C，D 分别在双曲线 $y=\dfrac{k}{x}$ ($k>4$，$x>0$) 上，若 $AB=2BC$，且点 A，B 横坐标之和等于点 C 的横坐标，矩形 $ABCD$ 的面积是_____.

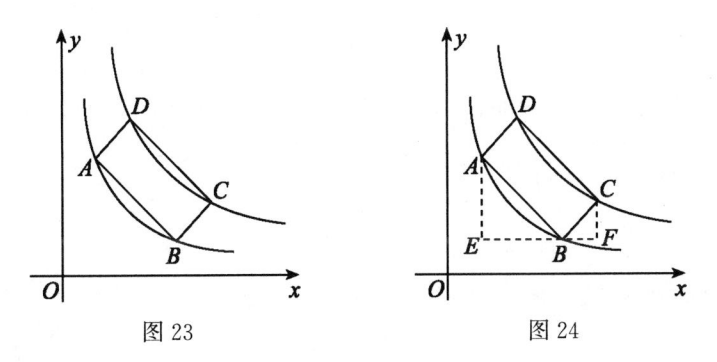

图 23　　　　　　　　图 24

简解：如图 24，由双曲线的对称性，可知点 E 在双曲线对称轴 $y=x$ 上，等腰 Rt△AEB∽△BFC，且相似比为 2∶1，设点 $E(m, m)$，$BF=CF=n$，

则 $AE=BE=2n$，由 $x_A+x_B=x_C$，得 $m=n$，从而得点 $A(m,3m)$，代入 $y=\dfrac{4}{x}$ 中，得 $3m^2=4$，从而 $m^2=\dfrac{4}{3}$. 所以 $S_{矩形ABCD}=AB\cdot BC=\sqrt{2}BE\cdot\sqrt{2}BF=\sqrt{2}\times 2m\times\sqrt{2}m=4m^2=\dfrac{16}{3}$.

此题改编花了些时间，本想给出"$k=12$，求矩形 $ABCD$ 的面积"，但这样的话会出现二元二次方程，极其难解，于是把条件简单化，改成现在的样式.

能在两条双曲线上嵌正方形和矩形（都是轴对称的四边形），自然就想到如果嵌一个菱形会是什么样子.

改编 10：如图 25，菱形 $ABCD$ 顶点 B 在双曲线 $y=\dfrac{4}{x}$（$x>0$）上，双曲线 $y=\dfrac{k}{x}$（$k>4,x>0$）关于直线 BD 对称，且经过点 A、C 两点，若 $AB=2$，$\angle BAD=150°$，k 的值是 _____ .

图 25

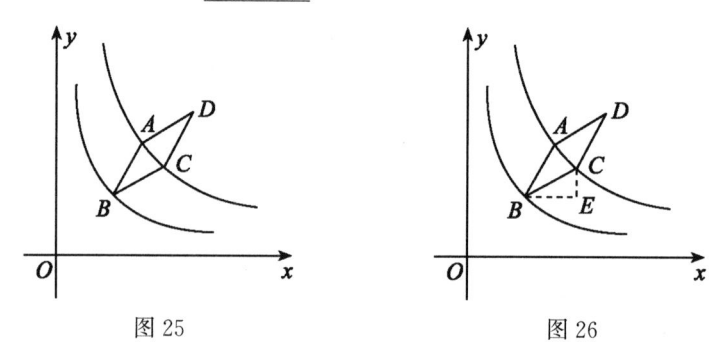

图 26

简解：如图 26，由双曲线的对称性，可知点 B 在双曲线对称轴 $y=x$ 上，而点 B 在双曲线 $y=\dfrac{4}{x}$ 上，所以 $B(2,2)$，解 Rt$\triangle BCE$，得 $BE=\sqrt{3}$，$CE=1$，从而 $C(2+\sqrt{3},3)$，所以 $k=(2+\sqrt{3})\times 3=6+3\sqrt{3}$.

不断地演变，变出来了 2019 年福建省中考题.

七、命题反思

定稿虽然较满意，尤其是数学文化的渗透和运算能力的考查，但也有

遗憾:

反比例函数的对称性未能充分考查. 本想拿反比例函数与圆的结合作为定稿, 这样能更好地考查反比例函数的对称性, 但又担心圆的加入使难度加大, 且出现在中考试卷中的可能性不大, 权衡之下, 就选择了上面的定稿, 不得不说命题是一门"遗憾的艺术".

问题是数学的心脏, 华罗庚说过: 一个好的数学问题要揭示出问题的本质. 所以我们一方面希望能命制出揭示本质的数学问题, 另一方面力求自己命制的试题具有科学性, 严谨性, 导向性, 实用性, 创新性, 对教学能有引领作用, 所以在命制的过程中相当谨慎, 从素材的选取到编制过程中每个细节的反复打磨, 可谓是绞尽脑汁, 不得不说命题是"极其累人的活". 希望上面的试题及各类变式能给教与学带来一些帮助.

上面的每一道试题都还能变化拓展, 譬如说, 改编 10 可改成 "$\angle BAD = 135°$, k 的值是_____", 当然还可以拓展为一般情况, 或把 k 设置为 $k<0$ 进行研究. 希望读者能改编出一些更具味道的试题. 当然, 上面的试题一定还存在不足, 望读者批评指正.

7.2 一道融合抛物线、三角形与圆的压轴题的命制与感悟

一、试题展示

如图 1, 抛物线 $y = mx^2 - 16mx + 48m$ ($m>0$) 与 x 轴交于 A, B 两点 (点 B 在点 A 左侧), 与 y 轴交于点 C, 点 E 是 y 轴负半轴上的一个动点, 连接 AE, AC, BC, 且 M 为 AE 的中点.

(1) 如图 1, 若射线 CB 刚好经过 M 点, 求抛物线与 AE 的交点 D 的坐标 (用含 m 的式子表示);

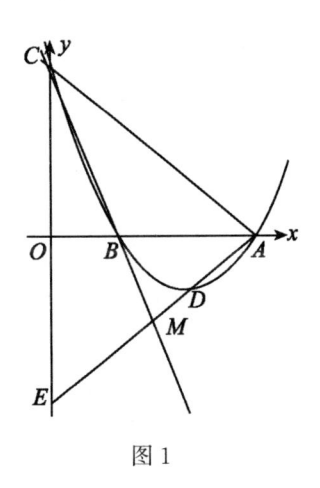

图 1

(2) 如图 1，若直线 AC 与 y 轴关于 BC 对称，求 m 的值；

(3) 如图 2，当 $m = \dfrac{1}{16}$ 时，过 A，O，E 三点作圆，与线段 BC 交于 F 点，若 $\triangle BOF$ 为等腰三角形，求 E 点和 M 点的坐标.

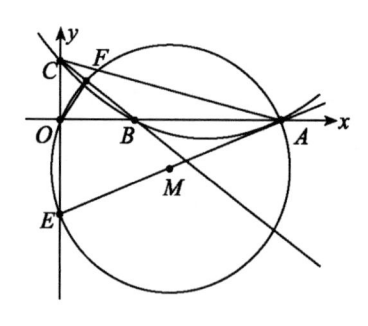

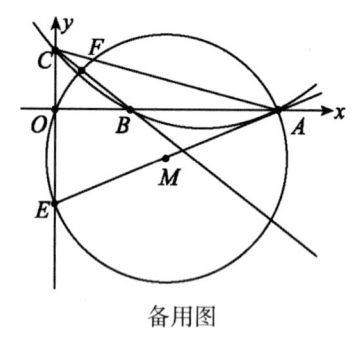

图 2

备用图

二、命题立意

本题涉及二次函数、一次函数、勾股定理、三角形、圆等相关知识，是一道融合函数与几何的压轴题，综合考查学生对图形的认识和对条件的理解应用能力，能从条件和图形中的位置关系得到相应的数量关系，并应用于解题中.

本题考查学生的核心素养，包括：数学抽象，逻辑思维，直观想象，数据运算等，特别是数据运算，如没用到一定的运算技巧，计算量相对要大点. 涉及的数学思想方法有：函数与方程思想、分类与整合思想、数形结合思想等.

三、命题过程

1. 原始模型

如图 3，抛物线 $y = mx^2 - 16mx + 48m$ （$m > 0$）与 x 轴交于 A，B 两点（点 B 在点 A 左侧），与 y 轴交于点 C，点 D 是抛物线上的一个动点，且位于第四象限，连接 OD，BD，AC，AD，延长 AD 交 y 轴于点 E.

(1) 若 △OAC 为等腰直角三角形，求 m 的值；

(2) 若对任意 $m>0$，C，E 两点总关于原点对称，求点 D 的坐标（用含 m 的式子表示）；

(3) 当点 D 运动到某一位置时，恰好使得 $\angle ODB = \angle OAD$，且点 D 为线段 AE 的中点，此时对于该抛物线上任意一点 $P(x_0, y_0)$ 总有 $n + \dfrac{1}{6} \geqslant -4\sqrt{3}my_0^2 - 12\sqrt{3}y_0 - 50$ 成立，求实数 n 的最小值.

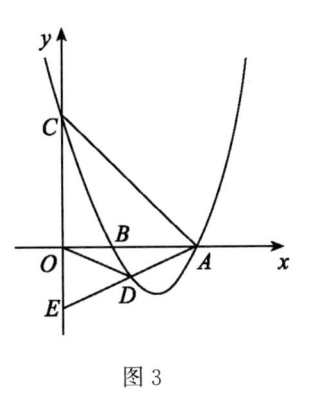

图 3

2. 命题思路

本题是 2017 年湖南长沙的一道中考压轴题. 这个图形包含了很多对称关系，很漂亮.

近些年，全国都在提倡各个学段各个学科的核心素养，数学学科的核心素养包括数学抽象、逻辑推理、数学建模、数学运算、直观形象、数据分析这 6 大核心素养，数学思想方法是数学解题过程中的重要工具和手段，因此，在命题改编过程中，应该把这些数学核心素养和数学思想方法在试题中呈现.

三角形的高、中线、角平分线是三角形中的三条重要的线段，在很多试题中都能看到这些线段，于是设法把这些线段拿到一起来考. 联系抛物线、三角形、圆等对称图形，尝试把这些元素都融入到同一道题目中.

题干部分利用添加法，增加 AE 的中点 M，下面的 3 个问题都做特殊化处理.

第（2）问是从原始模型的图形中想到的第一个问题，经过多次尝试并推导、验证，最后确定直线 AC 与 y 轴关于 BC 对称，于是就产生了第（2）问.

第（3）问则是在给学生复习圆知识时，突发奇想，利用 $\angle AOE = 90°$ 想到以 AE 为直径作圆. 利用几何画板画出的图象，猜想 $\triangle BOF$ 为等腰三角形时的情况，发现 m 必须赋值，于是经过多次尝试后，决定令 $m = \dfrac{1}{16}$.

至于第（1）问则是在（2）（3）问出来后，为了使题目入手容易些，增加学生的得分点而设置的．刚开始考虑把 BC 作为 $\triangle ACE$ 的高、中线、角平分线，但是考虑到第（2）问用到角平分线，面积法求高，因此决定第（1）问就选用中线．

3. 解题分析

第（1）题先求得 BC 解析式，得到 M 的坐标，然后去求 AE 解析式，联立二次函数和 AE 解析式，即可求得 D 坐标；

第（2）题有两种解法：

方法一：由对称轴可知 CB 为 $\angle ACE$ 的角平分线，因此过点 B 向 AC 作垂线 BP 交于 P，$BP=OB=4$，然后由 $S_{\triangle ABC}=\frac{1}{2}AB\cdot OC=\frac{1}{2}BP\cdot AC$，即可求得 m 的值．

方法二：利用对称性，作 BC 的垂线找出对称的点坐标（可从 A，B，O 三点中任选一点），代入相应直线中求 m．

第（3）题首要明确等腰三角形有 3 种情况，过 F 作 x 轴的垂线，继而求出 F 坐标，利用 $FM=EM$（或 $FM=\frac{1}{2}AE$）列方程，求得 M 的坐标和 E 的坐标．本小题计算繁琐，数据大，要注意应用平方差公式等一些运算技巧才能使计算简便点．

以下为详细解答过程：

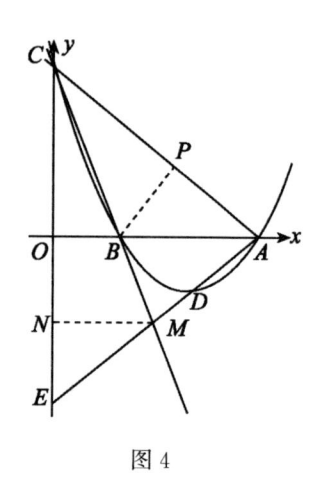

解：由抛物线可知 A（12，0），B（4，0），C（0，48m），

l_{AC}：$y=-4mx+48m$，l_{BC}：$y=-12mx+48m$．

（1）过 M 作 $MN\perp y$ 轴于 N 点，如图 4．

∵ M 为 AE 的中点，

∴ $MN=\frac{1}{2}OA=6$，即 M 的横坐标是 6．

射线 CB 刚好经过 M 点，

∴ 当 $x=6$ 时，$y=-12m\times 6+48m=-24m$，

即 M（6，$-24m$）．

图 4

由 A 点和 M 点可知 $AE: y = 4mx - 48m$,

令 $mx^2 - 16mx + 48m = 4mx - 48m$,

解得: $x_1 = 8$, $x_2 = 12$(舍去).

当 $x = 8$ 时, $y = 4m \times 8 - 48m = -16m$, 即 $D(8, -16m)$.

(2) ∵ AC 与 y 轴关于 BC 对称,

∴ CB 平分 $\angle ACE$.

过 B 点作 $BP \perp AC$ 于 P 点, 如图 4, 则 $BP = OB = 4$.

∵ $S_{\triangle ABC} = \dfrac{1}{2} AB \cdot OC = \dfrac{1}{2} BP \cdot AC$,

∴ $8 \times 48m = 4\sqrt{12^2 + (48m)^2}$,

解得: $m_1 = \dfrac{\sqrt{3}}{12}$, $m_2 = -\dfrac{\sqrt{3}}{12}$(舍去),

∴ $m = \dfrac{\sqrt{3}}{12}$.

(3) 如图 5, ∵ $\angle AOE = 90°$,

∴ AE 为过 A, O, E 三点的圆的直径, 圆心为 M.

过 M 作 $MN \perp y$ 轴于 N 点, 过 F 点作 $FH \perp MN$ 于 H 点, 交 x 轴于 G 点, 连接 MF.

根据垂径定理可得 $ON = NE$, 且 $MN = \dfrac{1}{2} OA = 6$, $FM = EM$.

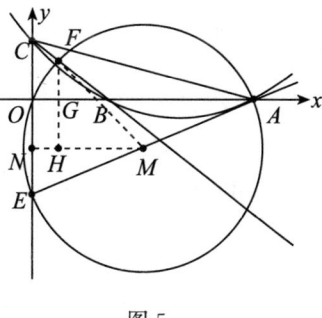

图 5

设 $M(6, -n)$, 则 $E(0, -2n)$, 则 $EM^2 = 6^2 + n^2$.

∵ F 在 BC 上, 设 $F\left(a, -\dfrac{3}{4}a + 3\right)$.

$\triangle BOF$ 为等腰三角形共有 3 种情况:

① 当 $OF = BF$ 时, $OG = BG = \dfrac{1}{2} OB = 2$,

∴F 的横坐标为 2.

由于 F 在 BC 上,当 $x=2$ 时,$y=-\dfrac{3}{2}+3=\dfrac{3}{2}$,

∴$F\left(2,\dfrac{3}{2}\right)$,

∴$FM^2=FH^2+MH^2=\left(\dfrac{3}{2}+n\right)^2+(6-2)^2$.

又∵$FM=EM$,

∴$\left(\dfrac{3}{2}+n\right)^2+(6-2)^2=6^2+n^2$,

∴$\left(\dfrac{3}{2}+n\right)^2-n^2=6^2-(6-2)^2$,

解得 $n=\dfrac{71}{12}$,

∴$M\left(6,-\dfrac{71}{12}\right)$,$E\left(0,-\dfrac{71}{6}\right)$.

②当 $OF=OB=4$ 时,

∴$OF^2=a^2+\left(-\dfrac{3}{4}a+3\right)^2=OB^2=4^2$,

解得 $a_1=4$,$a_2=-\dfrac{28}{25}$(舍去),

∴$F(4,0)$.

此时,B,F 重合,不能构成△BOF.

③当 $BF=OB=4$ 时,

$BF^2=(a-4)^2+\left(-\dfrac{3}{4}a+3\right)^2=OB^2=4^2$,

解得 $a_1=\dfrac{4}{5}$,$a_2=\dfrac{36}{5}>4$(舍去),

∴$F\left(\dfrac{4}{5},\dfrac{12}{5}\right)$,

∴$FM^2=FH^2+MH^2=\left(\dfrac{12}{5}+n\right)^2+\left(6-\dfrac{4}{5}\right)^2$.

又 $\because EM^2 = 6^2 + n^2$,

$\therefore \left(\dfrac{12}{5} + n\right)^2 + \left(6 - \dfrac{4}{5}\right)^2 = 6^2 + n^2$,

$\therefore \left(\dfrac{12}{5} + n\right)^2 - n^2 = 6^2 - \left(6 - \dfrac{4}{5}\right)^2$,

解得 $n = \dfrac{2}{3}$,

$\therefore M\left(6, -\dfrac{2}{3}\right)$, $E\left(0, -\dfrac{4}{3}\right)$.

综上可知，$M\left(6, -\dfrac{71}{12}\right)$, $E\left(0, -\dfrac{71}{6}\right)$ 或 $M\left(6, -\dfrac{2}{3}\right)$, $E\left(0, -\dfrac{4}{3}\right)$.

4. 试题评析

本题从学生熟悉的直线（三角形的高、中线、角平分线）和抛物线入手，结合所学知识，帮助学生了解各个知识点间的联系，考查学生的理解判断、逻辑思维和运算能力，彰显数学学科特点.

第（1）题和第（2）题以中线和角平分线为背景，考查学生对信息的理解和处理能力.

第（1）题中的射线 CB 过点 M 这个条件，应知道先求 BC 的解析式，结合 M 点的特殊位置（中点），求得 M 点的坐标，再由二次函数和 AE 解析式，求得 D 坐标. 本小题考查学生的数学抽象、逻辑思维、数据运算等数学核心素养，涉及的数学思想方法是函数与方程思想，第（1）题难度系数预计在 0.5～0.6.

第（2）题的对称性可以考虑角平分线，利用角平分线的性质，选择作 AC 的垂线 BP，则 $BP = OB = 4$，再利用面积法列方程求解，此法最简单；也可以考虑利用轴对称的性质找出一对对应点，即作对称轴 BC 的垂线，得到一对对应点，再代入对应直线上列方程求解，这个方法有一定计算量. 本小题考查学生的数学抽象、逻辑思维、数据运算等数学核心素养，涉及的数学思想方法是函数与方程思想和数形结合思想. 第（2）题难度系数预计在 0.4～0.5.

第（3）题以圆为背景考查等腰三角形的存在性问题，因没指出相应的腰和底，因此需要对所有的情况进行分类讨论．在求点 M 坐标过程中需要通过列方程求解，计算繁琐，数据大．本小题考查学生的数学抽象、逻辑思维、直观形象、数据运算等数学核心素养，涉及的数学思想方法有函数与方程思想、分类与整合思想、数形结合思想等，难度系数预计在 $0.1\sim0.2$．

本题主要以 2017 年长沙的一道中考题为出发点进行改编，立足教材，以学生常见的三角形、对称性、圆等为题材，让各个层次的学生，都能从中找到熟悉的身影．同时也给老师一个教学导向：教材也是我们研究和教学的一个重要对象，平时的教学不应脱离教材，而去舍本逐末．

5. 命题拓展

第（1）题还可以有以下修改方案：当 $BC\perp AE$ 时，求抛物线与 AE 的交点 D 的坐标；

第（2）题还可以有以下修改方案：①当 $\angle ACB=30°$ 时，求 m 的值；②当 $\angle ACB=45°$ 时，求 m 的值；③当 $\angle ACB=60°$ 时，求 m 的值．这 3 个问题都可以通过过某点作垂直（如过 A 点作 $AT\perp AC$），构造直角三角形来解答．

第（3）题还可以有以下修改方案：①改变 m 的值，其他条件不变；②把"$\triangle BOF$ 为等腰三角形"改为直角三角形，其他条件不变；③把"$\triangle BOF$ 为等腰三角形"改为 AE 上是否存在点 P，使得以 O,F,M,P 四点为顶点的四边形是平行四边形，求此时 E 点和 P 点坐标．

6. 命题感悟

命题是一项有始无终的旅行，沿途你会邂逅很多美妙的事物；命题是一次大烹饪，把很多"食材"融入锅中，烹调出各色美味；命题是一项科学实验，经历过多次失败，最终不一定能成功，但每一次失败都是新的起点．我们都是命题这条道路上的"苦行僧"，不知脚下的路还有多长，我们还能走多远，但是我们有一个信念，就是我们只要往前一步，就离我们的目标近了一步．

第八章 初高相连求衔接

8.1 异构同源 彰显素养导向

在课程标准（2011 版）和《福建省初中数学教学与考试指导意见》的引领下，福建省中考省统一命题已历 4 年. 纵观四年的中考试卷，总体上体现了"大稳定，小创新"的命题指导思想，很好地体现了"毕业考试"和"高中招生考试"两考合一的功能. 审视 2018 年和 2019 年福建省中考数学第 25 题，皆是以二次函数为背景，叠加函数图象性质及若干简单几何图形的性质，综合考查学生数学抽象、直观想象、数学运算和逻辑推理等数学核心素养，关注学生对函数与方程，数形结合，化归与转化，特殊与一般等数学思想方法的感悟，作为中考试卷的压轴题，具有一定的难度、区分度，且带有浓厚的地域命题特色. 现对这两道题深入思考，解读其问题结构，研讨试题的背景本质，并探究试题的延展性.

一、析题反思

1. 考题再现

【试题 1】（2018 年福建第 25 题）如图 1，已知抛物线 $y=ax^2+bx+c$ 过点 $A(0,2)$.

(1) 若点 $(-\sqrt{2},0)$ 也在该抛物线上，求 a，b 满足的关系式；

(2) 若该抛物线上任意不同两点 $M(x_1,y_1)$，$N(x_2,y_2)$ 都满足：当 $x_1<x_2<0$ 时，$(x_1-x_2)(y_1-y_2)>0$；当 $0<x_1<x_2$ 时，$(x_1-x_2)(y_1-y_2)<0$. 以原点 O 为心，OA 为半径的圆与抛物线的另两个交点为 B，C，且

△ABC 有一个内角为 60°.

①求抛物线的解析式；

②若点 P 与点 O 关于点 A 对称，且 O，M，N 三点共线，求证：PA 平分∠MPN.

【试题 2】（2019 年福建第 25 题）如图 2，已知抛物线 $y=ax^2+bx+c$ ($b<0$) 与 x 轴只有一个公共点．

(1) 若抛物线与 x 轴的公共点坐标为 (2, 0)，求 a, c 满足的关系式；

(2) 设 A 为抛物线上的一定点，直线 l：$y=kx+1-k$ 与抛物线交于点 B，C，直线 BD 垂直于直线 $y=-1$，垂足为点 D. 当 $k=0$ 时，直线 l 与抛物线的一个交点在 y 轴上，且△ABC 为等腰直角三角形．

①求点 A 的坐标和抛物线的解析式；

②证明：对于每个给定的实数 k，都有 A，D，C 三点共线．

对于两个例题中的核心问题第②小题的求解为算证类，如图 1 和图 2，通过"几何直观"较为容易得到结论．

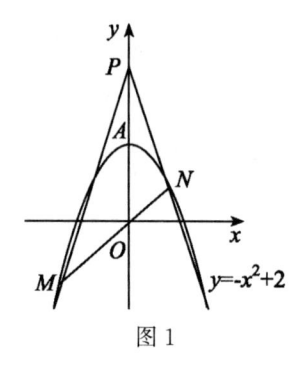

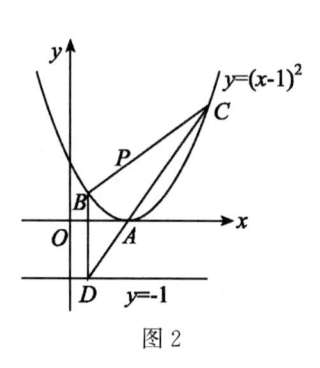

图 1

图 2

2. 试题核心结构提取

波利亚在《怎样解题》中指出一道题目的价值不仅在于该题的解法结论，而且应综合全面地看待条件与条件，条件与结论，洞察问题的深层结构．对于上述试题 1 与试题 2，探求其解法，溯源求本，我们发现这两题以过抛物线对称轴上一定点的弦与割线之间几何性质为本源，即研究抛物线对称轴上的点与线对偶时，"运动中的定值，变化里的恒量"．下文特殊化抛物线，寻找本质背景. 不妨令抛物线的解析式为 $y=ax^2$ ($a>0$), 点 $P(0, p)$ ($p>0$) 为其对称轴上一点.

3. 借题发挥，结论推广

我们采用"采蘑菇"的方式进行思考：是否有后续结论，结论能否一般化，是否存在等价结论……

【命题1】 如图 3, 已知抛物线 $y=ax^2(a>0)$, 过点 $P(0, p)$（其中 $p>0$）的直线 l 与抛物线交于点 A, B, 直线 $AC\perp$ 直线 $y=-p$ 于点 C. 证明: B, O, C 三点共线.

证明：直线 l 过点 $P(0, p)$, 则 $l: y=kx+p$, 又抛物线与直线 l 交于点 A, B,

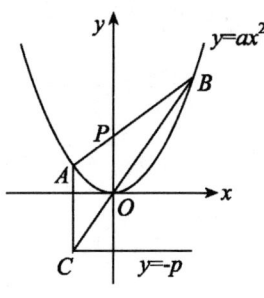

图 3

可设 $A(x_1, ax_1^2)$, $B(x_2, ax_2^2)$,

由 $\begin{cases} y=ax^2, \\ y=kx+p, \end{cases}$ 得 $ax^2-kx-p=0$, 所以 $x_1x_2=-\dfrac{p}{a}$.

直线 AC 垂直于直线 $y=-p$, 垂足为点 C, 则 $C(x_1, -p)$,

又直线 OB 的解析式为 $y=ax_2x$, 当 $x=x_1$ 时, $y=ax_1x_2=-p$,

故点 C 在直线 OB 上, 即 B, O, C 三点共线.

可以发现该命题为 2019 年福建中考数学第 25 题的题根.

【命题2】 如图 4, 已知抛物线 $y=ax^2(a>0)$, 过点 $P(0, p)$（其中 $p>0$）的直线 l 与抛物线交于点 A, B, 直线 $y=-p$ 交 y 轴于点 Q, 连接 QA, QB. 证明: $\angle AQO=\angle BQO$.

证明：同理, 由命题 1 得: $x_1x_2=-\dfrac{p}{a}$.

图 4

$$\dfrac{\tan\angle AQO}{\tan\angle BQO}=-\dfrac{x_1}{y_1-y_Q}\cdot\dfrac{y_2-y_Q}{x_2}$$

$$=-\dfrac{x_1(ax_2^2+p)}{x_2(ax_1^2+p)}=-\dfrac{ax_1x_2^2+px_1}{ax_2x_1^2+px_2}$$

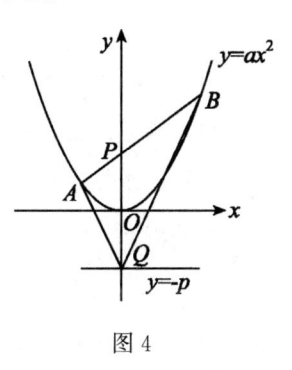

$$=-\frac{-px_2+px_1}{-px_1+px_2}=1,$$

故 $\tan\angle AQO=\tan\angle BQO$，即 $\angle AQO=\angle BQO$.

在此基础上，可以继续探究：当 k 为何值时，$S_{\triangle ABQ}$ 的面积最小？

依题意：$S_{\triangle ABQ}=\frac{1}{2}|x_2-x_1|\cdot PQ=\frac{1}{2}\cdot 2p\cdot$

$\sqrt{(x_1+x_2)^2-4x_1x_2}=\frac{p}{a}\sqrt{k^2+4aq}$，

当 $k=0$ 时，$S_{\triangle ABQ}$ 最小值为 $\frac{2p}{2}\sqrt{aq}$.

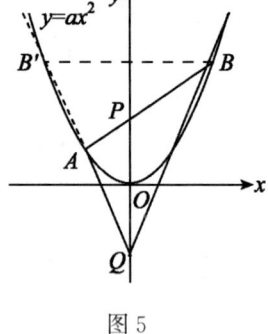

图 5

在此基础上，还可以继续探究：如图 5，根据对称性，延长 QA 交抛物线与点 B'，则点 B' 与点 B 关于 y 轴对称.

该命题为 2018 年福建中考数学第 25 题的题根．由此可以发现这两年的试题，殊途同归，本质一致．继续探究，还可以有以下结论：

【命题 3】 如图 6，已知抛物线 $y=ax^2(a>0)$，过点 $P(0,p)$（其中 $p>0$）的直线 AB，直线 MN 分别与抛物线交于点 A，B，M，N，连接 MA，BN 并延长交于点 H．证明：点 H 的运动轨迹在直线 $y=-p$ 上．

图 6

限于篇幅请读者自己证明．

同类型的试题，将命题 3 问题推广拓展，演绎深化，将问题条件中的过定点的直线推广为切线，可以进一步赏析 2019 年武汉市中考第 24 题第（3）小题：

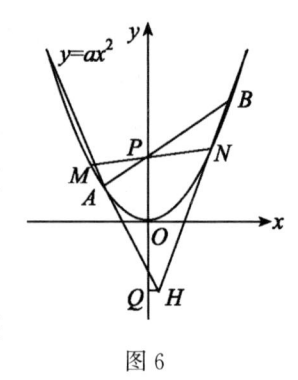

如图 7，$\triangle MNE$ 的顶点 M，N 在抛物线 C_2：$y=x^2$ 上，点 M 在点 N 右边，两条直线 ME，NE 与抛物线 C_2 均有唯一公共点，ME，NE 均与 y 轴不平行．若 $\triangle MNE$ 的面积为 2，设 M，N 两点的横坐标分别为 m，n，求 m 与 n 的数量关系.

解析：可设 $P(0,p)$，由命题 3 可得点 E 的运动轨迹在直线 $y=-p$ 上，

由直线 ME 与抛物线 C_2 有唯一公共点，可得 $E\left(\dfrac{m+n}{2}, mn\right)$，再结合条件 $\triangle MNE$ 的面积为 2，可得 $m-n=2$.

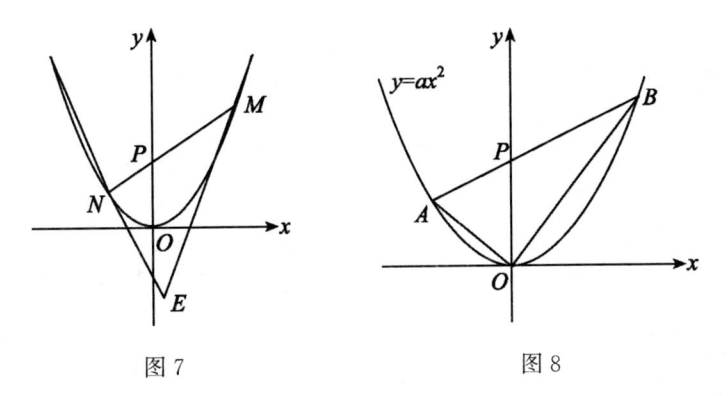

图 7

图 8

【命题 4】 如图 8，已知抛物线 $y=ax^2(a>0)$，过点 $P(0, p)$（其中 $p>0$）的直线 l 与抛物线交于点 A，B，连接 OA，OB，证明：$\tan\angle AOP \cdot \tan\angle BOP = \dfrac{1}{ap}$.

证明：同理，由命题 1 得：$x_1 x_2 = -\dfrac{p}{a}$.

则 $\tan\angle AOP \cdot \tan\angle BOP = \dfrac{-x_1}{y_1} \cdot \dfrac{x_2}{y_2} = \dfrac{-x_1}{ax_1^2} \cdot \dfrac{x_2}{ax_2^2} = -\dfrac{1}{ax_1 x_2} = \dfrac{1}{ap}$.

特别地，当 $p=\dfrac{1}{a}$ 时，$\tan\angle AOP \cdot \tan\angle BOP = 1$，即 $\angle AOB = 90°$.

拓展命题思考方向，考虑在 x 轴上的特殊点，结论如何？如图 9，已知抛物线 $y=ax^2(a>0)$，过点 $H(h, 0)$（其中 $h<0$）的直线 l 与抛物线交于点 A，B，与 y 轴交于点 M，连接 OA，OB，证明：

$$\tan\angle BOM - \tan\angle AOM = \dfrac{1}{ah}.$$

证明：直线 l 过点 $H(h, 0)$，则 $l: y=k(x-h)$，

又抛物线与直线 l 交于点 A，B，可设

$A(x_1, ax_1^2)$，$B(x_2, ax_2^2)$，

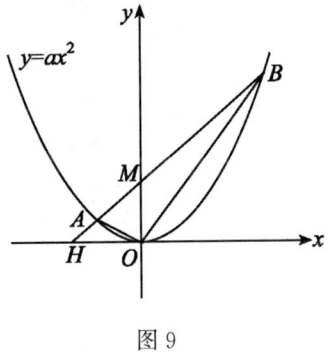

图 9

由 $\begin{cases} y=ax^2, \\ y=k(x-h), \end{cases}$ 得 $ax^2-kx+kh=0$，所以 $x_1+x_2=\dfrac{k}{a}$，$x_1x_2=\dfrac{hk}{a}$.

则 $\tan\angle BOM-\tan\angle AOM=\dfrac{x_2}{y_2}-\dfrac{-x_1}{y_1}=\dfrac{1}{ax_2}+\dfrac{1}{ax_1}=\dfrac{x_1+x_2}{ax_1x_2}=\dfrac{1}{ah}$.

【命题 5】 如图 10，已知抛物线 $y=ax^2$（$a>0$），过点 $P(0, p)$（其中 $p>0$）的直线 l 与抛物线交于点 A，B，直线 $AC\perp$ 直线 $y=-p$ 于点 C，直线 $BD\perp$ 直线 $y=-p$ 于点 D，直线 $y=-p$ 交 y 轴于点 Q．连接 CP，PD，证明：$\tan\angle CPQ \cdot \tan\angle DPQ=\dfrac{1}{4ap}$.

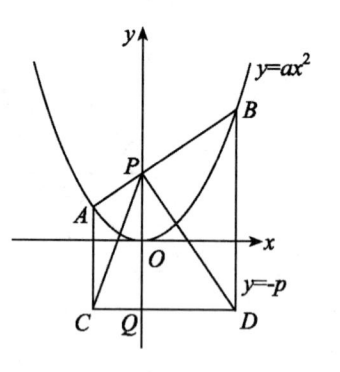

证明：同理，由命题 1 得：$x_1x_2=-\dfrac{p}{a}$.

图 10

则 $\tan\angle CPQ \cdot \tan\angle DPQ=\dfrac{-x_1}{2p} \cdot \dfrac{-x_2}{2p}=\dfrac{x_1x_2}{4p^2}=-\dfrac{-\dfrac{p}{a}}{4p^2}=\dfrac{1}{4ap}$.

特别地，当 $ap=\dfrac{1}{4}$，即 $p=\dfrac{1}{4a}$ 时，$\tan\angle CPQ \cdot \tan\angle DPQ=1$.

重要结论：如图 11，①$\angle CPD=90°$；
②以 CD 为直径的圆与 AB 相切于点 P；
③CP 平分 $\angle APQ$，DP 平分 $\angle BPQ$．

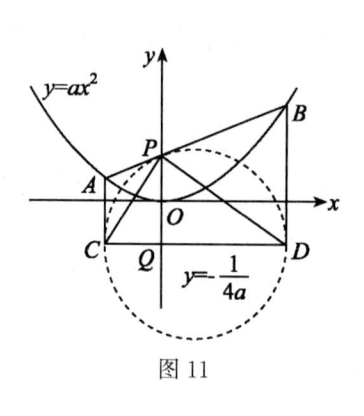

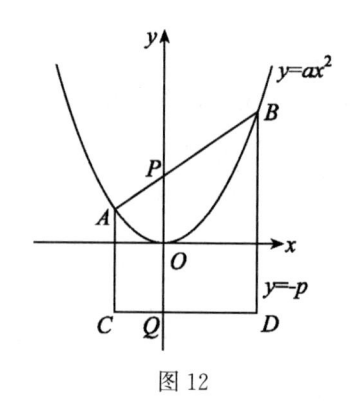

图 11

图 12

214

此时点 P 为抛物线的焦点，直线 CD 为对应的准线，利用高中抛物线的定义也能得到上述结论.

当抛物线对称轴上的点与线对偶时，探究线与线间的数量关系.

【命题 6】 如图 12，已知抛物线 $y=ax^2(a>0)$，过点 $P(0,p)$（其中 $p>0$）的直线 l 与抛物线交于点 A，B，直线 $AC\perp$ 直线 $y=-p$ 于点 C，直线 $BD\perp$ 直线 $y=-p$ 于点 D，直线 $y=-p$ 交 y 轴于点 Q. 证明：$\dfrac{1}{AC}+\dfrac{1}{BD}=\dfrac{1}{p}$（或 $\dfrac{1}{AC}+\dfrac{1}{BD}=\dfrac{2}{PQ}$）.

证明：同理，由命题 1 得：$x_1+x_2=\dfrac{k}{a}$，$x_1x_2=-\dfrac{p}{a}$，$x_1^2+x_2^2=\dfrac{k^2+2ap}{a^2}$.

则 $\dfrac{1}{AC}+\dfrac{1}{BD}=\dfrac{1}{ax_1^2+p}+\dfrac{1}{ax_2^2+p}=\dfrac{a(x_1^2+x_2^2)+2p}{a^2x_1^2x_2^2+ap(x_1^2+x_2^2)+p^2}=\dfrac{k^2+4ap}{p(k^2+4ap)}=\dfrac{1}{p}$.

另解 1：可设 $A(x_1,kx_1+p)$，$B(x_2,kx_2+p)$，

则 $\dfrac{1}{AC}+\dfrac{1}{BD}=\dfrac{1}{kx_1+2p}+\dfrac{1}{kx_2+2p}=\dfrac{k(x_1+x_2)+4p}{k^2x_1x_2+2kp(x_1+x_2)+4p^2}=\dfrac{k^2+4ap}{p(k^2+4ap)}=\dfrac{1}{p}$.

另解 2：可设 $A(x_1,y_1)$，$B(x_2,y_2)$，

由 $\begin{cases}y=ax^2,\\y=kx+p,\end{cases}$ 得 $ay^2-(2ap+k^2)y+ap^2=0$，所以 $y_1+y_2=\dfrac{2ap+k^2}{a}$，$y_1y_2=p^2$.

则 $\dfrac{1}{AC}+\dfrac{1}{BD}=\dfrac{1}{y_1+p}+\dfrac{1}{y_2+p}=\dfrac{y_1+y_2+2p}{y_1y_2+p(y_1+y_2)+p^2}=\dfrac{4ap+k^2}{4ap^2+k^2p}=\dfrac{1}{p}$.

由上解法，通过不同的坐标设元方式或消元，降低了计算量，拓宽了思

考的方向.

二、试题彰显对数学核心素养的考查

福建这两年的中考压轴题核心关键小题,特色鲜明,题材的选取、试题的呈现方式上对能力立意和数学核心素养的考查等方面进行了一定的探索. 以抛物线上点与线对偶关系为背景,考查直线与抛物线的关系,重点突出对数学抽象、数学运算的考查,而且不同的核心素养要素体现不同的考查水平.

以福建省 2019 年中考 25 题为例:对于数学抽象的考查,具体体现为借助符号进行运算和推理,抽象出一般的规律和结构. 具体表现水平为:在数学问题情境中,识别证明 A,C,D 共线所需的方法、算法并形成相应策略,例如,策略 1:先求直线 AD 的解析式,再证点 C 在直线 AD 上;策略 2:过点 C 作 $CE \perp x$ 轴于点 C,BD 交 x 轴于点 F,证 $\angle DAO = \angle CAE$;继而找出问题中的一般规律和结构,能对问题中的一般规律和结构的意义进行解释,验证解决方法或结果的合理性.

对于数学运算的考查,具体体现为合理简洁设计程序,正确迅速完成运算,通过运算解决问题. 表现水平为能够针对运算问题,合理构造运算程序,并以此为基础建立合理简洁的解决问题模式,例如,针对策略 1 设计的程序:①联立 $\begin{cases} y = kx + 1 - k, \\ y = (x-1)^2, \end{cases}$ 得 $x^2 - (k+2)x + k = 0$(*);②根据 $A(1, 0)$,$B(x_1, (x_1-1)^2)$,$D(x_1, -1)$,求得直线 AD:$y = -\dfrac{1}{x_1 - 1}x + \dfrac{1}{x_1 - 1}$;③利用方程(*)中的两根和与积验证 $C(x_2, (x_2-1)^2)$ 满足直线 AD 解析式;针对策略 2 设计的程序:①同上①;②根据 $A(1, 0)$,$B(x_1, (x_1-1)^2)$,$D(x_1, -1)$,求得 $\tan \angle DAF = \dfrac{1}{1 - x_1}$,$\tan \angle CAE = x_2 - 1$;③利用方程(*)中的两根和与积验证 $\dfrac{\tan \angle CAE}{\tan \angle DAF} = (x_2 - 1)(1 - x_1) = 1$. 同时针对不同的直线(解析式特征)、点坐标,设计运算程序时,选择恰当的运算策略,例如,选择用韦达定理代替求根公式,利用二次函数的解析式设点 B,C 坐标,

活用运算技巧，优化算法，降低运算难度，提升运算速度，提高运算准确度.

如图 13，试题也穿插考查逻辑推理，直观想象，数学建模，多种核心素养交汇考查，互相交织、渗透、共生，不同核心素养要素的考查水平也不尽相同，解决问题的过程是综合运用各种核心素养的过程.

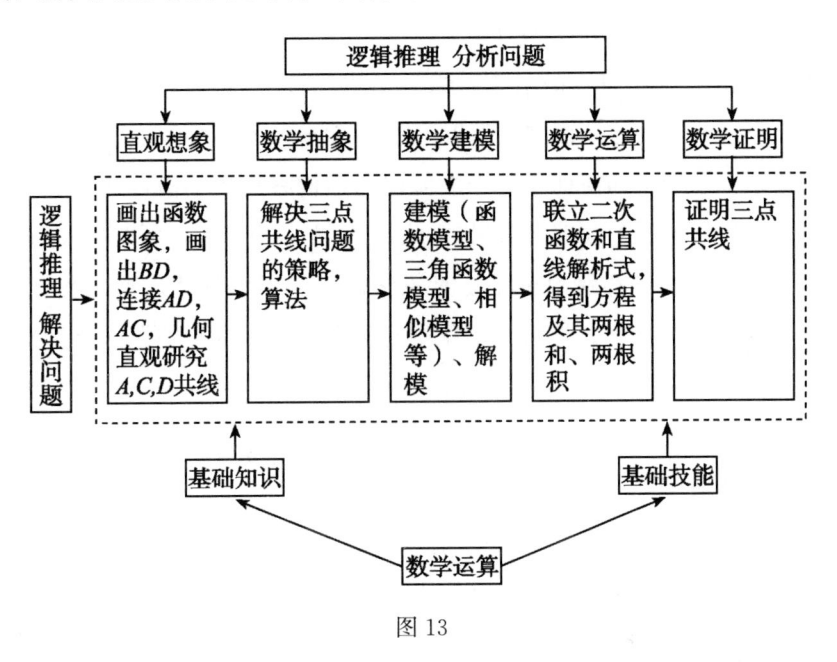

```
                    ┌─────────────────────┐
                    │  逻辑推理  分析问题  │
                    └─────────────────────┘
         ┌──────┬──────────┬──────┬──────┐
      直观想象  数学抽象  数学建模  数学运算  数学证明
```

画出函数图象，画出 BD，连接 AD，AC，几何直观研究 A,C,D 共线 ｜ 解决三点共线问题的策略，算法 ｜ 建模（函数模型、三角函数模型、相似模型等）、解模 ｜ 联立二次函数和直线解析式，得到方程及其两根和、两根积 ｜ 证明三点共线

逻辑推理 解决问题

基础知识 ← 数学运算 → 基础技能

图 13

随着新课程改革步入深水区，基于核心素养导向的试题将是未来考试的命题趋势，中考的命题理念从能力立意转变为核心素养立意，通过对福建这两年的压轴题分析，可以得到一定的启示：基于核心素养导向的试题着重于考查数学核心素养要素的综合性，水平的层次性，要求的阶段性. 中考压轴题带有区分选拔功能，因此对于核心素养的考查，数学抽象、数学建模、数学运算将占据重要地位，一般来说也不会孤立地考查某一种素养，而是综合考查学生对各种核心素养的运用水平，体现综合性. 同时考虑各个素养达成水平的侧重点，合理确定考查素养水平的层次性，区分出各水平学生所需达到的阶段性要求. 因此二次函数压轴题的命制从知识与方法的应用、情境的设计、问题的提出与解决都将服务于核心素养的评价，命题方式上丰富考查要素的综合性，细化考查水平的层次性，明确考查要求的阶段性，形成具有

可操作性、可量化考核的数学核心素养水平测量体系,更好地实现压轴题精确区分考生、合理选拔的功能.

8.2 起于形象 止于抽象

本试题是以 2018 年福建省中考数学 B 卷第 25 题和莆田市中小学教师岗位大练兵解题析题为原始模型,基于核心素养,不断思考从数量与数量关系、图形与图形关系中,如何抽象出一般规律与结构并用数学语言进行合理有序地表达与表征,而进行改编与命制,打磨三稿方命制而成,可谓是千淘万漉,吹尽狂沙. 在改编和命制过程中,对原始模型的不断打磨,起于形象直观,止于抽象概括,抽象中有形象,形象中有抽象. 命制过程中深深感受到:命题好玩,需玩好命题;命题有道,而研修无界.

一、试题展示

已知抛物线 $l_1: y = \dfrac{1}{4}x^2 + c$,当其函数值 $y=0$ 时,只有一个自变量 x 的值与其对应.

(1) 求 c 的值;

(2) 将抛物线 l_1 平移得到抛物线 $l_2: y = \dfrac{1}{4}(x-n)^2 - 1(n>0)$. 若当 $0 \leqslant x \leqslant \dfrac{3}{2}$ 时,对于抛物线 l_1 上任意点 E,抛物线 l_2 上总存在点 F,使得 E,F 的纵坐标相等.

①求 n 的取值范围;

②设抛物线 l_2 与 x 轴交于 A,B 两点,与 y 轴交于点 C,求 △ABC 的外心的纵坐标的取值范围.

二、命题过程

(一) 命题立意

本题以函数为基本背景，既考查了函数的图象性质，也与几何相结合.在关注数感、符号意识的同时，还培养运算能力、推理能力和几何直观，更以代数运算进行推理演绎，突出函数、方程、不等式、代数变形、分式运算等数学核心知识；从思想方法层面，本题体现函数与方程、数形结合、转化与化归等数学思想；从能力素养，本题通过参数表达、运算、代数变形和逻辑推理，旨在加强符号意识的培养及参数思想的建立，加强了函数与方程（不等式）之间转化与串联，培养数学抽象素养的同时，还关注了学生数形结合与转化与化归能力的培养与发展，以基础知识点为载体，充分考查学生数学素养与能力，体现以学生发展为本的理念，建构"数学抽象""代数运算"和"逻辑推理"等数学核心素养能力.

(二) 命题过程

1. 起于形象，原始模型

【模型1】(2018年福建省中考数学B卷第25题) 已知抛物线 $y=ax^2+bx+c$ 过点 $A(0,2)$，且抛物线上任意两点 $M(x_1,y_1)$，$N(x_2,y_2)$ 都满足 $x_1<x_2<0$ 时，$(x_1-x_2)(y_1-y_2)>0$；$0<x_1<x_2$ 时，$(x_1-x_2)(y_1-y_2)<0$. 以原点 O 为圆心，OA 为半径的圆与抛物线交于另两点为 B，C，且 B 在 C 左侧，$\triangle ABC$ 中有一个内角为 $60°$.

(1) 求抛物线解析式；

(2) 若 MN 与直线 $y=-2\sqrt{3}x$ 平行，且 M，N 位于直线 BC 的两侧，$y_1>y_2$，解决以下问题：

①求证：BC 平分 $\angle MBN$；

②求 $\triangle MBC$ 外心的纵坐标的取值范围.

模型分析：

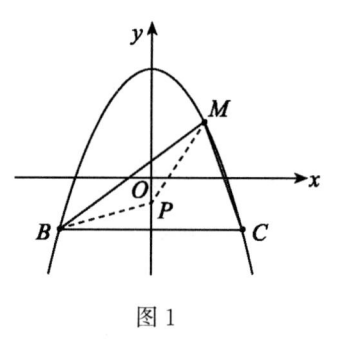

(2) ②中 P 为 $\triangle MBC$ 的外心，B，C 关于抛物线的对称轴（y 轴）对称，$M(x_1, y_1)$ 且 $y_1 = -x_1^2 + 2$.

（如图 1）$PM = PB = PC$，点 P 在 y 轴上.

设 $P(0, y_0)$，可用 $PB^2 = PM^2$，列出 y_0 与 y_1 之间的函数关系式.

图 1

【模型 2】（2018 年莆田市中小学教师岗位大练兵解题析题）将抛物线 $y = \dfrac{1}{4}x^2 - 4$ 落在直线 $l: x = m$ 左侧部分沿着 x 轴翻折，其余部分图象保持不变，得到函数 f 的图象. 若函数 f 的图象在 y 轴上的正投影没有公共部分，求 m 的取值范围.

模型分析：

抛物线经过变换后得到函数 f 是分段函数，其图象在 y 轴上的正投影有两段，若这两段没有公共部分，则构成分段函数 f 的两段函数的值域交集为空集.

当 $m \leqslant 0$ 时，如图 2，$y_C \geqslant y_D$，求得：$m \leqslant -4\sqrt{2}$，$y_C \geqslant y_D$，求得：$m \leqslant -4\sqrt{2}$；

当 $m > 0$ 时，如图 3，$y_E < y_D$，求得：$m > 4\sqrt{2}$ 或 $m < -4\sqrt{2}$.

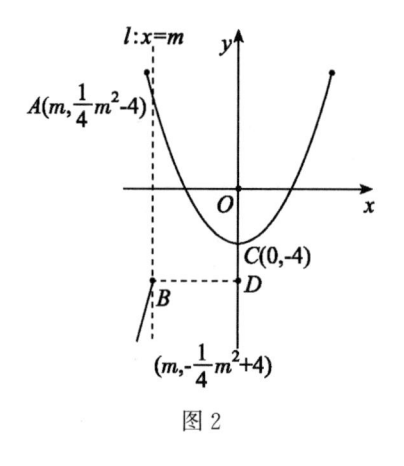

图 2

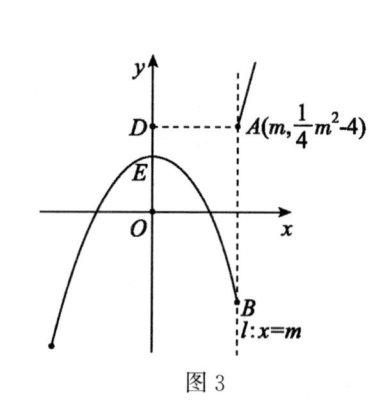

图 3

220

从知识内涵和能力素养上看，以上两个模型基本达到了中考压轴题的难度与区分要求，但二者均是陈题，因此决定在上述基础上对模型的背景与结构做进一步的挖掘与改编.

2. 照葫芦画瓢，形成初稿

原始模型 1 中以坐标含参点 M 为主动点，$\triangle MBC$ 的外心为从动点，通过代数运算推理揭示 $\triangle MBC$ 的外心随主动点 M 的运动而产生的轨迹，其中 M，B，C 均在抛物线上. 我们尝试仍以抛物线上的点为背景，探索三角形外心随动点（参数）变化的轨迹，其代数运算过程如下：P 为 $\triangle ABC$ 的外心，抛物线 $l_2: y = \dfrac{1}{4}(x-n)^2 - 1$ 与 x 轴交于 A，B 两点（A 在 B 的左侧），与 y 轴交于点 C.

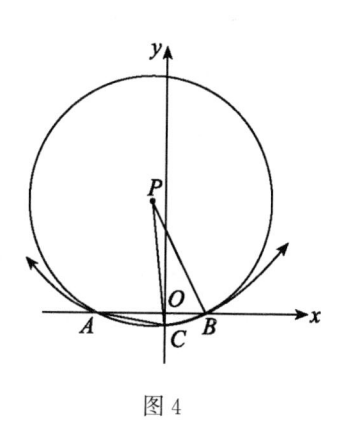

图 4

如图 4，$PA = PB = PC$，点 P 在抛物线 l_2 的对称轴上.

设 $P(n, q)$，可用 $PB^2 = PC^2$ 列出 q 与 n 之间的函数关系式.

另一方面，原始模型 2 中基于两个函数在 y 轴上的正投影之间的关系来揭示这两个函数值域之间的关系，从正投影的直观呈现的位置关系抽象概括出其数学本质（两个函数值域的关系）. 我们做如下的归纳：

如图 5、图 6，函数 y_1 和 y_2 的值域分别为 $[a, b]$ 和 $[c, d]$.

【命题 1】 如图 5，函数 y_1 和 y_2 在 y 轴上的正投影没有公共部分，得到 $a > d$ 或 $c > b$.

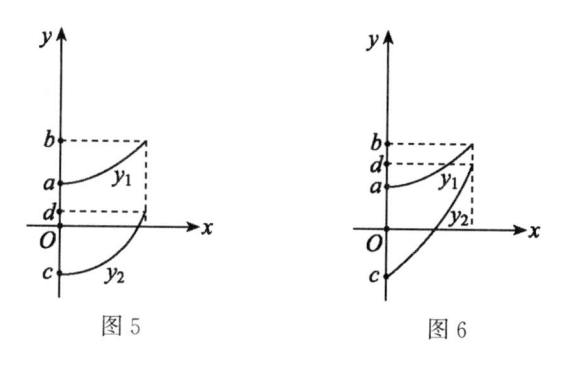

图 5

图 6

【命题2】 如图6，函数 y_1 和 y_2 在 y 轴上的正投影有公共部分，得到 $a \leqslant d$ 且 $c \leqslant b$.

于是就形成改编第一稿，如下：

已知抛物线 $l_1: y = \frac{1}{4}x^2 + c$，当其函数值 $y=1$ 时，只有一个自变量 x 的值与其对应.

(1) 求 c 的值；

(2) 将抛物线 l_1 经过平移得到抛物线 $l_2: y = \frac{1}{4}(x-n)^2 - 1$.

①若抛物线 l_2 与 x 轴交于 A，B 两点（A 在 B 的左侧），与 y 轴交于点 C. 记 $\triangle ABC$ 的外心为 P，求点 P 的纵坐标随横坐标变化的函数解析式；

②当 $0 \leqslant x \leqslant 2$ 时，抛物线 l_1 和 l_2 在 y 轴上的正投影没有公共部分，求 n 的取值范围.

初稿反思分析：参数 n 的变化牵制着函数图象的变化，在此动态变化过程中，其一是 $\triangle ABC$ 的外心落在某一条抛物线上，结论已然漂亮；其二是函数图象变化影响 y 轴上的正投影的变化，但设问方式过于直观，忽略数学抽象思维的考查，故作下一步的探索.

3. 抽象呈现，形成第二稿

在第一稿中，原始模型1作了较大的改编，从单动点牵制到三动点的参数互相制约的延伸，得出 $\triangle ABC$ 外心的运动轨迹是一条抛物线，于是，我们进一步将轨迹问题抽象为：求 $\triangle ABC$ 的外心的纵坐标的最小值. 另一方面，我们关注到原始模型2中的命题2：如图7，l_1 和 l_2 在 y 轴上的正投影有公共部分 $a \leqslant d$ 且 $c \leqslant b$. 在"几何画板"的动态演示下，我们发现：命题2有特例存在，即对于函数 y_1 和 y_2 在 y 轴上的正投影，存在"其中一个正投影会覆盖另一个正投影"的情形，如图7所示. 此时函数 y_2 的正投影覆盖了函数 y_1 的正投影 $[a, b]$ ← $[c, d]$.

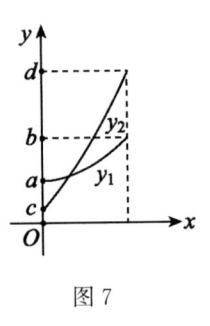

图7

但正投影的覆盖关系不好设问和描述，于是用文字语言进行抽象表达为：

对于函数 y_1 任意点 E，函数 y_2 上总存在点 F，使得 E，F 的纵坐标相等. 从而，形成第二稿：

已知抛物线 $l_1:y=\frac{1}{4}x^2+c$，当其函数值 $y=0$ 时，只有一个自变量 x 的值与其对应.

(1) 求 c 的值；

(2) 将抛物线 l_1 经过平移得到抛物线 $l_2:y=\frac{1}{4}(x-n)^2-1$.

①若抛物线 l_2 与 x 轴交于 A，B 两点，与 y 轴交于点 C，求 $\triangle ABC$ 的外心的纵坐标的最小值.

②当 $0\leqslant x\leqslant 2$ 时，对于抛物线 l_1 上任意点 E，抛物线 l_2 上总存在点 F，使得 E，F 的纵坐标相等，求 n 的取值范围.

第二稿反思分析：此稿较初稿，不仅在知识内涵和能力要求上做了充分的改善与提升，设置"对于抛物线 l_1 上任意点 E，抛物线 l_2 上总存在点 F，使得 E，F 的纵坐标相等"这一条件，既关注以形的直观启迪解题思路，也关注用抽象的代数推理来弥补形的模糊. 但（2）中的①②并没有太大的关联，故第二稿还需进一步改造，使整题逻辑顺序自然严谨，并环环相扣.

4. 止于抽象，形成终稿

综合以上第一稿和第二稿的反思，对数据特殊化，并对模型抽象化处理，最终定为终稿：

已知抛物线 $l_1:y=\frac{1}{4}x^2+c$，当其函数值 $y=0$ 时，只有一个自变量 x 的值与其对应.

(1) 求 c 的值.

(2) 将抛物线 l_1 平移得到抛物线 $l_2:y=\frac{1}{4}(x-n)^2-1(n>0)$. 若当 $0\leqslant x\leqslant \frac{3}{2}$ 时，对于抛物线 l_1 上任意点 E，抛物线 l_2 上总存在点 F，使得 E，F 的纵坐标相等.

①求 n 的取值范围.

②设抛物线 l_2 与 x 轴交于 A，B 两点，与 y 轴交于点 C，求 $\triangle ABC$ 的外心的纵坐标的取值范围.

终稿反思分析：第（1）问起点较低，主要考查二次函数图象性质，旨在让大部分学生都能得分；第（2）问是将第（1）问的抛物线平移衍生出第二条含参的抛物线，设置"对于抛物线 l_1 上任意点 E，抛物线 l_2 上总存在点 F，使得 E，F 的纵坐标相等"这一条件，旨在发展学生的直观想象能力，并基于直观想象抽象表达出两个函数在闭区间内值域之间的关系，列出不等式求 n 的取值范围. 这一过程考查学生能否合理有序地进行逻辑思考与推理探寻解题思路. 而②是通过代数运算推理得出 $\triangle ABC$ 外心的纵坐标随横坐标的变化解析式，在①中 n 的范围下求解. 本题起点低，基于初中核心知识，内嵌逻辑推理与代数推理，有利于学生在各小题的解决中启发反思，并拾级而上. 体现以学生发展为本的理念，建构"数学抽象""代数运算"和"逻辑推理"等数学核心素养.

三、解答分析

（1）令 $y=0$ 得：$\frac{1}{4}x^2+c=0$，由 $\Delta=0$，可解得 $c=0$.

（2）①当 $0 \leqslant x \leqslant \frac{3}{2}$ 时，对于抛物线 l_1 上任意点 E，抛物线 l_2 上总存在点 F，使得 E，F 的纵坐标相等. 画出函数图象，并抽象概括出：当 $0 \leqslant x \leqslant \frac{3}{2}$ 时抛物线 l_2 对应的值域包含抛物线 l_1 的值域 $\left(0, \frac{9}{16}\right)$. 等价于 $0 \leqslant x \leqslant \frac{3}{2}$ 时，抛物线 l_2 的最大值 $M \geqslant \frac{9}{16}$，抛物线 l_2 的最小值 $N \leqslant 0$；问题简化为：当 $0 \leqslant x \leqslant \frac{3}{2}$ 时，求抛物线 l_2 的最值问题. 而随着 n 的变化，受图象和增减性的制约，M 和 N 在不同的自变量 x 的值取到. 故应对 n 的情况进行分类讨论.

当 $0 \leqslant n \leqslant \frac{3}{2}$ 时，$N=-1 \leqslant 0$，而 M 是函数 $y=\frac{1}{4}(x-n)^2-1$，当 $x=0$ 时或 $x=\frac{3}{2}$ 时取得.

即：$\frac{1}{4}n^2-1 \geqslant \frac{9}{16}$ 或 $\frac{1}{4}\left(\frac{3}{2}-n\right)^2-1 \geqslant \frac{9}{16}$.

此时 $n^2 \geqslant \frac{25}{4}$ 或 $n \leqslant -1$ 或 $n \geqslant 4$.

$\because 0 < n \leqslant \frac{3}{2}$，$\therefore$ 不合题意，舍去.

当 $n > \frac{3}{2}$ 时，抛物线 $l_2: y=\frac{1}{4}(x-n)^2-1$ 在 $0 \leqslant x \leqslant \frac{3}{2}$ 上呈下降趋势，y 随 x 的增大而减小.

即 $M=\frac{1}{4}n^2-1$，$N=\frac{1}{4}\left(\frac{3}{2}-n\right)^2-1$，$\therefore \begin{cases} \frac{1}{4}n^2-1 \geqslant \frac{9}{16}, \\ \frac{1}{4}\left(\frac{3}{2}-n\right)^2-1 \leqslant 0. \end{cases}$

$\because n > \frac{3}{2}$，解得 $\frac{5}{2} \leqslant n \leqslant \frac{7}{2}$.

综上所述，n 的取值范围为 $\frac{5}{2} \leqslant n \leqslant \frac{7}{2}$.

②不失一般性，如图 8，由 P 为 $\triangle ABC$ 的外心，抛物线 $l_2: y=\frac{7}{2}(x-n)^2-1$ 与 x 轴交于 A，B 两点，与 y 轴交于点 C. 可知 $PA=PB=PC$，P 在抛物线 l_2 的对称轴上，设 $P(n, q)$，利用勾股定理，根据 $PB^2=PC^2$，求出 q 与 n 的函数关系式为 $q=\frac{1}{8}n^2+\frac{3}{2}$，根据①中 n 的取值范围 $\frac{5}{2} \leqslant n \leqslant \frac{7}{2}$，可求得 $\frac{73}{32} \leqslant q \leqslant \frac{97}{32}$.

另一方面，由于 P 为 $\triangle ABC$ 的外心，故还可以画出这个外接圆（如图 9），构造直径及直径所对的圆周角，利用"一线三等角"模型解决问题.

图 8

图 9

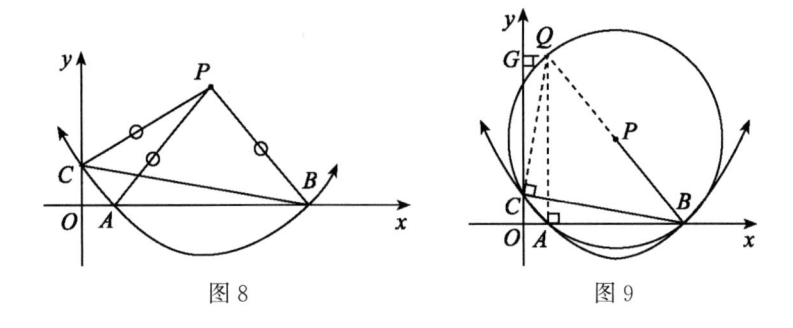

四、试题评析

本题既注重基础知识与基本技能的考查，还关注知识的内涵与外延，引导学生在数学上有序、有效地发展．从原始模型一直打磨至终稿，始终关注基础知识的载体功能，关注学生数形结合和转化与化归能力的培养与发展，关注符号意识的培养及参数思想的建立，以学生发展为本的理念，构建"数学抽象""代数运算"和"逻辑推理"等数学核心素养能力．解决本题，要求学生：首先能理解，懂分析，会抽象，善推理，能演绎，这一过程标志着：认知结构上的不断同化和顺应，促进新图式的构建；其次能提取信息并进行转化、互译与补充，进而抽象出相应的数学关系并有序表达，这一过程标志着：学生能从局部与整体的螺旋交替感知去构建数学结构，促进元认知能力的发展．

从数学认识活动看，抽象思维是形象思维螺旋式上升发展的上层思维．解决本题时，先运用形象思维，进行多层次的直感、想象、感受和思考；再根据抽象思维，进行分析、综合、归纳和演绎；最后形象思维和抽象思维协同并行，对演绎出来的结论进行直观和理性的审查、取舍．试题关注了形象思维的直感培养，还关注了抽象思维的去伪存真能力，这样才可以充分挖掘思维潜能，促使思维发展的灵活性和深刻性．

五、命题感悟——命题有道，研修无界

本题基于原始模型（2），不断探索已知两个函数在 y 轴上的正投影之间

的关系，求这两个函数值域之间的关系，抽象概括出命题1和命题2及其特例，并用抽象的文字语言表达问题．本题的改编、命制与实测数据警醒一线教师反思是否在知识、技能、思想、经验上做好了预设与引导，关注学生在学习过程中对数学知识的理解、对数学技能方法的掌握、对数学思想的感悟及对数学活动经验的积累．因为只有这样，才能让学生从数量与数量关系、图形与图形关系中，抽象出数学概念与性质，更能抽象出一般规律与结构，并用数学语言进行合理有序地表达与表征．

命制本题，并根据实测数据，深深感受命题与解题的思维是互逆的，犹如"藏东西"的"包围"与"找东西"的"突围"的矛与盾之间关系．命题者预设目标和结论，反推出条件（入口），其入口对命题者是已知的、明确的；而解题者则需从众多入口中寻找恰当的一个或几个入口，并在分析推理过程中过五关斩六将地进行筛选和优选．所以命题者必须换位思考，基于学情，变"自以为是"为"自以为非"，命制试题时力求起点低、入口宽、多策略，小题设问之间在逻辑上具备并列与递进关系．所谓并列，是有所同有所不同，同是指关联的逻辑关系，不同是指在知识内容和思想方法上的侧重．而递进有两层意思：一是引导性，前一个问题结论是后一个问题的基础和铺垫，前一个问题的解题思路对后一个问题的解决有一定的引导性；二是层次性，即思维的逐步深入，力求让学生"入手"容易"收手"难，使得不同的学生可以达到不同的层次、收获不同的体验．

第九章　数学应用论建模

9.1　一题同源　类比迁移

初中是义务教育阶段，又肩负为高中选拔输送人才的任务，所教知识以基础为主，重在通识通法．数学方面，要使学生经历数学问题的解决，从不同角度寻求分析问题、解决问题方法的多样性，掌握分析问题、解决问题的一些基本方法．这些基本思想方法就是我们常说的数学的通性通法，即具有某些规律性和普遍意义的常规解题模式和常用数学思想方法．新课标要求学生"初步学会在具体情境中从数学的角度发现问题和提出问题，能够综合运用数学知识和方法等解决简单的实际问题，增强应用意识，提高实践能力"．这些通性通法能让学生顺利向高中学习过渡，甚至延用于后续数学学习和发展．

学生学业的评价离不开考试，数学学习离不开解题．在命题中渗透数学常规思路和方法，有助于培养学生的数学素养和能力．人教版八年级下册《勾股定理》是个非常好的命题素材，它渗透了数形结合思想，转化思想和方程思想等重要的数学思想方法．勾股定理在教材中占有重要地位，是学生学习的一大难点．它与之前学习的实数，二次根式，一元二次方程知识联系，是直角三角形性质的拓展．勾股模型又是后续学习解直角三角形的基础，还广泛应用于四边形、圆中，是解题通法．勾股逆定理是判定直角三角形的方法，和勾股定理一起体现了数学的互逆思维．

人教版《高中数学必修5》P18练习2有这样一道题目：一块土地面积形状如图1所示，它的三条边的长分别是 50 m，60 m，70 m，两个内角是 127°

和 132°，求四边形的面积（精确到 0.01 m²）.

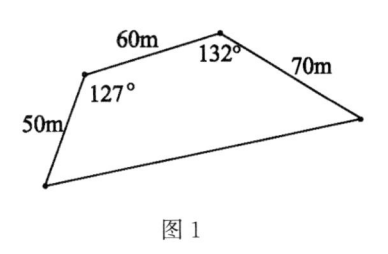

从通性通法角度看，这是一道数形结合题，借助三角函数就能解决.

能不能加以改造成为一道既涵盖基础又能综合应用知识的勾股定理综合题呢？一番思量，我们确定了命题思路：让学生理解掌握勾股定理的基本知识和用途，掌握数学计算和识图析图的基本技能；通过参与数学解题，获得经验，培养数形结合思想、转化思想和方程思想等数学思想；掌握解题的基本方法和思路. 希望能将勾股定理和逆定理融合在同一道题中，于是通过教材找到了另一个模型，人教版八下教材 P34 综合运用 5：如图 2，在四边形 ABCD 中，$AB=3$，$BC=4$，$CD=12$，$AD=13$，$\angle B=90°$，求四边形 ABCD 的面积.

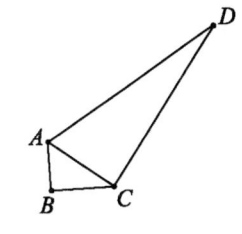

图 1

图 2

学生的解题思路通过书写才能呈现，我们选择解答题作为改编的目标题型. 结合学生学情，将题目难度定为中等，让学生易于入手，藉此提高学生综合运用知识解决问题的能力.

开始第一次改编：一块土地面积形状如图 3 所示，它的三条边的长分别是 $BC=20$ cm，$CD=16$ cm，$DA=6$ cm，$BD=12$ cm，$\angle ADC=135°$，求四边形的面积.

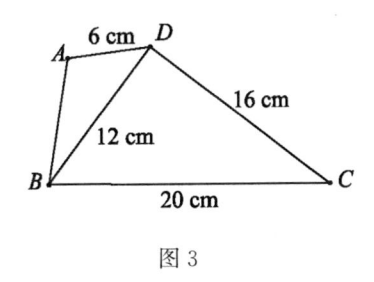

新课标指出：让学生"感受成功的快乐，体验克服困难、解决数学问题的过程，有克服

图 3

困难的勇气，具备学好数学的信心". 由于初中学段只学习到特殊角的三角函数，而八年级学生又刚接触勾股定理，我们将角改为特殊度数，让学生更容易思考和计算，能够积极参与数学活动. 从通法角度看，这类题先借助边长关系找到直角，再利用边角之间的特殊关系求出需要的底或高的条件，然后用公式求出图形面积.

解：如图 4，在△BCD 中，$BC=20$ cm，$CD=16$ cm，$BD=12$ cm，

∵ $BD^2 + CD^2 = BC^2$,

∴△BCD 是直角三角形，∠BDC＝90°，

∵∠ADC＝135°，∴∠ADB＝45°，

过 A 作 $AE \perp BD$，垂足为 E，

易得 $AE = ED = 3\sqrt{2}$ cm，

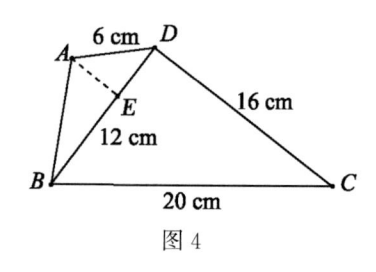

∴$S_{四边形ABCD} = S_{\triangle ABD} + S_{\triangle BCD} = (96 + 18\sqrt{2})$ cm².

除了基础性，命题也要关注知识发展性，培养学生运用知识举一反三，触类旁通的能力. 因此，我们进行了第二次改编：一块土地面积形状如图 5 所示，它的三条边的长分别是 $AB = 7$ cm，$AD = 7$ cm，$DC = 4$ cm，∠BAD＝120°，∠ADC＝150°，求四边形的面积.

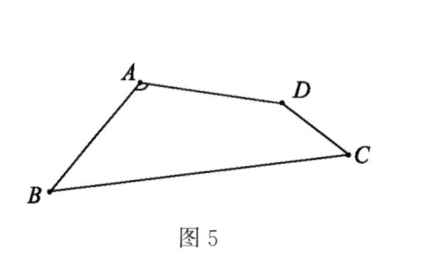

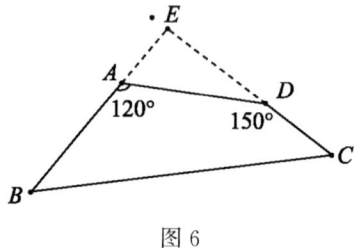

解：如图 6，延长 BA，CD 交于点 E.

∵∠BAD＝120°，∠ADC＝150°，

∴∠EAD＝60°，∠ADE＝30°，

∴∠E＝180°－∠EAD－∠EDA＝90°.

在 Rt△AED 中，∠ADE＝30°，$AD = 7$ cm，

∴$AE = \dfrac{1}{2}AD = \dfrac{7}{2}$ cm.

由勾股定理得 $DE = \dfrac{7\sqrt{3}}{2}$ cm，

∴$BE = \dfrac{21}{2}$ cm，$EC = \left(\dfrac{7\sqrt{3}}{2} + 4\right)$ cm，

∴$S_{四边形ABCD} = S_{\triangle BEC} - S_{\triangle EAD} = \dfrac{1}{2} BE \cdot CE - \dfrac{1}{2} AE \cdot ED =$

$\left(\dfrac{49\sqrt{3}}{4}+21\right)$ cm².

含 30°角的直角三角形是解直角三角形问题的常见模型. 恰当添加辅助线是学生解几何题的通法和难点，给一些思维层次较高的学生，提供了更深层次思考的问题. 为了给学生提供更多施展才能的空间，培养他们的创新意识，让学生感受探索数学的乐趣，还可以对题目进行变式.

变式一：一块土地形状如图 7 所示，它的四条边的长分别是 $AB=4$ cm, $AE=5$ cm, $BE=3$ cm, $DE=2$ cm, $\angle BAD=60°$, $\angle ADE=120°$, 求四边形的面积.

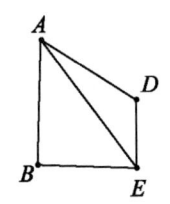

解：如图 8，在 △ABE 中，$AB=4$ cm, $BE=3$ cm, $AE=5$ cm,

图 7

$\therefore AB^2+BE^2=AE^2$,

$\therefore$ △ABE 是直角三角形，$\angle ABE=90°$.

$\because \angle BAD=60°$, $\angle ADE=120°$,

$\therefore \angle BED=90°$.

如图 8，延长 AD，BE 交于点 C,

则 $\angle EDC=30°$, $\angle DEC=90°$.

图 8

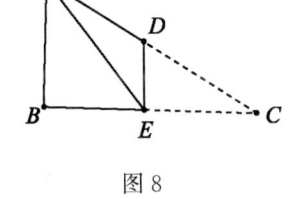

又 $\because DE=2$ cm,

$\therefore$ Rt△DCE 中，$CD=4$ cm, 由勾股定理得 $EC=2\sqrt{3}$ cm,

$\therefore S_{\text{四边形}ABED}=S_{\triangle ABC}-S_{\triangle DEC}=\dfrac{1}{2}AB\cdot BC-\dfrac{1}{2}EC\cdot DE$

$=(6+2\sqrt{3})$ cm².

变式二：一块土地形状如图 9 所示，它的三条边的长分别是 $AB=9$ cm, $BC=10$ cm, $\angle ABC=45°$, $\angle BAD=\angle BCD=90°$, 求四边形的面积.

解：$\because \angle ABC=45°$, $\angle BAD=\angle BCD=90°$,

$\therefore \angle ADC=135°$.

图 9

如图 10，延长 BA，CD 交于点 E,

则 $\angle ADE = 180° - \angle ADC = 45°$，$\angle DAE = 90°$.

∵ $\angle ABC = \angle DEA$，

∴ $EC = BC = 10$，

∵ $\angle AED = \angle ADE = 45°$，

∴ $AD = AE$.

在 Rt△EBC 中，由勾股定理得 $BE = 10\sqrt{2}$ cm，

∴ $AE = AD = (10\sqrt{2} - 9)$ cm，

∴ $S_{四边形ABCD} = S_{\triangle BEC} - S_{\triangle ADE}$

$$= \frac{\sqrt{2}}{2} CE \cdot BC - \frac{\sqrt{2}}{2} AE \cdot AD = (90\sqrt{2} - \frac{181}{2}) \text{ cm}^2.$$

图 10

这些变式中都用到特殊角解题，是学生解三角形问题的常用模型和方法. 变式一先用勾股逆定理证明直角三角形，再用直角三角形性质和勾股定理解题是学生的常规思路. 变式二中两个直角给学生添加辅助线造成干扰，有的学生会连接 BD，直接将三角形分割为两个直角三角形，解题陷入困境.

对于初中生而言，还是要着眼基础，让大多数学生都能获得成功的喜悦. 命题最好能点多面广，尽可能涵盖学生学过的基本概念，基础知识，基本公式. 二稿和变式可能导致不少学生铩羽. 为了让更多学生通过努力至少能够完成大部分题目，我们又对题目进行了第三次改编：

已知一块土地面积形状如图 11 所示，$AB = 13$，$BC = 20$，E 是 AB 上一点，$BE = 4.5$，D 是 AC 上一点，$AD = 5$，$DE = 10.5$，$BD = 12$，求四边形 $BCDE$ 的面积.

解：如图 12，$AB = 13$，$AD = 5$，$BD = 12$，

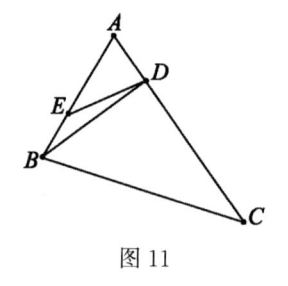

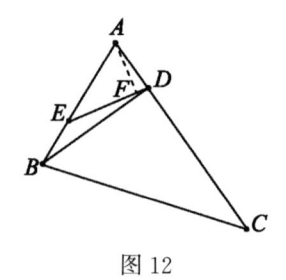

图 11

图 12

∴ $AB^2 = AD^2 + BD^2$,

∴ $\angle BDA = \angle BDC = 90°$.

∵ $BD = 12$,

∴ 由勾股定理得 $CD = 16$.

∵ $BE = 4.5$,

∴ $AE = 8.5$.

过 A 作 $AF \perp ED$,由勾股定理得 $AE^2 - EF^2 = AD^2 - DF^2$.

∵ D 是 AC 上一点,$AD = 5$,$DE = 10.5$,

∴ $8.5^2 - EF^2 = 5^2 - (10.5 - EF)^2$,

解得 $EF = 7.5$,

∴ $AF = 4$,

∴ $S_{四边形BCDE} = S_{\triangle ABC} - S_{\triangle ADE} = 126 - 21 = 105$.

改编后的题目,更加平易近人,让学生愿意尝试,达到训练基本知识、基本技能的目的. 从通性通法上,它渗透了几何证明割补法. 学生只要根据基本思路:不规则图形面积→规则图形面积和或差→构造或寻找直角三角形模型→建立方程模型→利用三角形面积公式就能求解. 本题关键点在于:用勾股逆定理证明直角和添加辅助线建立直角三角形基本模型,利用勾股定理建立方程计算相关边长. 虽然容易入题,但题目隐藏易错点:$AB = 13$,$AD = 5$,$BD = 12$ 隐藏着勾股数,用于证明直角,很多学生书写时与勾股定理混淆,分不清前提和结论,逻辑混乱.

定稿的题目包含了勾股定理和逆定理的综合应用,同时渗透了数形结合、转化和方程思想等重要的数学思想方法,通性通法,符合新课标对初中生的要求. 对学生的数学思维的培养和数学能力的锻炼和提高具有引领性和指导性. 如果充分挖掘,改造,还可以与高中知识更深入衔接,进一步提升教学价值.

我们可以对命题进行如下拓展:

方案 1:给出 AB,AC,BC 全长,求 AC 边上的高 BD 长,给出 DE 长,求四边形 $BCDE$ 的面积.

方案 2:减少边的条件,改为角的条件,如:去掉 AE,AD 边长,添加

$\angle BED=150°$或$\angle BED=120°$或$\angle BED=135°$等特殊角，求四边形$BCDE$的面积.

方案3：与圆结合，通过圆提供直角条件，特殊角的条件.

方案4：置于网格中，通过网格提供长度或角度.

方案5：置于平面直角坐标系，通过点坐标提供线段长等.

求解的结果不仅可以是面积，还可以是某些边长或角度. 这些拓展，增加学生学习数学兴趣的同时，提高了学生分析问题解决问题的能力，也有助于学生思维的拓宽和加深.

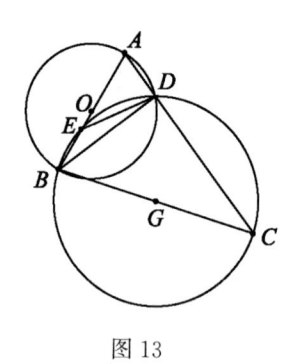

图13

对这道题目的编制虽然暂告一个段落，但我们对数学试题编制过程的思考却无法停止. 信息技术的高度融合为初中教学和研究提供了更多技术支持，除严谨性和精准度，创新也有了更多可能. 借助信息技术，题目还可以加入一些开放性的条件，如：加入动点，进行一题多变，一题多解，多题归一，增加学生思维的深度和广度. 也可以增加考查的知识点，增强题目的综合性，同时也可以与高中三角函数，立体几何等知识对接. 命题还可以加入生活实际背景，让它更具趣味性，时效性，培养对学生在生活中应用数学的意识.

数学属于思考型学科，学习和解题过程中理性思维起主导作用. 一道好的试题应该关注通性通法，适应面广，推动各层次学生的进步；既要启发学生思维，又要充满人文关怀，有创新，具美感. 数学老师要重视课本教学，立足基础，摒弃"题海"，给题目做减法，给思维做加法，导引初高中乃至后续学段知识和思维的衔接和发展，体现数学学科的科学价值.

9.2 以情景立意 考数据分析

一、试题展示

福州市 2018 年推出最新高层次人才酒店公寓住房补贴政策，提供以下两处（共四种户型）住房选择：福州市人才公寓（东二环），租金标准为 50 元/m^2（含税价），户型为 60 m^2 与 90 m^2；福州市人才公寓（高新苑），租金标准为 27 元/m^2（含公摊建筑面积），户型为 80 m^2 与 120 m^2. 不考虑房屋公摊与税收问题.

租金由申请人、所在单位、政府各承担三分之一. 王老师是研究生硕士学历的外地人，符合租赁需求中对"高层次人才"的需求. 因此，王老师对两种公寓住房户型和套数比例进行统计，并将统计结果绘制为下面两幅统计图，请你结合图中所给信息回答下列问题：

(1) 求 80 m^2 的"高新苑"的套数，并补全图 1；

(2) 假如全福州市申请住房补贴公寓为东二环 90 m^2 的对象中共有 1250 人符合购买条件，王老师是其中之一. 由于申请人数超过房子套数，申请人必须通过计算机摇号产生. 如果王老师参与摇号，被选中的概率是多少？

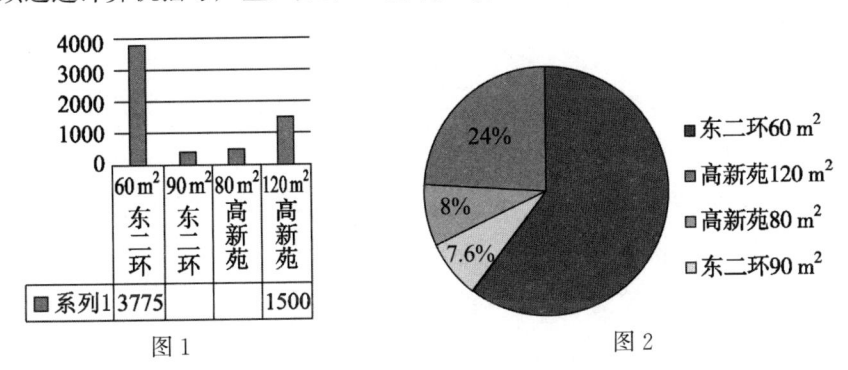

图 1

图 2

(3) 如果王老师被选中，由于全福州市符合条件的申请人数较多，假设每人租房个人居住面积不超过 80 m^2 且不低于 45 m^2，超过 60 m^2 的要与别人合租（假设租住的两人平分租金），请问王老师申请哪个小区与多少平方的户型，个人承担的价格最低？

二、命题立意

知识立意：本题的考查目标主要有概率的计算、统计基本方法应用、方案选择等，只要对以上知识掌握达到《考纲》所规定的要求，并具备基本的运算求解能力，考生可顺利、准确完成求解.

能力立意：本题主要以数据处理能力立意，主要表现在从实际问题转化为统计问题. 从具体的"高层次人才租房"案例中，经过分析提炼，发现研究对象的本质，从给定的大量的信息材料中抽取对问题研究有用的信息，并能将其应用于解决问题，并进行决策选择.

素养立意：数据分析核心素养以概率与统计知识为载体，培养学生数据处理的能力，其主要表现为：收集和整理数据、理解和处理数据、获得和解释结论. 概括和形成知识，主要体现在实际问题"高层次人才租房补贴政策"这一实际背景；数据分析核心素养是依托统计知识为载体，培养学生数学数据处理的能力，从而升华为学生数据分析的核心素养. 综上，本题主要培养数据分析的核心素养.

三、命题过程

1. 原始模型

据某市 2016 年国民经济和社会发展统计公报显示，2016 年该市新开工的住房有商品房、廉租房、经济适用房和公共租赁房四种户型，老王对这四种新开工的住房套数和比例进行了统计，并将统计结果绘制成下面两幅统计图，请你结合图中所给信息解答下列问题：

（1）求经济适用房的套数，并补全频数分布直方图；

（2）假如申请购买经济适用房的对象中共有 950 人符合购买条件，老王是其中之一. 由于购买人数超过房子套数，购买者必须通过计算机摇号产生. 如果对 2016 年新开工的经济适用房进行计算机摇号，那么老王被摇中的概率是多少？

图1

图2

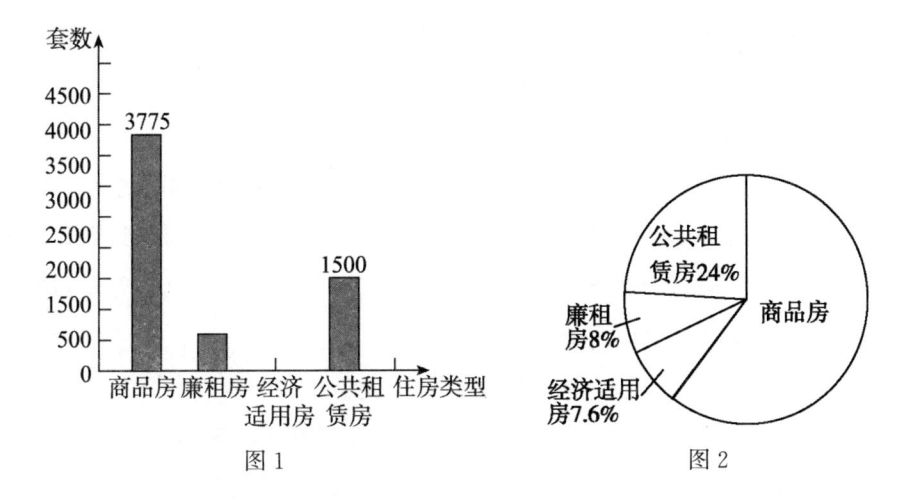

(3) 如果计划2017年新开工廉租房建设的套数比2016年增长10%，那么2017年新开工廉租房有多少套？

2. 命题思路

选择实际背景为载体进行试题命制，结合"概率与统计"的基本知识与基本能力、中考指导意见，以及《初中数学课程标准（2011）》中的"概率与统计"相关内容确定考察目标：通过案例让学生体会数据分析的作用，能解释统计图表中数据的实际意义；能用表格、条形图、扇形图、折线图等统计图表直观地表示数据；能解释统计结果，根据结果作出简单的判断和预测，并能进行交流.

3. 命题过程

通过学习蔡德清、柯跃海等老师的命题讲座，同时参考《普通高中数学课程标准（2017年版）解读》中对数据分析核心素养的三个评价水平划分，将本道题命题总结为以下几个过程：

(1) 明确考查预设——确定命题思路与梳理考点、明确考查目标.

(2) 采用改造变形法——将概率统计的试题结合实际背景，进行具体化、局部化、简单化的处理，得到背景深刻的中考试题.

(3) 选取适宜的背景材料、利用新情境的素材——2018年推行的高层次人才住房补贴政策，是福州市为了留住高层次人才的一大政策支持，是国家重视人才的一种体现,以此现实为背景学生能意识到学习的重要性,体现了教育价值. 除了福州以外,多个地区都推行相关的人才引进政策. 21 世纪的竞争,是人才的竞争.

(4)学习型题型——考查学生的阅读理解水平:本题有 449 个字,可以看成一道阅读理解题,通过学习、理解、应用的问题称为学习型试题,常见的问题有以实际问题为背景考查数学建模与应用意识,以阅读材料学习为手段考查阅读理解和学习应用能力.

(5)调整设问,审题定稿:根据考查预设整合背景材料,并规范地表述为陈述语句. 并且,经过反复推敲使得问题语句用词通俗易懂、简洁明了,最终确定解答思路与具体过程,深入分析思考易错点.

通过以上命题过程实现对试卷质量指标的控制:即导向性、科学性、适标性、有效性、难易度.

四、解题分析

1. 思路分析

本题的基本思路(思维链),包括解题的三个思维层次:第一,一般性解决是通过传统的概率与统计的基本求解方法,补全图形与数据;第二,功能性解决是通过统计方法进行数据分析从而进行决策选择;第三,特殊性解决是根据题目的特殊要求,进行选择的例举,并通过计算进行比较选择.

2. 解法呈现

基本方法:通过概率统计的一般方法求解问题,并根据数据分析进行决策选择.

基本过程:

(1)求 80 m^2 的"高新苑"的套数,并补全图 1;

答:80 m^2 高新苑的套数是 500;90 m^2 东二环的套数是 475 套.

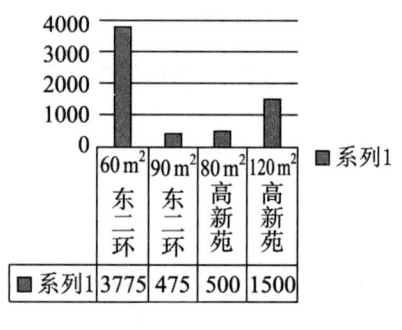

图 3

(2) 依题意得 $\frac{475}{1250}=0.38$.

答：王老师抽中的概率是 0.38.

(3) 东二环 60 m² 花费：60×50÷3＝1000（元）；

东二环 90 m² 花费：90÷2×50÷3＝750（元）；

高新苑 80 m² 花费：80×27÷3＝720（元）；

高新苑 120 m² 花费：120÷2×27÷3＝540（元）；

答：王老师选择与人合租 120m² 高新苑套房个人承担价格最低.

五、试题评析

这道题是以实际背景命制的一道概率与统计大题. 核心素养的培养主要以知识为载体，依托培养关键能力，从而升华为核心素养. 基于此通过分析问题解决问题，本题可以培养学生数据分析的核心素养，具有一定的教学价值. 此外，这道题体现了数形结合的数学思想，将图形与实际背景的数据进行结合分析，通过计算求解问题.

2018 年推行的高层次人才住房补贴政策，是福州市为了留住高层次人才的一大政策支持，是国家重视人才的一种体现，以此现实为背景让学生能意识到学习的重要性，体现了教育价值.

六、命题拓展

本题解题方法主要是：通过数形结合进行分析和统计数据，计算概率的一般方法，并通过概率与统计的计算分析，最后进行决策选择. 经过分析存在以下改编方式.

拓展改编：方案 1 可设置问题"为满足更多的高层次人才租房需求，计划 2019 年新开工东二环 90 m² 建设的套数要达到 720 套，那么 2018～2019 这两年新开工的东二环 90 m² 套数的年平均增长率是多少？"

方案 2 还可继续提问："若增长率不变，则四种户型 2019 年的总套数将达到多少套？"将租房决策问题转化为增长率问题进行求解.

通过以上命题拓展可以考查学生是否达到数据分析核心素养的"水平三"：能够针对不同的问题，综合或创造性地运用概率统计知识，解决问题；能够理解数据分析在大数据时代的重要性；能够理解数据蕴含的信息，可以通过对信息的加工，得到数据所提供的知识和规律，并用概率或统计的语言予以表达.

七、命题反思

反思本道命题存在以下优点：首先利用"高层次人才租房补贴政策"这一实际背景强调了教育的重要性，命题突出基本知识、基本技能、基本思想、基本活动经验的考查，注重对数学问题解决的通性通法的考查——解决问题的一般方法是罗列出四种户型对应的价格，从而通过比较价格的高低，选择个人承担租金最低的情况，进行决策选择. 并且，注重考查学生对其中所蕴含的数学本质的理解，关注学生学习数学过程与结果的考查，同时落实对"概率与统计"的考查目标；其次，数据分析核心素养是依托统计知识为载体，培养学生数据处理的能力，从而升华为学生数据分析核心素养.

通过反思本题还存在以下几点不足：存在一个易错点，即题目中个人居住面积不超过 80 m² 且不低于 45 m²，超过 60 m² 的要与别人合租. 此外，由于解答题的方法多样，一定程度上影响了评分的公平性.

第十章 探究开放新定义

10.1 新定义的中考数学试题的命题阐释与思考

何为新定义？对在教材或课标中没有出现或没有要求的符号、概念、法则、图形、命题等进行重新界定，我们称为"新定义"。所谓"新定义"试题，就是指通过试题提供的新定义、新概念、新规则、新定理、新材料来创设新情境，提出新问题，要求学生完成某种推理证明或指定要求的问题。这种"新定义"类试题其背景相对公平，是近几年各地中考试题中的热点，是中考所追求的理想题型之一，它主要考查学生学习新知识的能力和综合利用所学知识解决新问题的能力，它也是考查新课标中创新意识、问题意识的有效载体。这类试题主要有三个特点：

第一，情境设计新颖、构思独特。题目中出现以前没有学习过的新规定、新名称、新符号、新运算、新图形等概念，情境新颖、背景公平。

第二，考查阅读能力、迁移能力。考查学生阅读材料获取新知识，学习理解新知识和应用新知识的能力。考查层次丰富，不同水平的学生可以充分展示自己不同的探究深度。试题在知识迁移的同时关注方法迁移，从而让学生经历学习、探索、问题解决的整个过程。

第三，检测思维能力、创新能力。试题不是简单直白地考查基础知识、基本技能，而是把对"基础"的考查置于分析、解决数学问题的背景之中，体现了情境性、探究性、开放性和实践性的统一。同时，这类试题与中考的过程性测试目标相符，体现出一定的数学思考和解决问题能力方面的要求，因而能更好地检测考生的独立思考能力和探索精神，检测考生的创造意识与创新能力.

新定义的试题往往都是原创题,而坚持原创可以有效保证考试的公平性,减少因机械训练、押题、猜题对考试产生的负面影响,从而保证试题的公平性、科学性、思想性和严谨性,对于改进、提高中考的科学有效性,引导课堂教学改革具有积极的作用.

一、定义新的运算

【例1】(2011年莆田质检)定义 $a*b=ab+a+b$,若 $3*x=27$,则 x 的值是_____.

【例2】(2011年莆田中考)已知函数 $f(x)=1+\dfrac{2}{x}$,其中 $f(a)$ 表示当 $x=a$ 时对应的函数值,如 $f(1)=1+\dfrac{2}{1}$,$f(2)=1+\dfrac{2}{2}$,$f(a)=1+\dfrac{2}{a}$,则 $f(1) \cdot f(2) \cdot f(3) \cdots f(100)=$ _____.

试题评析:以上两例属于新定义运算,例1新定义一个四则运算公式,例2以高中对函数值的表达方式为内容进行定义,这类问题相对比较简单,只是初步运用新定义,要求直接利用公式进行计算,其目的是考查对新定义初步的比较浅显的理解,同时对新定义的对象进行拓展和延伸.

命题反思:试题关注数学规则的选择和运用,命题时可以通过新定义符号、新定义运算法则、新定义变换等方式,如取整函数、程序框图、行列式计算等,这类试题关注的是对概念的理解与简单应用,考查的大都是程序性知识,但应注意不能过分强调机械模仿.

二、定义新的概念

【例3】(2015年莆田质检)对于一个自然数 n,如果能找到正整数 x,y,使得 $n=x+y+xy$,则称 n 为"好数",例如:$3=1+1+1\times1$,则3是一个"好数",在8,9,10,11这四个数中,"好数"的个数为( )

A. 1　　B. 2　　C. 3　　D. 4

【例4】(2013年莆田中考)统计学规定:某次测量得到 n 个结果 x_1,

x_2，…，x_n. 当函数 $y=(x-x_1)^2+(x-x_2)^2+\cdots+(x-x_n)^2$ 取最小值时，对应 x 的值称为这次测量的"最佳近似值". 若某次测量得到 5 个结果 9.8，10.1，10.5，10.3，9.8. 则这次测量的"最佳近似值"为_____.

试题评析：例 3 通过一个新的运算法则定义一个新的数，试题条件简洁、结论开放.

例 4 的函数 y 表面看有许多量，但核心只有一个变量 x，n 个常量 x_1，x_2，…，x_n，观察或化简转化后发现函数 y 是一个开口向上的二次函数，显然在顶点处取得最小值. 因此顶点的横坐标便是对应的"最佳近似值". 试题与数据的方差、平均数联系起来，考查了阅读理解能力、建模能力、创新意识；也考查了函数与方程思想、化归与转化思想；掌握新定义的概念和平均数的平方和最小时要满足的条件是解题的关键.

命题反思：新定义试题实质上是原有认识结构与新知识之间的迁移，命题时应关注数学概念的理解和解释，不管再新的概念，内涵一定是符合课标要求、符合新课程、初中数学核心知识，而这是新定义的本质、问题的核心. 解决此类问题的关键是读懂题意，理解"新定义"，确定探索方向，然后运用类比与归纳的方法寻找合理的解题思路.

三、设置新的情境

【例 5】（2010 年莆田质检）如图 1，在直角坐标系中，四边形 $ABCD$ 是正方形，$A(1,-1)$，$B(-1,-1)$，$C(-1,1)$，$D(1,1)$. 曲线 $AA_1A_2A_3\cdots$ 叫做"正方形的渐开线"，其中 $\overparen{AA_1}$，$\overparen{A_1A_2}$，$\overparen{A_2A_3}$，…，的圆心依次是点 B，C，D，A 循环，则点 A_{2010} 的坐标是_____.

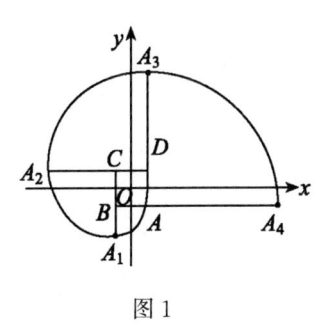

图 1

【例 6】（2015 年莆田中考）谢尔宾斯基地毯，最早是由波兰数学家谢尔宾斯基这样制作出来的：把一个正三角形分成全等的 4 个小正三角形，挖去中间的一个小三角形；对剩下的 3 个小正三角形再分别重复以上做法……将这种做法继续进行下去，就得到小格子越来越多的谢尔宾斯基地毯（如图2～图6）. 若图2中的阴影三角形面积为1，则图6中的所有阴影三角形的面积之和是_____.

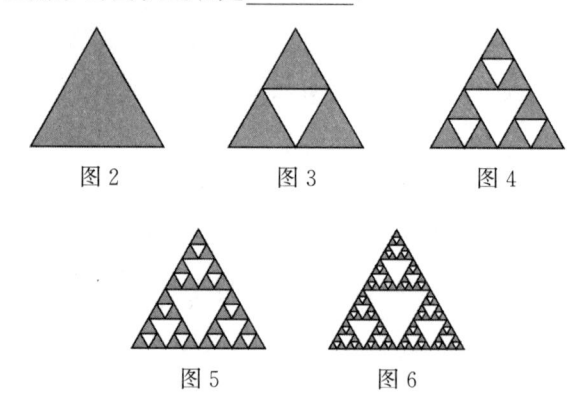

图2 图3 图4

图5 图6

试题评析：例题5，例题6都是填空题的最后一题，从正方形的渐开线（黄金分割线）到谢尔宾斯基三角形，试题源于教材中的阅读材料或数学活动，情境创设能结合相关的数学文化. 试题考查规律探究性问题，学生必须通过观察、分析、猜测、归纳进行求解，从而实现对学生的抽象概括能力、合情推理能力的考查. 解题过程体现了从特殊到一般的数学思想，这有助于考生加深对问题的理解，提高综合解题能力，形成创新意识，体现课改理念，对教学具有积极的导向作用.

命题反思：如何诗意地呈现中考试题？以数学文化为依托命制试题有利于向考生介绍数学史实、渗透数学文化，增加了人文气息和数学底蕴，感受数学的乐趣和魅力，同时让学生体验到数学之美，彰显试题的教育功能. 数学文化，教材中的读一读、数学活动有许多可成为命题的素材，值得命题者关注.

四、定义新的函数

【例7】（2015年莆田中考），抛物线$y=ax^2+bx+c$，若a，b，c满足$b=a+c$，则称抛物线$y=ax^2+bx+c$为"恒定"抛物线.

(1) 求证："恒定"抛物线$y=ax^2+bx+c$必过x轴上的一个定点A；

(2) 已知"恒定"抛物线$y=\sqrt{3}x^2-\sqrt{3}$的顶点为P，与x轴另一个交点

为 B. 是否存在以 Q 为顶点, 与 x 轴另一个交点为 C 的 "恒定" 抛物线, 使得以 PA, CQ 为边的四边形是平行四边形? 若存在, 求出抛物线解析式; 若不存在, 请说明理由.

试题评析: 新定义"恒定抛物线", 题目新颖, 内涵丰富. 考查的知识点有: 待定系数法、求抛物线与 x 轴的交点坐标、平行四边形的性质、垂直平分线的性质、角平分线的性质、求二次函数解析式、二次函数图象平移或折叠等基础知识和基本技能. 还考查了推理能力、空间观念、创新意识、数形结合思想、分类与整合思想、化归与转化思想. 经检测, 该题对学生在高中的数学学习有良好的预测效度, 作为高中招生试题, 是非常适宜的.

命题反思: 二次函数是初中学习的重点与难点, 也是高中进一步学习的重要内容, 强调了代数与几何的有机联系, 常以中考压轴题出现. 而命题时重点要关注函数的本质, 而不仅仅是伪函数(表面考函数, 本质是几何), 更要关注如何创新而不超标等. 而新定义二次函数可从代数或几何两个方面去考虑, 如代数可从 a, b, c 三个数的关系入手, 几何可从函数的特征入手, 如顶点、对称轴、与 x 轴交点、与 y 轴交点、与坐标轴围成的图形等去重新定义生成一个新的函数, 然后研究新函数的特征、性质, 并加以拓展、应用.

五、定义新的图形

【例 8】 (2014 年莆田质检) 定义: 两边和等于第三边两倍的三角形为"等差三角形". 若 Rt△ABC 为"等差三角形", 三边分别为 a, b, c, 且 $a<b<c$, 则 $\dfrac{a}{b}=$ _____.

【例 9】 (2013 年莆田质检) 新知认识: 在△ABC 中, $\angle A$, $\angle B$, $\angle C$ 所对的边分别用 a, b, c 表示, 如果一个三角形的一个内角等于另一个内角的 2 倍, 我们称这样的三角形为"倍角三角形".

(1) 特殊验证: 如图 7, 在△ABC 中, 若 $a=\sqrt{3}$, $b=1$, $c=2$, 求证: △ABC 为倍角三角形;

(2) 模型探究: 如图 8, 对于任意的倍角三角形, 若 $\angle A=2\angle B$, 求证:

$a^2=b(b+c)$;

(3) 拓展应用：在△ABC中，若∠C=2∠A=4∠B，求证：$\dfrac{b}{a}+\dfrac{b}{c}=1$.

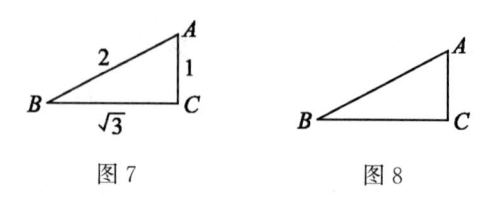

图 7

图 8

试题评析：例8，例9重新定义一个新的三角形，尤其是例9从定义"倍角三角形"开始，通过"特殊验证，模型探究，拓展应用"，提示了数学研究的一个活动过程. 试题改变了传统几何证明题的模式（已知，求证，证明），将合情推理与演绎推理有机融合在一起，试题基于定义的理解、定义的判定、模型的建立、类比与推广，突出模型的探究、抽象、概括与应用，体现了研究一个问题的比较全面的过程. 试题考查学生的学习、接受、理解、运用新知识，以及探索、归纳、判断能力，从而培养学生自主学习、主动探究的品质，因此，本题的意义就不止在于考查了相应的知识，更在于考查了活动过程.

【例10】（2009年莆田质检）(1) 如图9，△ABC的周长为l，面积为S，其内切圆的圆心为O，半径为r，求证：$r=\dfrac{2S}{l}$；

(2) 如图10，在△ABC中，A，B，C三点的坐标分别为$A(-3,0)$，$B(3,0)$，$C(0,4)$. 若△ABC的内心为D，求点D的坐标；

图 9

图 10

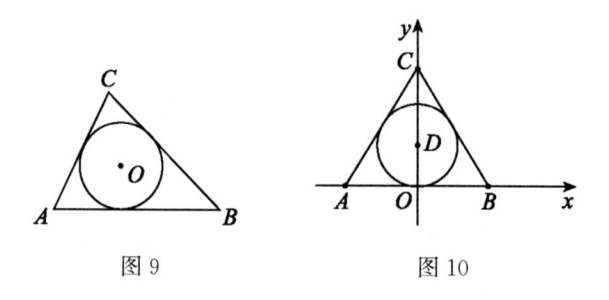

(3) 若与三角形的一边和其他两边的延长线相切的圆叫旁心圆，圆心叫

旁心. 请求出（2）中的△ABC位于第一象限的旁心的坐标.

【例11】（2013年莆田中考）定义：如图11，点C在线段AB上，若满足$AC^2=BC \cdot AB$，则称点C为线段AB的黄金分割点. 如图12，△ABC中，$AB=AC=1$，$\angle A=36°$，BD平分$\angle ABC$交AC于点D.

图11　　　图12

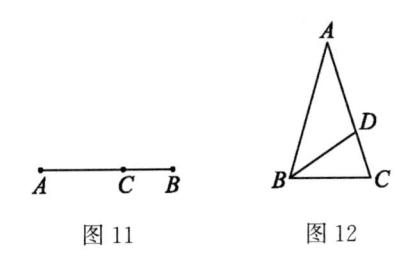

（1）求证：点D是线段AC的黄金分割点；

（2）求出线段AD的长.

试题评析：例10，例11重新定义一个新的点. 例11是以黄金等腰三角形为背景，以黄金分割为载体考查了几何中的基本性质与运算. 而在例10中三角形的内心为三角形角平分线的交点，首先第（1）题考查了学生的基础知识；接着第（2）题将第（1）题的基本图形置于平面直角坐标系中，进行了恰当的拓展，考查学生知识迁移的能力和灵活应用知识的能力；最后第（3）题又在第（2）题的基础上进一步延伸，在内心的基础上重新定义旁心，知识的应用也由形内扩展到了形外，而解决问题的方法也呈现出多样性和灵活性，较好地考查了学生的数学思维能力和综合应用知识分析、解决问题的能力. 整个试题的设计以三角形的内切圆为背景，由简单到复杂，由单一到综合，层次分明，梯度合理，拓展适度，延伸自然，符合学生的认知规律，具有较好的效度和区分度. （以上引自《中国数学教育》2009年第10期中考试题研究张卫东老师的评析）

命题反思：从以上新定义图形中发现，三角形作为一种简单又特殊的几何图形，通过命题者的智慧和创造，"变身"成为了一种又一种的新定义型三角形，考查的思维能力要求也得到了较大的提升. 如何对学过的平面几何图形进行"变身"？可从对应的元素关系、大小、性质的强化、弱化，条件的增、减等，接着对"变身"生成新的图形进行研究，是新定义图形的一个非常好的命题策略.

事实上新定义图形与教材中几何图形的呈现流程是一脉相承的，因此它包含了一个几何体系，体现了几何图形研究的一般规律. 例如，教材中对三角形相关内容是按以下探究流程进行：首先，给三角形下一个定义，再给出它的表示方法；其次，研究它的元素（角、边、点、线、周长、面积等），再研究与元素相关的性质，之后再结合性质逆向研究其判定；最后，综合性质与判定的应用. 这一流程其实就是我们学习或研究几何图形的一般规律，平行四边形、矩形、菱形、正方形、圆的学习流程也是如此，引导学生发现并领悟这些规律就是对学习经验的积累，也是数学活动的积累.

六、写在后面

创新是命题的生命线，没有创新，试题就难保证客观公正. 新定义试题将考试过程与学习过程结合起来，体现了一种较好的理念. 因此新定义试题承载着初中数学新课程的理念，有利于引导教学，促进教学方式的转变；有利于学生展示自己的水平，形成继续学习所需要的素养和能力；有利于高中入学的选拔与甄别，落实好衔接与发展需要.

在中考命题中如何设计恰当、合理、科学的新定义试题，去考查学生数学思想方法的获得、数学活动经验的积累情况；去评价学生的数学学习能力、问题意识、创新意识；去关注初中数学核心素养、数学课程改革的理念，在继承和创新中不断探索，使得中考数学试题呈现出导向明确、区域特色鲜明、试题设计科学的局面，这将是一个值得探索的有价值的领域.

10.2 素养导向"新定义" 能力考查"新图形"

一、引言

《福建省初中数学教学与考试指导意见》（2018）在建立多元评价中指出：初中学业水平考试以能力立意与素养为导向，加强理性思维考查，体现创新性．对数学核心素养的测量要以知识为基础，以数学思想方法为引领，以情境为载体，注重综合性和层次性．注重考查学生综合运用所学知识分析问题和解决问题的能力，增强与学生生活、社会实际的联系．这些评价建议对命题提出了很高的要求．作为考试的压轴的"几何新定义"型试题，对知识、能力、素养、情境的要求更高（属于上位要求），对教学更具有导向性．2019年1月，莆田市对八年级进行了一次质量检测，对其中数学卷的最后一题"几何新定义"型试题，大家在交流的时候认为该题入口宽、上手易、层层深入，不仅考查了该学段的核心知识，还重视对数学思维、数学思想能力的考查，提出了对"如何命制一道几何新定义型试题"的疑惑．这里以"几何新定义"型试题为例，将其解构、叠加、组合、转化、发展，以期对师生全面深刻地了解、把握该类试题有所帮助．

二、试题特点分析

1. 原题呈现

如图1，共顶点的两个三角形△ABC，△AB'C'，若 $AB=AB'$，$AC=AC'$，且 $\angle BAC+\angle B'AC'=180°$，我们称△ABC 与△AB'C' 互为"顶补三角形"．

（1）已知△ABC 与△ADE 互为"顶补三角形"，AF 是△ABC 的中线．

①如图2，若△ADE 为等边三角形时，求证：$DE=2AF$；

②如图3，若△ADE 为任意三角形时，上述结论是否仍然成立？请说明理由．

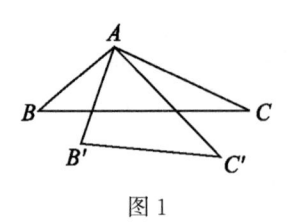

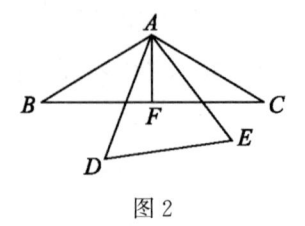

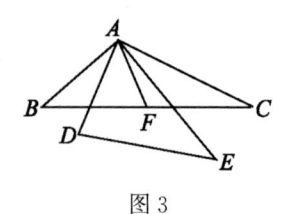

图1

图2

图3

（2）如图4，四边形 ABCD 中，∠B＋∠C＝90°．在平面内是否存在点 P，使△PAD 与△PBC 互为"顶补三角形"，若存在，请画出图形，并证明；若不存在，请说明理由．

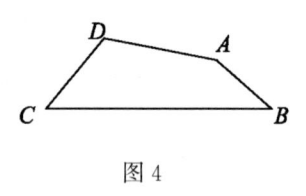

图4

2．试题分析

本题是一题典型的"几何新定义"型试题．题目先给出互为"顶补三角形"的定义，要求考生在充分理解新定义的基础上，从一般性回归特殊性，研究等边三角形和含 120°的等腰三角形具有的性质，研究一般"顶补三角形"具有的性质，最后再应用其性质解决相关问题．

从知识层面来看，本题考查了等边三角形、平行线、垂直平分线的相关性质，全等三角形的性质与判定，中点中线的相关结论，直角三角形中 30°角所对边等于斜边的一半，三角形、四边形的内角和等．

从试题结构呈现上看，本题共有三问，前两问从特殊到一般，演绎归纳类比，注重螺旋式上升．第（1）问为"等边三角形和含 120°的等腰三角形"共顶点，难度小，入口宽，特殊角度必有特殊解法，旨在考查学生对已有图形性质的掌握情况，其定位是通过特殊图形引导考生理解新定义，让考生有一定的熟悉感．第（2）问为演绎论证题，难度提升，让考生在理解"顶补三角形"的基础上，经历问题化归与转化，从特殊到一般的过程．线段之间倍半关系如何处理？角度之间如何转化？这些问题的回答均有赖于考生的演绎推理．第（3）问根据"顶补三角形"的性质内涵作图（作 AB，CD 的垂直平分线交于一点），集阅读理解、猜想操作、判断推理论证为一体，即学即用，拉长了问题的长度，增加了区分度，有效地考查了学生的后续学习潜能．

从数学思想能力上看，本题的呈现形式让学生经历图形从特殊到一般的变化过程，发现线与线、角与角、线与角之间的特殊关系，提出问题并论证应用．整个过程体现了一个数学概念的认识、理解、应用、拓展的学习过程．试题关注推理能力（从关注单一的演绎推理到关注合情推理，再到演绎与类比归纳并重），关注空间观念（图形变换中的不变性），关注化归与转化思想，关注动手能力，关注应用意识与创新意识．

从数学核心素养上看，本题旨在引导考生从数学的视角思考问题，关注对考生"发现和提出问题，分析和解决问题"的能力评价．试题设置新定义情境，指引考生在关联的情境中抽象出概念性质，接着，引导考生在探究"顶补三角形"性质的过程中，从多个角度理解概念，并用数学思维分析和解决问题（几何直观），之后，利用得到的性质进一步解决更深层的问题．可以说，这是一道"知识立意—能力立意—素养导向"循环递进的好题．

3. 思路突破

理解新定义：在分析解答问题之前，考生需对图形新定义涉及的量进行解读："顶补三角形"关乎两个三角形，这两个三角形要满足"共顶点"和"顶角互补，顶角的两组边分别相等"的条件．

问题的突破：基于上述定义，对于第一问，考生需结合等边三角形和含$120°$角的等腰三角形边与角之间数量关系解题；对于第二问，考生应抓住条件"$\triangle ABC$ 与 $\triangle ADE$ 互为'顶补三角形'"和"AF 是 $\triangle ABC$ 的中线"，考虑对中点进行化归转化，取倍长中线或构造中位线：

第（1）问解法一（倍长中线）：如图5，延长 AF 至点 G，使 $AF=FG$，连接 BG．依题意 $BF=CF$，$\angle AFC=\angle GFB$，故 $\triangle AFC \cong \triangle GFB$，则 $AC=GB$，$\angle C=\angle 1$，可得 $\angle ABG=\angle 1+\angle 2=\angle C+\angle 2=180°-\angle BAC=\angle DAE$，又 $AC=GB=AE$，$AB=AD$，则 $\triangle ABG \cong \triangle DAE$，故 $DE=AG=2AF$；

第（2）问解法二（构造中位线）：如图6，延长 BA 至点 G，使 $AG=AB$，连接 CG．依题意 $\angle BAC+\angle CAG=180°$，则 $\angle CAG=\angle EAD$，故 $\triangle ADE \cong \triangle AGC$，则 $DE=CG$，又 $AB=AG$，$BF=CF$，故 $DE=CG=2AF$．

251

图 5　　　　　　图 6

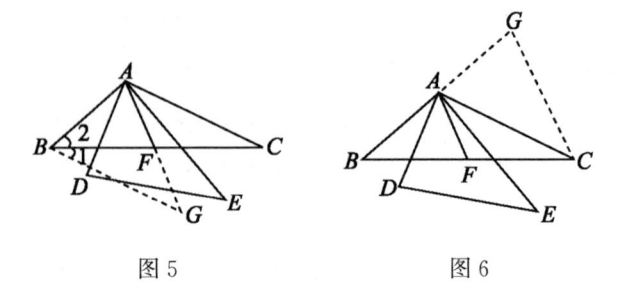

对于第（3）问，如图 7，分别作线段 CD，BA 的垂直平分线 l_1，l_2 交于点 P. 依题有 $\angle PMD = \angle PNA = 90°$，$\angle 1 = \angle 2$，$\angle 3 = \angle 4$，故 $\angle MPN = 90°$，$\angle 2 + \angle APD + \angle 3 = 90°$，又 $\angle BPC = \angle 1 + \angle 2 + \angle APD + \angle 3 + \angle 4$，故 $\angle BPC + \angle APD = 2 \times (\angle 2 + \angle APD + \angle 3) = 2 \times 90° = 180°$，因此 $\triangle PAD$ 与 $\triangle PBC$ 互为"顶补三角形".

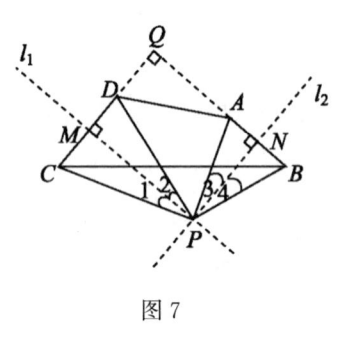

图 7

三、试题拓展延伸

1. 试题的进一步发展

（1）我们可以考虑研讨"顶补三角形" $\triangle ABC$ 与 $\triangle ADE$ 的面积关系：$S_{\triangle ABC} = \frac{1}{2} AB \cdot AC \cdot \sin \angle BAC$，$S_{\triangle ADE} = \frac{1}{2} AD \cdot AE \cdot \sin \angle DAE$，又 $\angle BAC + \angle DAE = 180°$，$AB = AD$，$AC = AE$，故 $S_{\triangle ABC} = S_{\triangle ADE}$.

我们还可以从纯几何来证明. 以上的证法中"倍长中线"和"构造中位线"都能得到 $S_{\triangle ABC} = S_{\triangle ADE}$. 当然，还可以通过作高证明：如图 8，过点 B 作 $BG \perp CA$ 延长线于点 G，过点 D 作 $DH \perp AE$ 于点 H. 依题意 $\triangle ABG \cong \triangle ADH$，故 $BG = DH$，则 $S_{\triangle ABC} = \frac{1}{2} BG \cdot AC$，$S_{\triangle ADE} = \frac{1}{2} DH \cdot AE$，故 $S_{\triangle ABC}$

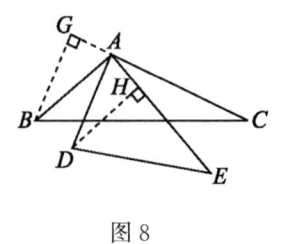

图 8

$=S_{\triangle ADE}$.

（2）我们可以改变△ADE 的方向，如图 9，仍然可定义△ABC 和△ADE 互为"顶补三角形"，且有 $AF=\dfrac{1}{2}DE$，$S_{\triangle ABC}=S_{\triangle ADE}$.

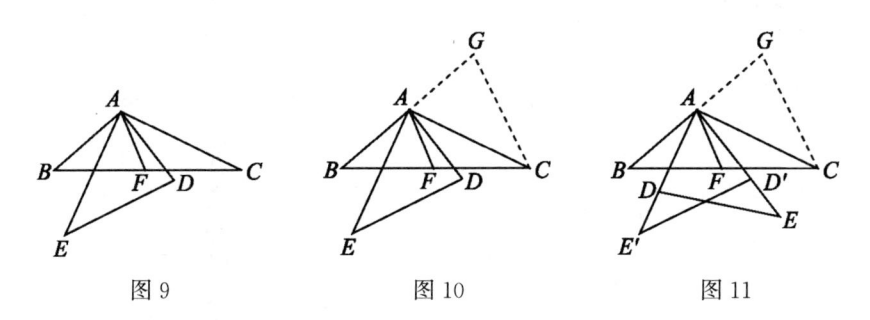

图 9　　　　　图 10　　　　　图 11

上述结论的证明，仍然可以通过构造中位线实现，如图 10，可知△ACG 绕点 A 顺时针旋转得到△AED，因此 AF 与 DE 的关系，其实本质上是 CG 与 AF 的关系，即 $AF=\dfrac{1}{2}DE$ 且直线 AF 与 DE 的夹角为旋转角∠CAE. 那么本题就可得到等腰△GAD 和等腰△CAE 共顶点（∠GAD＝∠CAE）旋转得到△ACG≌△AED，然后通过中位线 AF 转移 CG 与 DE 的关系.

回归到原始图形，如图 11，可知△ADE 和△AD′E′关于∠EAE′的角平分线轴对称，故直线 AF 与 DE 的夹角为：360°－∠DAE－2∠EDA－∠CAD.

（3）当△ADE 绕点 A 旋转到特殊位置时. 通过几何变换的本质揭示，我们可以进一步拓展试题的设问，讨论△ADE 旋转到更特殊的位置. 为了行文方便，我们令旁边共顶点的三角形两个顶角都等于 90°，当然一般化，旁边共顶点的三角形两个顶角互补结论仍然成立. 如图 12 至图 16，等腰直角△ACE 和等腰直角△ABD 中，∠EAC＝∠DAB＝90°，F 为 DE 中点，则有 $AF=\dfrac{1}{2}BC$ 且 $AF\perp BC$. 都可以证明△AGE 绕点 A 旋转 90°得到△ABC，然后通过中位线 AF 转移 GE 与 BC 的关系. 而且对于图 12 至图 16 中，可以考虑△ADE 和△ABC，其中 AD＝AB，AC＝AE，∠BAC＋DAE＝180°，因此也可以定义△ADE 和△ABC 互为"顶补三角形".

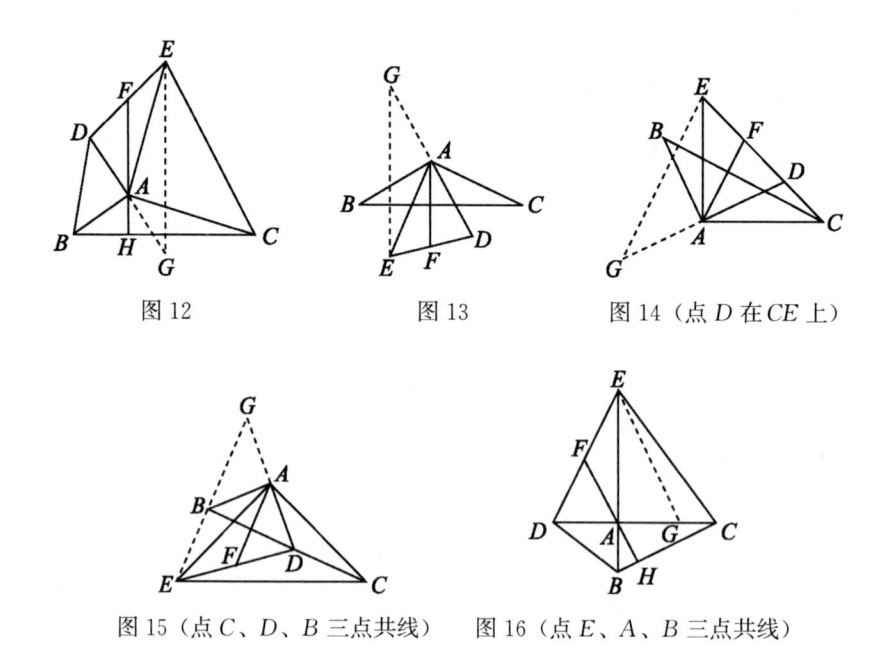

图 12　　　　　图 13　　　　　图 14（点 D 在 CE 上）

图 15（点 C、D、B 三点共线）　　图 16（点 E、A、B 三点共线）

（4）"顶补三角形"△ABC 与△ADE 共顶角的两组边成比例时．在探究全等的基础上可进一步延伸探究相似变换下的性质．以图 16 为例变式拓展，如图 17，Rt△ADB∽Rt△AEC，点 D，A，C 三点共线，F 为 DE 中点，则 $AF \perp BC$，且 $AF = \frac{1}{2}GE$，又 $\frac{EG}{BC} = \frac{AE}{AC} = \tan\angle DBA$，即 $GE = BC \cdot \tan\angle DBA$，故 $AF = \frac{1}{2}\tan\angle DBA \cdot BC$．

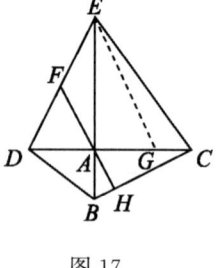

图 17

进一步探究发现，$\angle ADB = \angle AEC$，故点 B，D，E，C 四点共圆，如图 18，由此可知本题为婆罗摩笈多定理，那么通过探究我们把以上几种情况完全理顺，一线串起一系列问题，炼题成型，凝题成环，联题成片，多题归一．

（5）第三问由几何存在性探究拓展为代数求解算证．
对于第三问，对于边角赋值，可以由几何存在性探究拓展为代数求解算证，

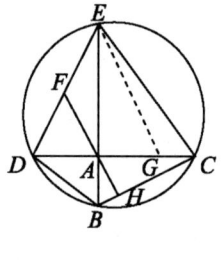

图 18

关注数学运算，代数推理等. 如图 4，四边形 ABCD 中，$\angle B+\angle C=90°$，$\angle BAD=150°$，$AB=6$，$CD=2\sqrt{3}$，$BC=8\sqrt{3}$. 在平面内是否存在点 P，使 $\triangle PAD$ 与 $\triangle PBC$ 互为"顶补三角形"，若存在，请画出图形，并求 $\triangle PBC$ 边 BC 边上的中线；若不存在，请说明理由.

简解如下：如图 7，由于 $\angle BAD=150°$，故 $\angle QAD=30°$，故设 $DQ=x$，则 $AQ=\sqrt{3}x$，则 $(2\sqrt{3}+x)^2+(\sqrt{3}x+6)^2=192$，解得 $x=2\sqrt{3}$，故 $AD=2x=4\sqrt{3}$，依据第二问的性质探究 $\triangle PBC$ 边 BC 边上的中线为 $\frac{1}{2}AD=2\sqrt{3}$.

2. "几何新定义"型试题的命题策略

"几何新定义"型试题一般遵循"情境能力立意，核心素养导向"为命题原则，"区分高端，适度中上，兼顾中下"为区分原则. 试题呈现形式上一般采取"给出新图形定义""探究新图形性质""应用新图形性质解决问题"三个步骤. 这种即时学习应用型试题如同一个课题学习，具有完整的框架，系统的模块，让考生经历"发现和提出问题，分析和解决问题"的数学活动过程，对考生今后的发展具有积极影响.

（1）题干下定义. 题干定义的关键是"如何对新图形下定义，对怎样的新图形定义". 定义一个新图形不宜过于狭隘或宽泛，应该是划出一个界限，包含了所有适用于该定义的事例，且将所有不适用于该定义的事例排除在外. 近几年中考常出现的定义方式主要有实质定义（被定义项＝种差＋邻近的属）：例如，以特殊点为背景的"准等距点"，以特殊角为背景的"等对角四边形""准互余三角形""倍角三角形"，以特殊边为背景的"等对边四边形""中垂三角形""等高底三角形""比例三角形"，以特殊边与角叠加为背景的"等腰直角四边形"等；发生定义（对于发生过程的一种描述）：例如，以多个图形的距离、面积、位置大小关系为背景的"两个图形的闭距离""面积等分线""三角形的自相似点"等. "几何新定义"型试题"新定义"如果过于狭隘，则无法得到广泛应用不具代表性，过于宽泛则有可能得到错误矛盾的结论，所以"新定义"要求清晰简洁准确地表达概念的内涵和外延.

未来"几何新定义"型试题的定义，在走向上有如下趋势：对特殊图形中的元素条件进行强化、弱化、添加、减少，重新定义新图形；对基本图形进行组合、叠加、重组，在具有代表性质处下定义；在图形变换（保角变换、位似变换）及其变换叠加中，探究多个图形运动时的位置和数量关系，并据此下定义；在学段内容衔接处、新旧知识衔接处下定义．

(2) 题支设问．"几何新定义"型试题的题干大多是以学科情境立意，在数学核心素养、数学思想能力的考查上开创新路．试题题支的设问要求考生围绕着定义的外延、内涵探索图形的性质，继而从图形的应用角度出发，应用性质解决问题．试题在结构上具有多维拓展空间，在知识能力素养的考查上具有延续性．在性质探究的设问上，"几何新定义"型试题一般遵循考生认识事物的规律，从特殊到一般，要求考生用运动发展的眼光看待问题，对新定义图形的性质（边、角、对角线、面积、位置大小关系）进行类比、猜想、归纳、推理论证，发现新定义图形与旧知识间的联系．在性质的应用上，"几何新定义"型试题由一般回归特殊，还原定义性质，对定义性质进行检验性认识，揭示新定义图形的特性本质．"几何新定义"型试题图形的性质应用上，有几何类存在性探究（着重考查动手操作能力，化归与转化能力，创新意识）和代数类求解算证探究（着重考查知识迁移与运用能力，方程思想，数学建模素养，代数结构化简与变形等数学运算素养，分类讨论思想等）．

3. 基于"数学抽象"的核心概念教学导向

"几何新定义"型试题近几年备受中考命题者的青睐，特别是江浙各地市的中考每年都推陈出新．这类试题的命题定位于考查学生的即时学习力和阅读理解力，最显著特征为给出图形新定义，而数学学习中最有价值的恰在于数学概念．基于此，在平时的教学中，教师应该注意实施以"核心素养为导向"的教学．教师要引导学生体会数学概念的抽象过程，关注概念的起源和本质，关注概念学习过程中"文字语言、符号语言、图形语言"的互译．教师不应要求学生强记"一个概念三项注意"，而应加强阅读（用数学眼光提出问题），思考（用数学思维分析问题），表达（用数学语言解决问题）的训练，致力于过程学习中阅读力、思考力、表达力的培育，为终身学习和发展奠基，让学生形成具备适应终身学习和发展的学科核心素养．

这里以一道"几何新定义"型试题的试题特点、求解方法、试题拓展、命制策略、命制过程、命制规律为线索，启迪一线教师如何在"情境能力立意，素养导向"下命制、发展试题. 我们试图揭开"几何新定义"型试题神秘面纱，力求点亮一盏灯、照亮前行之路，更好地打通考试与教学的"最后一公里". 如此，学生数学思维的培养就有了更好的"关注点""落脚点"，学生数学核心素养的内化就能真正落地，教与学的良性循环互动就能真正形成.

10.3 初中几何结构不良问题的命题策略与实践反思

结构不良问题是初始状态、目标状态和算子至少有一条没有明确界定的问题. 结构不良问题大量存在于日常生活和工作情境之中，如维修电脑、排除故障、写文章、进行决策、产品的设计和制作、问题的分析与诊断等，都属于结构不良问题. 由于结构不良问题有多种解决途径和解决标准，因而众多研究者开始关注和研究它.

核心素养立意下的中考命题，特别注重情境的真实性和问题结构的合理性，而数学结构不良问题恰符合这两点要求. 相较于传统的数学问题，结构不良问题更能促进学生解决实际问题能力的提升、数学思维的发展、核心素养的形成. 那么，何谓结构不良问题？它有何特点，要如何命制？结构不良问题与传统的开放题有什么联系与区别？我们以 2018 年至 2021 年莆田市八年级质量检测数学卷中的几何综合题为例，来探究初中数学结构不良问题的内涵本质与命题策略.

一、结构不良问题的特点

1. 封闭题与开放题

著名思维教学专家爱德华·德·波诺曾提出："一般所列于教材上的东西，其固定性及封闭性很强，答案也极为明确及单一，并需要结合全部已知条件.""凡是具有完备的条件和固定的答案的习题，我们称为封闭题，而答案不固定或者条件不完备的习题，我们称为开放题.""对问题指向只有原则性要求和一题多解是数学开放性问题的本质特征．传统上开放题有条件开放、结论开放、解法开放和综合开放．"

2. 结构不良问题

结构不良与结构良好内涵本质上是相对立的．一般情况下，结构良好的问题所提供的条件完备，与结论需求一致，不多不少；结论明确，答案确定；解决问题的过程和方法也相对稳定．根据乔纳森等专家的研究，结构不良问题常有以下特点：（1）问题条件不明确，条件或数据可能缺失或也可能冗余；问题的构成存在未知或部分不可知．（2）目标界定不清晰，结论不唯一或不确定．（3）问题解决方法不明确，途径较多或不存在．（4）具有多种评价解决方法的标准．（5）所涉及的概念、规则和原理等不确定，相关信息内涵不清晰，三者之间关系在问题中应用不一致．（6）要求对问题作出判断或某种假设，提出观点并说明理由等．

3. 开放题与结构不良问题的关系

开放题与结构不良问题在结论、条件、解决方法的多样性上有许多相似之处，但两者实质上并不完全相同．开放题与封闭性问题相对立，其特点是结论不唯一，并从多方面、多角度、多层次去设问、去探究．因此解决策略可能多样，答案可能不唯一，思维可能更灵活．问题答案的不唯一只是结构不良问题的一个特点，结构不良问题最主要的特点是问题构成成分的模糊不清和情境陌生，答案与解法的不确定．显然，传统的开放题属于结构不良问题，而结构不良问题的内涵更丰富、外延更广阔、情境更复杂．依据上述分析，类比传统开放题的分类，可以尝试把数学结构不良问题分为条件开放型、结论开放型、策略开放型、情境开放型、综合开放型．

二、初中几何命题现状与改革

1. 几何命题的现状分析

受限于题型及命题技术水平，传统几何命题以演绎推理为核心（传承欧氏几何），以静态几何为载体，几何压轴题呈现的图形往往较繁杂，过分关注几何模型的组合，难度体现在辅助线的发现与构造、几何模型的认识与理解、图形（角度）的反复多次转化或与函数人为结合等．命题人更多关注学生对概念和规则的学习，理解与应用，未能将问题解决作为重点考查．学生长期解决这类问题，形成思维定式，往往不会从大量信息中选择对解决问题有用的信息，缺乏选择判断和迁移应用能力，学到的知识只会在考试或训练过的情境中使用，情境改变就不知所措．

2．几何命题的改革方向

未来的几何命题如何体现素养导向？我们认为，应根据评价的目的合理设计试题类型，达到有效地发挥各种类型题目的功能．近年来，已有不少命题专家致力于几何问题结构的创新，如试题载体变成运动几何或变换几何，在观察、实验、猜想、证明、综合实践等数学活动中，展现合情推理能力和演绎推理能力．操作探究、运动变化、观察猜想是命题时三个常用的策略，而开放、探究、创新是试题评价的三个核心要素．并且他们相信，结构不良的几何问题应是几何命题的改革方向．

3．几何命题的常用策略

（1）按照研究一个数学对象的基本路径来设计试题的结构．

研究平面几何问题的一般过程为"事实—概念—性质—应用"，即明确研究对象，构建研究路径，探寻研究方法，获得研究结论．命题者可将此作为几何试题的结构，通过"问题情境→建立模型→求解验证"考查知识的应用过程．命题者试图通过图形的运动与变换，引导解题者依据由简单到复杂的原则，利用观察、操作、归纳、猜想、证明等探究几何问题的常用思维方法获得结论，并鼓励解题者用数学符号、文字语言或图形、图象等多种形式呈现结论．

（2）引导解题者经历完整的概念、原理的学习过程．

命题者可设置新定义试题、阅读理解试题、数学文化载体试题，通过"知识背景—知识形成—揭示联系"考查知识的形成过程，引导解题者通过类比抽象出数学概念或原理，充分经历分析、归纳、概括、数学表达、辨析等过程，并在过程中建立对概念和原理的清晰认识，随后在新情境中迁移应用数学规律．

三、结构不良问题的命题实践与反思

结构不良问题的初始状态、目标状态、中间状态中,至少有一个不确定. 命题者有意于引导学生在解决问题的过程中,从多个角度分析,考虑多种可能性,寻找不同的解题路径,提出多种解决方法.

1. 条件开放型结构不良问题

条件开放型结构不良问题的已知条件不明确,条件或数据部分呈现或冗余,有时甚至不存在已知条件.

【例1】(2020年莆田质检)如图1,△ABC 的高为 AD. △A′B′C′ 的高为 A′D′,且 A′D′=AD. 现有①②③三个条件:①∠B=∠B′,∠C=∠C′;②∠B=∠B′,AB=A′B′;③BC=B′C′,AB=A′B′.

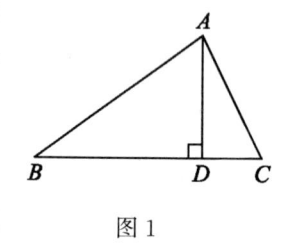

分别添加以上三个条件中的一个,如果能判定△ABC≌△A′B′C′,写出序号,并画图证明;如果不能判定△ABC≌△A′B′C′,写出序号,并画出相应的反例图形.

图1

命题反思:三角形全等是平面几何中的核心知识,具有基础性、奠基性,是中考数学卷必考内容. 一个三角形由三条边和三个角这六个元素构成,命题如何在经典中创新? 通过添加对应的三条中线、三条高线、三个角平分线,命题者可以对九个元素重新组合,也可以对部分元素进行设置,这样对应的三角形可能全等、可能不全等. 全等可以推理证明,不全等可以举反例(如本例),也可以研究相应图形的判定与性质(见下文例6). 这样的试题属于典型的条件开放型的结构不良问题,源于教材又高于教材. 学生对试题条件选择不同,对应的结论也不同.

2. 结论开放型结构不良问题

结论开放型结构不良问题的目标界定不明确,目标状态和外延性更大,符合条件的结论可能性多,其结论可以有多种答案、无数种答案或不存在答案等.

【例2】(2019年莆田质检)

(1) 操作实践. △ABC 中,∠A=90°,∠B=22.5°,请画出一条直线把 △ABC 分割成两个等腰三角形,并标出分割成两个等腰三角形底角的度数(要求用两种不同的分割方法,分别在图2、图3中表示);

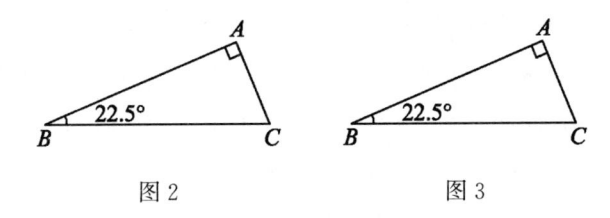

图2　　　　　图3

(2) 分类探究. △ABC 中,最小内角∠B=24°,若△ABC 被一直线分割成两个等腰三角形,请画出相应示意图并写出△ABC 最大内角的所有可能值;

(3) 猜想发现. 若一个三角形能被一直线分割成两个等腰三角形,需满足什么条件?(请你至少写出两个条件,无需证明)

命题反思:例2以三角形分割为载体,展现出了背景的新颖性. 最后一问答案不唯一,下列条件均符合设问要求:①该三角形是一个直角三角形;②该三角形有一个角是另一个角的2倍;③该三角形有一个角是另一个角的3倍. 该题属于结论开放的结构不良问题,考查学生的直观想象、数学抽象等核心素养,考查学生思维的严谨性、发散性、创新性. 特别是考查了学生发现问题和提出问题的能力.

【例3】(2021年莆田质检) 如图4,在平面直角坐标系 xOy 中,已知点 $A(-1,5)$,$B(-4,0)$.

(1) 点 P 是 y 轴上的动点,当 $PA+PB$ 最小时,求点 P 的坐标;

(2) 在(1)中用到以下哪些数学知识?_____(填上所有正确选项)

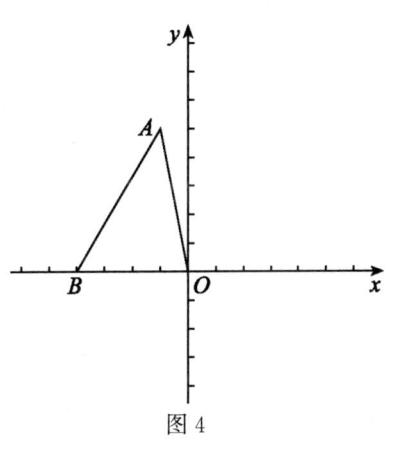

图4

261

A. 垂线段最短

B. 两点之间线段最短

C. 三角形两边之和大于第三边

D. 角平分线上的点到角两边的距离相等

E. 线段垂直平分线上的点到线段两个端点的距离相等

（3）过点 A 求作一直线 l，使得 l 上任取一点 E（异于点 A），满足 $C_{\triangle ABO} < C_{\triangle EBO}$，并证明结论．其中 $C_{\triangle ABO}$ 表示 $\triangle ABO$ 的周长，$C_{\triangle EBO}$ 表示 $\triangle EBO$ 的周长．（要求：尺规作图，保留作图痕迹，不写作法）

命题反思：例 3 背景经典，问题新颖．试题以传统的"将军饮马"为载体，问（1）是传统问题，要求学生在直线求一点到同侧两点的距离之和最短．问（2）是多选题，设计了 5 个常见的数学知识选项，考查学生对数学知识的理解水平与应用能力，关注结论不确定性与多样性．问（3）先给出问题结论，隐去对称轴条件，考查学生逆向思维能力．例 3 对传统背景下的问题作了巧妙设计，关注逆向思维、目标导向，引导师生放弃低效的"刷题"复习行为，走向深度学习．这种考查方式与命题策略值得推广．

3. 策略开放型结构不良问题

策略开放型结构不良问题考查的知识或方法相近，可迁移，可类比，也可变化，所涉及的概念、规则和原理等可以一致，也可以不确定．问题具有多种解决方法、解答途径，以及多种评价解答的标准．

【例 4】（2018 年莆田质检）如图 5，锐角 $\triangle ABC$ 中，$\angle ACB = 30°$，$AB = 5$，$\triangle ABC$ 的面积为 23．

图 5

（1）若点 P 在 AB 边上且 $CP = 3\sqrt{10}$，D，E 分别为边 AC，BC 上的动点．求 $\triangle PDE$ 周长的最小值；（2）假设一只小羊在 $\triangle ABC$ 区域内，从路边

262

AB 某点出发跑到水沟边 AC 喝水，然后跑向路边 BC 吃草，再跑回出发点处休息，直接写出小羊所跑的最短路程.

命题反思：例 4 将平面几何问题（△PDE 周长的最小）迁移到生活之中（小羊所跑的最短路程），考查"条件变化下结论是否改变""解题方法是否能迁移""是否有更多新的方法、新的结论"等. 例 4 属于策略开放型结构不良问题，所涉及的概念、规则和原理表面上不确定，本质上却是一致的. 事实上，策略开放可以是一题多解，也可以多题一法.

4. 情境开放型结构不良问题

常规数学应用题来自于生活实践，问题情境大多是基于生活实践改编而成，问题更加突显其中的数学因素，其解决的是"数学中生活问题"，有时给人以"伪应用"之感. 情境开放型的问题重点考查学生如何解决"生活中的数学问题"，倾向于培养学生解决现实问题的能力. 问题灵活性和开放性程度更大，相关的数学知识和概念并不是孤立呈现，而是融入在真实生活情境和解决问题过程中. 问题情境比较真实，可能不熟悉或多样化，可能单一学科或跨学科等. 特别是以数学文化为背景的试题更能体现立德树人的教育目标，得到更多命题者的青睐.

【例 5】（2019 年莆田质检）在数学活动课上，研究用正多边形镶嵌平面. 请解决以下问题：

（1）用一种正多边形镶嵌平面. 例如，用 6 个全等的正三角形镶嵌平面，摆放方案如图 6 所示. 若用 m 个全等的正 n 边形镶嵌平面，求出 m，n 应满足的关系式；

（2）用两种正多边形镶嵌平面. 若这两种正多边形分别是边长相等的正三角形和正方形，请画出两种不同的摆放方案；

图 6

（3）用多种正多边形镶嵌平面. 若镶嵌时每个顶点处的正多边形有 n 个，设这 n 个正多边形的边数分别为 x_1，x_2，…，x_n，求出 x_1，x_2，…，x_n 应满足的关系式.（用含 n 的式子表示）

命题反思：例 5 背景丰富、有趣、画面感强，容易把学生带入实际生活与数学文化情景之中. 例 5 设计遵循数学研究的一般规律，从特殊到一般、从简单到复杂、从问题解决到实际应用，融代数推理与几何直观为一体，有利于激发学生的感性体验与理性探索. 命题者以数学史为素材，意在丰富试题的数学文化内涵. 事实上，莆田市八年级质量检测命题组从 2013 年始就把数学文化融入初中数学命题之中，如 2018 年第 21 题爱尔特希点集，2019 年第 10 题布洛卡点，2019 年第 24 题锐角黄金三角形，2020 年第 23 题的九阶完美矩形等，引导学生提升人文素养，让立德树人在数学教育中真正落地.

5. 综合开放型结构不良问题

事实上，许多结构不良问题，其条件、结论、策略、情境可能全部开放或部分开放，他们不是单一的、分散的，大都是联系的、综合的，这样的试题我们称为综合开放型结构不良问题.

【例 6】（2021 年莆田质检）如图 7，在 $\triangle A_1B_1C_1$ 和 $\triangle A_2B_2C_2$ 中，$A_1B_1=A_2B_2$，$\angle A_1=\angle A_2$，$\angle B_1=2\angle B_2$，我们把 $\triangle A_1B_1C_1$ 和 $\triangle A_2B_2C_2$ 称为"等边倍角"三角形，其中 A_1B_1 和 A_2B_2 为对应等边.

$\triangle ABC$ 中，D，E 分别是 BC，AC 边上的点（不与端点重合），AD 与 BE 相交于点 F.

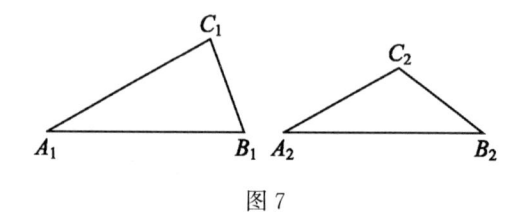

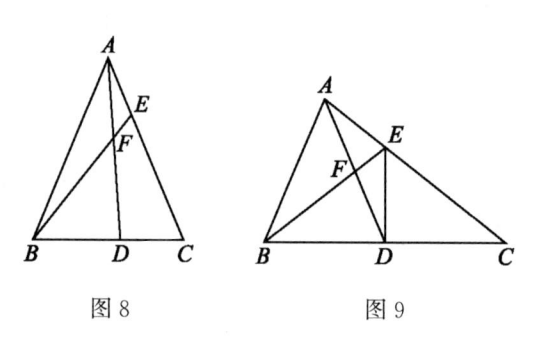

图 7

图 8　　图 9

(1) 如图 8，若 $AB=AC\neq BC$，

①当 $AD\perp BC$ 时，图中能与△ABC 构成"等边倍角"三角形的是_____；（直接写出，不必证明）

②当 AD 与 BC 不垂直时，若△ABE 与△ADC 是"等边倍角"三角形，其中 AB 和 AC 为对应等边，求 $\angle AFE$ 的度数.

如图 9，连接 DE，若 DE 平分 $\angle BEC$，$BE=2AE$，点 F 是 AD 的中点. 求证：△ABF 和△ADE 是"等边倍角"三角形.

命题反思：该题重新定义了两个"等边倍角"三角形，情景新颖，结构完整，重点考查了数学阅读与理解、学习与应用等关键能力，考查学生思维的深刻性、严谨性、发散性、创新性. 因为试题所涉及的概念、规则和原理等不确定，没有原型的案例可供参考，学生需对问题作出判断或某种假设，并说明理由. 新定义试题命制往往经历概念的理解与抽象、概念的特殊化与具体化、概念的判定与性质、概念的应用与推广等过程. 以新定义的形式对两个三角形的关系重新定义并进行相关性质与应用的研究，是几何中结构不良问题的一个非常重要的领域，也是中考几何压轴题的核心题型，如本文例 1 与 2019 年莆田市八年级质量检测数学卷第 25 题的"顶补三角形"等.

四、结构不良问题的命制方法

结构不良问题设计可以选取学科内容材料，也可以选取自然、社会等真实素材，并对这些素材进行结构化处理，保持其足够适当的开放性，促进学生与真实情境之间持续而有意义的互动. 命题者可对条件和结论进行弱化、强化、置换、部分置换、添加、部分删除等操作，将顺向思维与逆向思维融合起来. 以下呈现一道新编题，用以说明结构不良问题的命题策略.

【例 7】 等边△ABC 的边长为 6，在 AC，BC 边上各取一点 E，F，连接 AF，BE 相交于点 P.

(1) 如图 10，$AE=BF$.

①求证 $CP\perp AB$；

②当点 E 从点 A 运动到点 C 时，求出点 P 经过的路径长.

265

(2) 如图 11，当点 E 从点 A 运动到 C 时，点 P 经过的路径为 A，B 为端点的圆弧，且弧长为 $\dfrac{4\sqrt{3}}{3}\pi$，下列结论中成立的是：①$AE=BF$；②$AE=CF$；③$AF=BE$. 请选择正确的结论并加以证明.

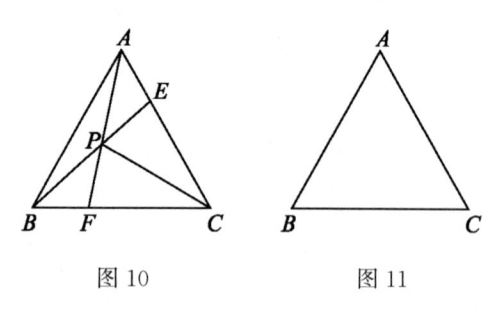

图 10　　图 11

常见的结构不良问题命制方法如下：方法一：先呈现结构完整的问题，再设计同一领域下的结构不良问题，逐步过渡到条件开放型问题. 方法二：直接在原有结构良好问题的基础上，改变原有的问题表述，使之成为问题初始条件不明确的结构不良问题. 方法三：将结构良好问题的解决程序和方法自觉迁移到结构不良问题的解决过程中，设计策略型开放型结构不良问题. 方法四：把握概念的复杂性与多面性，设计情境开放型问题.

第十一章　数学文化显新潮

11.1　基于数学文化的初中数学命题的设计

数学文化作为数学教育的一部分，已引起数学教育工作者的普遍关注、重视．"数学课程提倡体现数学的文化价值．"依据这一课程理念，现行初中数学教材在每一章都安排有一至两篇阅读材料，于其中渗透人文教育的元素．教材中的每一幅插图均经过精心设计，寓意深长，既体现了教材自身结构完整性的需要，又体现了教材人文教育价值的需要．

一、基于数学文化的命题的价值

以数学文化为依托命制试题，有利于向考生介绍数学史实、渗透数学文化，增加试卷的人文气息和数学底蕴；能引导学生形成实践能力、创新精神，有利于学生科学和文化素养的成型；更能引导中学数学的教学方向，使得更多的教师关注数学文化、研究数学文化，进而将数学的本质教授给学生，这充分彰显了数学的育人功能．

二、基于数学文化的命题的立意

命题者应考虑所设计的问题宜采用哪些恰当的结构和形式，如何将数学与人文相融合，如何改变数学问题枯燥、刻板和过于严肃的形象．我们认为，立意上要淡化对技能技巧、单纯概念、纯粹运算的考查，着力将每个问题（或问题组）设计为一种文化载体，融入数学文化的丰富内涵，引导考生在解答问题的过程中了解数学在整个人类文化发展中的价值，领略数学文化的魅力，体悟数学的方法、思想和本质，体会数学的科学价值、应用价值、人文价值、美学价值，即亲近数学、理解数学、欣赏数学．

从实践和理论层面反思，总结数学文化试题的立意、构架以及特点，并通过深入研究，进一步拓展命题思路，改进数学文化试题的设计程序，这是当下一个很有意义的研究领域．

三、基于数学文化的命题实践

【例1】（2015年莆田中考）谢尔宾斯基地毯，最早是由波兰数学家谢尔宾斯基这样制作出来的：把一个正三角形分成全等的4个小正三角形，挖去中间的一个小三角形；对剩下的3个小正三角形再分别重复以上做法……将这种做法继续进行下去，就得到小格子越来越多的谢尔宾斯基三角形（如下图1至图5）．若下列图1中的阴影三角形面积为1，则图5中的所有阴影三角形的面积之和是_____．

图1　　　图2　　　图3　　　图4　　　图5

试题评析：试题取材于九年级下册第27页"观察与猜想——奇妙的分形图形"．试题属于考查规律的探究性问题，通过观察、分析、猜测、归纳等解题步骤，实现对考生的抽象概括能力、合情推理能力的考查．解题过程体现了从特殊到一般的数学思想，这有助于考生加深对问题的理解，提高综合解题能力，形成创新意识，体现课改理念，对教学具有积极的导向作用．

分形开启了数学的一个新领域，对于我们理解自然界有突破性的意义，因此分形学是数学、艺术、哲学的交集，其数学本质是自相似原理．事实上，常见的几种分形，如H分形、毕达哥拉斯树、莱维C形曲线、谢尔宾斯基三角形、科赫分形曲线均可成为命题素材，也就是说数学史、数学家、历史名题等都是命题的素材，这样的命题体现了数学的科学价值、人文价值．

【例2】（2016年莆田中考）魏朝时期，刘徽利用下图通过"以盈补虚，出入相补"的方法,即"勾自乘为朱方,股自乘为青方,令出入相补,各从其类",证明了勾股定理.若图中 $BF=1$,$CF=2$,则 AE 的长为_____.

试题评析:命题灵感源自八年级下册第 17 页"阅读与思考——勾股定理的证明",勾股定理是初等几何中最精彩、最著名、最有用的定理,它是历史上第一个把数与形(也就是代数与几何)联系起来的定理,引起人们对不定方程和费马猜想的研究.

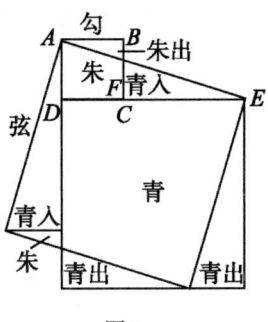

图 6

2002 年在北京举行的"国际数学家大会",会徽就选择了周髀算经中勾股定理证明的图形,至今勾股定理的证明已经多达 380 种了,而很多人仍在探寻新的方法.因此,以勾股定理证明为载体的命题总能推陈出新.

【例 3】 (2016 年厦门中考)公元 3 世纪,我国古代数学家刘徽就能利用近似公式 $\sqrt{a^2+r} \approx a + \frac{r}{2a}$ 得到 $\sqrt{2}$ 的近似值. 他的算法是:先将 $\sqrt{2}$ 看成 $\sqrt{1^2+1}$,由近似公式得 $\sqrt{2} \approx 1 + \frac{1}{2 \times 1} = \frac{3}{2}$;再将 $\sqrt{2}$ 看成 $\sqrt{\left(\frac{3}{2}\right)^2 + \left(-\frac{1}{4}\right)}$,由近似公式得 $\sqrt{2} \approx \frac{3}{2} + \frac{-\frac{1}{4}}{2 \times \frac{3}{2}} = \frac{17}{12}$;…,依此算法,所得 $\sqrt{2}$ 的近似值会越来越精确. 当 $\sqrt{2}$ 取得近似值 $\frac{577}{408}$ 时,近似公式中的 a 是_____,r 是_____.

试题评析:数学历史名题是在数学的发展过程中产生的,一般是典型的、有代表性的问题或者与著名的数学家有关的问题. 因此数学名题都有相应的历史事实背景,或者能够体现重要的数学思想和数学方法. 通过对数学历史名题的解答和研究,也可使枯燥乏味的试题变得丰富多彩,引导学习者主动学习数学.

【例 4】 参见 P247【例 11】.

试题评析:几何学中有两大宝藏,一是勾股定理,二是黄金分割. 本题取材于八年级下册第 18 页"数学活动——黄金矩形",与之相关的有黄金三角形、黄金图形、黄金螺线等. 长宽之比为黄金比(等于 $\frac{\sqrt{5}-1}{2}$)的矩形叫黄金矩形,顶角为 36° 的等腰三角形其底与腰之比等于黄金比,这样的三角形叫黄金三角形. 2014 年漳州卷第 20 题、2015 年漳州卷第 20 题、2016 年福州卷第 25 题均以黄金三角形为载体. 以上几道试题从纯数学角度去考查黄金三角形,关注几何直观、推理证明等数学本质,这是一种命题策略.

黄金分割因其能够引起人们的美感而被认为是建筑和艺术中最理想的比例,堪称数学与艺术的结晶. 如何在恰当的地方设计恰当的"黄金分割"引出数学问题,引导学习者认识数学在建筑、艺术、美学等方面的广泛应用,体会数学的美育价值,比学习"黄金分割"本身更有意义,这是命题者需要思考的更有深度的课题.

【例 5】(2014 年龙岩中考)下列图形中既是轴对称又是中心对称的是( )

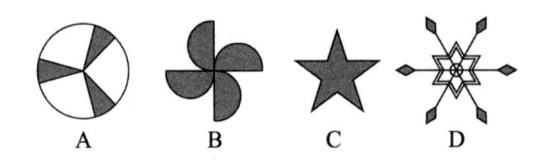

图 7

试题评析:对称问题,教材止步于折叠后图形的重合,对于对称思想、对称美的揭示停留于表层的操作活动. 对称是美的一种形式,也是深刻的数学思想,贯穿于几何、代数、概率内容中,在物理、化学、生物、经济、文学、艺术等领域,我们也都能找到对称的身影. 帮助学生领悟对称的实质——"变化中的不变性",对于学生的后续学习具有重大意义. 教师应充分利用好七年级下册的数学活动"设计美丽的图案",相信未来的命题会从作图开始,走向图案设计. 对图案的设计隐含了图形的分解、组合、划分、镶嵌以及图形的变换,如对称、平移、旋转、相似、位似等,好的图案设计题能揭示空间观念、几何直观,更能展示创新精神、体现美学价值.

【例 6】(2014 年厦门中考)A,B,C,D 四支足球队分在同一小组进行单循环足球比赛,争夺出线权. 比赛规则规定:胜一场得 3 分,平一场得 1 分,负一场得 0 分,小组中积分最高的两个队(有且只有两个队)出线. 小组赛结束后,如果 A 队没有全胜,那么 A 队的积分至少要几分才能保证一定出线?请说明理由.

试题评析:本题由教材中的课题学习材料(应用不等关系分析球队出线问题)适当改编而成,对逻辑推理能力、应用意识、创新意识等能力均有所涉及,有着较大的挑战性.

【例 7】 (2017 年莆田质检)甲、乙、丙三位同学被问到是否参加 A,B,C 三个志愿者活动,

甲说:"我参加的活动比乙多,但没参加过 B 活动."

乙说:"我没参加过 C 活动."

丙说:"我们三人参加过同一个活动."

由此可判断乙参加的活动为_____.(填"A""B"或"C")

试题评析:例 7 是一道非模式化试题,表面看没有考查具体的数学知识,但渗透了逻辑推理,关注了数学核心素养的考查,要求考生要有基本的数学观念和数学素养,并学会用数学思维分析问题.

例 6、例 7 源于生活,用于生活,具有浓厚的时代气息. 从数学文化的角度看,数学的源头在于人类的生活实践,发现、解决与数学相关的生活实践问题,有助于学习者形成数学应用意识,体悟数学的文化力量、思想价值. 学习者要善于从数学的角度破解问题,也要善于探寻陌生问题的实际背景,追寻其数学的应用价值,即既能将现实问题数学化,又能将数学转化为现实问题. 中考的意义在于检测考生的数学素养、激发考生的创新思维,让考生学会数学地思考,学会用数学的眼光看待世界.

四、基于数学文化的命题的反思

高考承载着立德树人的导向功能,引导学生增强文化自觉、文化自信,高考数学要求有一道基于数学文化的试题. 从教育目标、文化层面向初中延伸,中考理应与时俱进,承接这一核心功能. 当下,初中数学教学应试味太

浓，我们有责任在试卷中命制一两道基于数学文化的试题，打开一扇窗户，让考生看看数学的本来面目，领略数学文化的无穷魅力，让考生认识到：原来数学还能这么考，原来数学还可以是这个样子.

数学既展现着理性的追求，又充满着感性之美. 数学文化试题的设计，应突出对数学内涵、魅力的深度揭示，应在更广阔的数学背景中展现数学方法之美、思维之美、应用之美.

生活离不开猜想，解决数学问题需要猜想，科学研究建立在猜想之上. 观察、实验、猜想是科学研究的重要方法，通过观察和猜想提出问题，再进行猜想和假设，最后通过推理去证明猜想和假设是一种重要的科学研究方法. 因此从特殊到一般，由简单到复杂，从部分到整体，从低维到高维，从具体到抽象，提出猜想、拓展问题、推广结论，是打开命题闸门，发现新问题、新结论的重要方法.

思维是人观察问题的视角，解决问题的思路、方法和步骤，它也是数学的灵魂. 传统命题过分强调思维的深刻性、全面性、严谨性，淡化了思维的发散性、创新性、抽象性，这样的导向下，学生学得刻板有余、灵动不足，缺乏天马行空的想象力和灵光闪现的顿悟力.

数学既是一门理性的学科，亦与生活息息相关；数学是关于模式的学科，数学模型是数学描述世界、沟通世界的桥梁，是解决实际问题的关键. 数学建模是数学核心素养之一，要求对现实问题进行数学抽象，用数学语言表达问题、用数学知识与方法构建模型解决问题，因此建模是核心素养之一.

基于数学文化的试题必须具有内蕴价值，因此问题要能深入到数学文化的核心层，展示数学内在的精神、方法、魅力，这样的问题可使考生领略数学文化的美妙、意趣. 我们要思考的是：如何诗意地展现基于数学文化背景的中考试题？问题的表述能否尽可能优美、生动、亲切，以体现对学生的人文关怀和教育情怀？如果数学文化只是一种点缀、一些花絮，浮于表面，图个热闹好玩，那么它就不可能成为试卷的必要组成部分. 理想的命题应是融知识与文化于一体的，体现出对数学前进方向预测和对数学思想方法的凝练，而不仅仅是事实的陈述与历史的再现.

然而数学文化毕竟不是数学，其作为试题应以一种怎样的形式展现，如何在理性精神的渗透和人文精神素养的培育之间找到一个准确的嵌入点，确有待理论思考和命题实践.

"我不盲从，也不随声附和."这么多年主持了数学文化和数学哲学在中学教学中的实践两个省级课题，让我们学会从更本原的角度去思考问题，去研究和探索命题（教学）.因为从哲学的角度来看，命题（教学）—教育—人—世界，这是一个不断扩大的对象范畴，我们要研究命题（教学），就应该去研究和思考教育，去思考人，进而去思考世界.学会从本原上想问题，也是对文化的最大感悟和敬畏.

11.2 源于勾股证明之美 落在数形结合之巧

一、试题展示

阅读题：在古希腊，毕达哥拉斯借助如图所示的两个图，通过面积法和拼图的方式，证明了勾股定理：$a^2+b^2=c^2$.

证法提示：图 1 中白色正方形的面积等于图 2 中一大一小两个白色正方形面积，即 $a^2+b^2=c^2$.

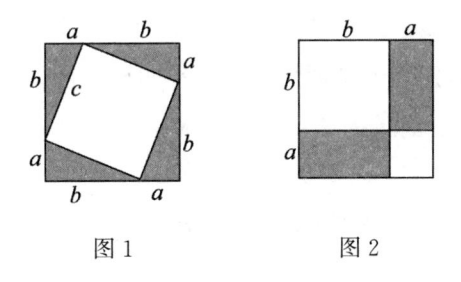

图 1　　图 2

受勾股定理证法的启发，小明尝试用面积法，用类似的构图方式探究图形的特征，并尝试推导出了某个公式，他进行了如下操作：

步骤 1：如图 3，在矩形 $ABCD$ 纸板上，$AB=5$，截取 $AE=CG$（$AE<AB$），以 E，G 为顶点分别作 $\alpha=\angle AEH=\angle CGF=45°$，分别交线段 AD，

BC 于点 H，F，连接 EF，HG，设 $\angle BEF = \beta$；

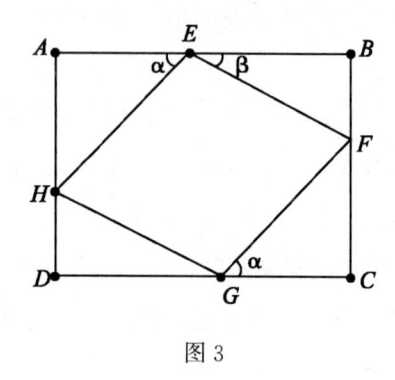

图3

(1) 判断四边形 $HEFG$ 的形状，并证明；

步骤2：沿 HE，EF，FG，GH 将纸板进行裁剪，如图4所示，将剪出的两对全等三角形做拼接，使 M，R，P 三点在同一条直线上，设 $QM = a$；

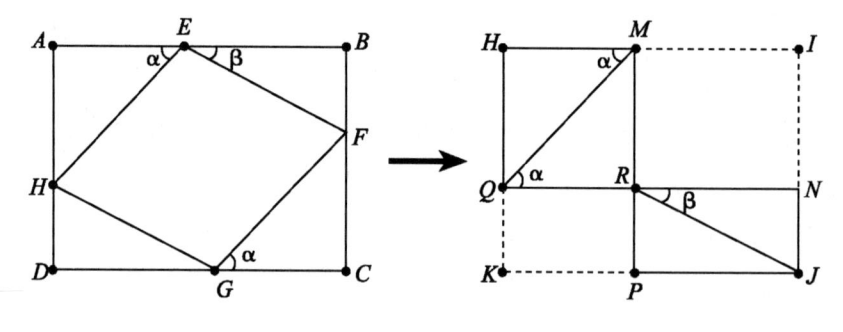

图4

(2) 请结合勾股定理的证明思路，和小明操作的全过程，利用图象证明公式：$\sin(\alpha+\beta) = \sin \alpha \cdot \cos \beta + \sin \beta \cdot \cos \alpha$. [注：$\sin(\alpha+\beta)$ 表示角度 α 与 β 的和的正弦值.]

(3) $30° \leqslant \beta \leqslant 45°$ 时，是否存在满足题意的矩形纸片以及对应的裁剪方式，使重新拼接后的空白部分面积 $S_{矩形QRPK} + S_{矩形MRNI} = \dfrac{25}{2}$？若存在，请找出所有符合要求的条件范围和裁剪方式；若不存在，请说明理由.

二、命题过程

（一）命题立意

本题是一题阅读应用题，设计以勾股定理的经典拼图证法为载体，以数学活动、动手操作为应用背景，考查学生在了解证明原理、阅读操作过程后，分析几何图形并综合应用的能力，利用图形探索和解决数学问题.

本题考查了全等三角形和平行四边形的判定，等腰直角三角形和矩形的性质，三角函数的性质和应用，二次函数的最值等知识；考查了等积法、割补法、参数分离法、换元法等常用方法；考查学生运用代数式、方程、函数等代数表达方式来研究几何问题的能力；在研究图形的性质和运动的过程中，考查了数形结合思想，化归思想，函数与方程思想，类比思想，分类讨论等数学思想方法；综合体现了数学抽象、数学建模、逻辑推理、直观想象、数学运算等数学核心素养.

具体来说，数学抽象的考查在于：从几何图形变换中抽象出数学模型，并发现其中的一般规律和结构，有助于学生在生活和实践中解决一般性思考问题，把握数学的本质，运用数学抽象的思维方式思考并解决问题；数学建模的考查在于：证明代数式的问题、存在性问题等，找到其符合的方程模型和函数模型，让学生在题目的几何情境中发现问题的数学本质；直观想象的考查在于：利用勾股定理的经典证法，通过拼图的方式理解等积法的合理性，并利用结论探索和解决三角恒等式的证明；逻辑推理的考查在于：通过阅读掌握等积法证明的基本形式和过程，在第三问解决方程的存在性问题时，用合理的探索思考将其表述为函数值的存在性问题并转化为最值问题进行探索；数学运算的考查在于对含字母系数的三角函数运算、多项式运算、配方运算等，特别是在第三问多参数问题中要理解需要运算转化的对象，探索正确的运算转化思路.

试题的难度逐步增加：第一小题考查矩形、三角形的性质和平行四边形的判定，属于几何小综合，难度大约 0.6～0.7；第二小题从特殊到一般，发现点和角度变化时不变的数形关系，并灵活添加辅助线和使用等积法、割补法，难度大约 0.3；第三小题属于存在性问题，考查用多个变量表示线段和函数的最值，并结合隐藏条件进行分类讨论，前两个小题的设计也为第三小题做了有效的铺垫，难度大约 0.15～0.2.

（二）命题过程

1. 原始模型

命题初始，笔者尝试寻找有数学实验载体的问题情境．勾股定理是反映自然界规律的一条重要结论，它是初等几何中最精彩的，也是最著名和最有价值的定理之一，它的出现，也让学生第一次接触到了三角形中边的定量关系．笔者选择勾股定理的"毕达哥拉斯证法"为素材，以这个经典素材为数学情境，尝试将背景和方法进行变换和挖掘，改造出一定深度的数学问题．

2. 编题历程

本题的定位为有函数和几何背景的压轴题，共设三问，难度由低及高，鉴于毕达哥拉斯证法的操作特征，试题侧重以操作实验探索图形的性质，考查"是什么""怎么做"和"做什么"．

设置阅读材料，呈现"毕达哥拉斯证法"的背景和核心证法"等积法"．

考虑到该材料的几何背景是正方形和四个全等的直角三角形，我们考虑将背景一般化，将正方形背景改为其他特殊四边形，将"四个全等的直角三角形"修改为"两对全等的三角形"，并描述新的拼接步骤．

方案 1：

受勾股定理证法的启发，小明尝试用面积法，用类似的构图方式探究图形的特征，并尝试推导出了某个公式，他进行了如下操作：

步骤1：如图1，在菱形 $ABCD$ 纸板上，$AB=5$，$\angle ADC=60°$，截取 $AE=CG$（$AE<AB$），以 E，G 为顶点分别作 $\alpha=\angle AEH=\angle CGF$，交线段 AD，BC 于点 H，F，连接 HG，EF，设 $\angle BEF=\beta$．

图 1

（1）$\alpha=45°$ 时，判断四边形 $HEFG$ 的形状，并证明；

诊断分析：本设计改变了原题中呈现的直角关系，考查全等三角形的判断和菱形性质与判定；添加定角是为了方便学生的计算，但将原材料中图形的边、角条件改变的太多，学生想象拼接过程会比较困难，且图中固定了菱形，变量的添加和内部图形的变化都会受到限制．因此，考虑简化图 1 背景，形成方案 2．

方案 2：

步骤 1：如图 2，在矩形 $ABCD$ 纸板上，$AB=5$，截取 $AE=CG$（$AE<AB$），以 E，G 为顶点分别作 $\alpha=\angle AEH=\angle CGF$，交线段 AD，BC 于点 H，F，连接 HG，EF，设 $\angle BEF=\beta$；

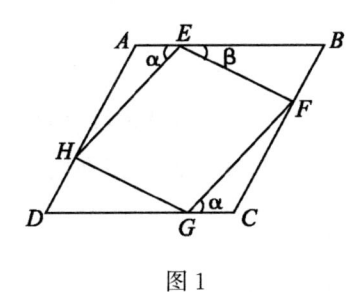

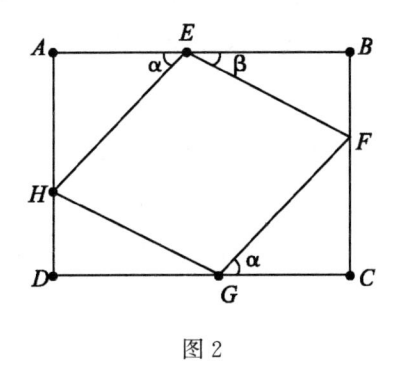

图 2

（1）$\alpha=45°$ 时，判断四边形 $HEFG$ 的形状，并证明．

诊断分析：之所以将背景修改为矩形，是因为边角关系更容易分析，可以考查直角三角形的这一初中核心知识，并且后续的拼接过程更容易想象，保证拼接的合理性且难度不大；矩形的另一边长度不固定，有利于对图形进

277

行进一步的动态构造和分析.

方案3：

步骤2：沿 HE，EF，FG，GH 将纸板进行裁剪，如图3所示，将剪出的两对全等三角形做拼接，使 M，R，P 三点在同一条直线上，设操作时，$\alpha=45°$，截取 $AE=1$；

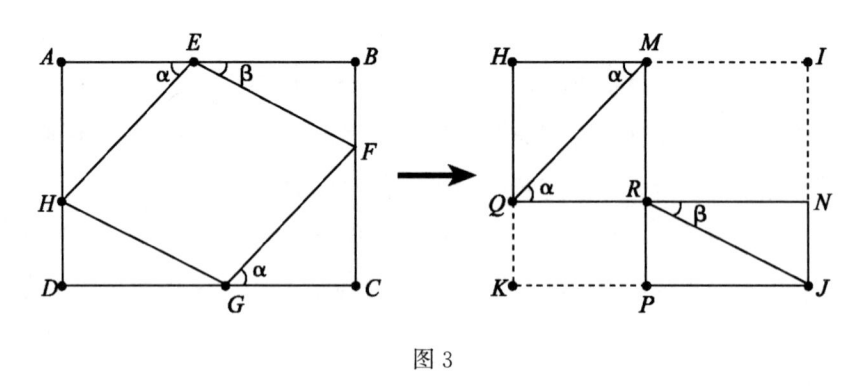

图3

（2）请结合勾股定理的证明思路，和小明操作的全过程，利用图像证明公式：$\sin(\alpha+\beta)=\sin\alpha\cdot\cos\beta+\sin\beta\cdot\cos\alpha$.

诊断分析：第（2）问为了体现材料的数学本质，必须在方法上与其有高度的相关性，形成类比，因此选择"等积法"作为此问核心方法，希望形成一个好的结论，也希望利用步骤2的操作背景引出后两问. 和原证明过程不同的是，由于内部四边形由正方形变为平行四边形 $EFGH$，因此其面积的表达需要借助平行四边形的一组邻边和夹角，设 $AE=1$，在面积表达的过程中有简化效果，但就题目的延续性来说，此问构造出的 E，F，G，H 均为定点，使第（3）问无法直接设置动态问题. 因此，为了突出后续问题对参数的考查，形成方案4.

方案4：

将方案3中的"设操作时，截取 $AE=1$"修改为"设 $QM=a$"；

诊断分析：这样的修正，保证了 E 点的动态特征，保留了题中的长度变量. 为了降低难度，设 $QM=EH=a$，方便学生表示 $EFGH$ 的面积；公式中的 $\sin\beta$ 和 $\cos\beta$，也为解答中设 EF 的长度做了提示，提供了判断的依据. 另外,这一问类比了阅读材料的操作过程,考查了学生的应用能力,也为后续的题目铺垫了边和面积的表示法,无论是知识的考查还是问题的串联,都起到了承上启下的作用;同时,推导得到了高中三角函数的一个重要公式,体现了三角函数沟通边、角的功能. 这些都确保了本问思维的高度和厚度.

对于压轴题来说,第(3)问的设计非常关键. 我们思考的是,在已有研究对象、方法、结论的基础上,再添加怎样的元素,才能使该问"华丽"地呈现呢? 经过思考,我们确定了"探究裁剪方式"的模式,利用原有的长度和角度变量构造多参数的等式,利用函数和方程的思想来拓宽本题的思维空间,作为第(2)问的定稿.

方案 5:

(3) $AE=1$,$AD=\sqrt{3}$,是否存在某种裁剪方式,使 $S_{QRPK}+S_{MRNI}=2\sqrt{3}$?

诊断分析:本问先尝试将矩形 $ABCD$ 和平行四边形 $EFGH$ 固定,则该问所涉及的只有角度变量. 这样,条件 $S_{矩形QRPK}+S_{矩形MRNI}=2\sqrt{3}$ 转化为关于三角函数的方程问题:可得 $(\sqrt{3}-\tan\alpha)\times 1+4\tan\alpha=3\tan\alpha+\sqrt{3}$,$\alpha=30°$ 时,满足题意. 考虑到该问没有长度变量,知识的结合不够丰富,与第二问的关联度也显得不够,于是我们考虑以边角关系的表示为核心,来设置函数方程问题.

方案 6:

(3) $\alpha=45°$ 且 $30°\leqslant\beta\leqslant 45°$ 时,是否存在满足题意的矩形纸片以及对应的裁剪方式,使重新拼接后的空白部分面积 $S_{矩形QRPK}+S_{矩形MRNI}=\dfrac{25}{2}$? 若存在,请说明矩形纸片需要满足的条件和裁剪的方式;若不存在,请说明理由.

诊断分析:本问保留矩形 AD 边长这一变量,先将求解目标转化为:$S_{矩形QRPK}+S_{矩形MRNI}=\left(5-\dfrac{\sqrt{2}}{2}a\right)\cdot\dfrac{\sqrt{2}}{2}a(\tan\beta+1)=\dfrac{25}{2}$,这样,"双变量背景下的方程的解的存在性问题"这一问题就自然地呈现出来. 随着思维的进一步深入,将变量 a 和 β 分离处理:对于角度变量,易得 $\angle\beta=45°$ 时,$\tan\beta$ 有最大值 1；另一方面，令 $y=\left(5-\frac{\sqrt{2}}{2}a\right)\cdot\frac{\sqrt{2}}{2}a=-\frac{1}{2}\left(a-\frac{5\sqrt{2}}{2}\right)^2+\frac{25}{4}$，通过二次函数顶点和 $AH=AE=\frac{\sqrt{2}}{2}a<AD$ 这一条件，得到 AD 边长的讨论分界值 $\frac{5}{2}$：当 $AD\leqslant\frac{5}{2}$ 时，二次函数 $y=-\frac{1}{2}\left(a-\frac{5\sqrt{2}}{2}\right)^2+\frac{25}{4}<\frac{25}{4}$，$\therefore S_{QRPK}+S_{MRNI}<\frac{25}{4}\times(1+1)=\frac{25}{2}$，不符合题意；$AD>\frac{5}{2}$ 时，二次函数 $y=-\frac{1}{2}\left(a-\frac{5\sqrt{2}}{2}\right)^2+\frac{25}{4}$ 有最大值 $\frac{25}{4}$，此时 $AD=5$，$\therefore a=\frac{5\sqrt{2}}{2}$ 且 $\angle\beta=45°$ 时，满足题意.

除了转化为求函数的最值，本问也可以用方程的观点解决：令 $t=\left(5-\frac{\sqrt{2}}{2}a\right)\cdot\frac{\sqrt{2}}{2}a=-\frac{1}{2}\left(a-\frac{5\sqrt{2}}{2}\right)^2+\frac{25}{4}$，有 $t(\tan\beta+1)=\frac{25}{2}$，则 $\tan\beta=\frac{\frac{25}{2}}{t}-1$，而 $\tan\beta=\frac{\frac{25}{2}}{t}-1\geqslant\frac{\frac{25}{2}}{\frac{25}{4}}-1=1$（等号成立当且仅当 $a=\frac{5\sqrt{2}}{2}$），那么，解法依然需要讨论 AD 的长度，判断是否存在满足题意的 β 和满足题意的 a 值使等式成立. 因此，第（3）问的思维水平有了较大程度的提升，融入了函数与方程、数形结合、分类讨论等核心思想方法，借助对几何模型的分析探究，考查学生抽象概括、建立代数模型的能力，构思巧妙，知识串联自然合理，解法多样，难度有明显提升，突出了对学生能力的考察，至此，试题成稿.

三、解题分析

（一）思路分析

1. 第（1）问

一般性解决：在证明特殊的四边形过程中，发现图中的两对全等的直角三角形，于是判断可以通过研究对边或者对角的关系来寻求证明，明确了解题的方向.

功能性解决：为了证明平行四边形，需要判断通过哪个判定证明平行四边形，可以证明两组对角相等，或一组对边平行且相等，或两组对边分别相等，从方法的角度看，这些都是比较方便的.

特殊性解决：在比较后得出，证明两组对边分别相等，过程更简单. 在证明了该四边形为平行四边形后，还需要通过变化点的位置来排除掉菱形和正方形的可能性，从另一个角度来说，如果题目中已知 AE 的长度，或者改变 α 的度数或者已知 AD 的长度，是有可能使四边形成为菱形或者矩形或者正方形的.

2. 第（2）问

一般性解决：要证明的公式可以看作一个方程，因此只要在题中找出符合方程左右两边的几何意义，题目即可解决.

功能性解决：为了寻找等量关系，观察分析图中的几何变换，利用割补法将第一问中的两对全等三角形做拼接，能够得到一样的矩形轮廓，那么，两个图形空白区域的面积相等，用等积法列式，就得到目标公式中的方程结构，从方法的角度看，这个问题已经解决；从数学本质上看，该操作的图形拼接，利用了等积法提供了方程，只要将方程的两边用恰当的变量表示，如用一个变量表示，就成为一元方程或可转化为函数；如用两个变量表示，就有可能看作函数关系式.

特殊性解决：为了表示空白区域的面积，需要利用特殊三角形和三角函数，构造直角三角形，将空白区域小矩形的各边用 a，α，β 表示，并且考虑三个变量的范围是否有关联，从而得证.

3. 第（3）问

一般性解决：由于在第二问中已经能够将面积和转化为关于 α，β 的表达式，用代数的观点求出该代数式的取值范围，即可以解决该存在性问题.

功能性解决：为了求出该代数式的取值范围，将面积和的表达式分解为关于 a 的二次函数和关于 β 的三角函数，并考虑 a 和 β 的取值范围，就可以求出函数值的范围. 从方法的角度看, 这个问题已经解决.

特殊性解决: 利用第二问中表示各边长度的代数式, 研究其中二次函数的局部和三角函数的局部, 通过配方发现二次函数的最值和 AH 的长度有关, 因此需要对 AD 的长度进行分类讨论. 由于题目中 H 点位置有隐含条件, 也为 AD 的分类讨论提供了可能. 最后结合特殊的三角函数值, 求得最后满足题意的 a 和 β.

（二）解法呈现

1. 标准答案

（1）依题意: 如图 2, 在矩形 $ABCD$ 中, $\angle A = \angle C = \angle B = \angle D = 90°$, 且 $AE = CG$, $\angle AEH = \angle CGF = 45°$,

∴ $\triangle AEH \cong \triangle CGF$,

∴ $HE = GF$, $AH = CF$.

∵ 在矩形 $ABCD$ 中,

$AD = BC$, $AB = CD$, $\angle B = \angle D = 90°$,

∴ $DH = BF$, $BE = DG$,

∴ $\triangle DHG \cong \triangle BFE$,

∴ $EF = HG$.

∵ $HE = GF$, $EF = HG$,

∴ 四边形 $HEFG$ 是平行四边形.

（注: 可以通过角度的推导, 得到 $\angle HEF = \angle HGF = 135° - \beta$, $\angle EFG = \angle EHG = 45° + \beta$, 通过证明对边平行, 选择判定: 一组对边平行且相等或两组对边分别平行）

（2）依题意: $\triangle AHE \cong \triangle HQM \cong \triangle CGF \cong \triangle QRM$, 且它们都是等腰直角三角形,

$\triangle BEF \cong \triangle DGH \cong \triangle PJR \cong \triangle NRJ$.

∵ M, R, P 三点在同一条直线上,

∴ 易得: 四边形 $HIJK$ 是矩形且和四边形 $ABCD$ 全等, 四边形 $MINR$

282

和四边形 $RNJP$ 是矩形.

依题意：可知 $S_{QRPK}+S_{MRNI}=S_{EFGH}$.

设 $RJ=b$.

$\because QM=a$，$HI=5$,

$\therefore QR=QM \cdot \cos \alpha = a\cos \alpha$，$MR=QM \cdot \sin \alpha = a\sin \alpha$,

且 $RP=NJ=b \cdot \sin \beta$,

$\therefore S_{QRPK}+S_{MRNI}$

$=QR \cdot RP+RN \cdot MR$

$=a \cdot \cos \alpha \cdot b \cdot \sin \beta + b \cdot \cos \beta \cdot a \cdot \sin \alpha$.

如图 4，延长 HE 交 CB 的延长线于 T,

则 $\angle FET=\alpha+\beta$.

过点 F 作 $FS \perp HE$ 于 S,

则在 $\text{Rt}\triangle FES$ 中,

$FS=EF \cdot \sin \angle FET = b \cdot \sin(\alpha+\beta)$,

$\therefore S_{EFGH}=HE \cdot FS = ab \cdot \sin(\alpha+\beta)$,

$\therefore ab \cdot \sin(\alpha+\beta) = a \cdot \cos \alpha \cdot b \cdot \sin \beta + b \cdot \cos \beta \cdot a \cdot \sin \alpha$,

化简得：$\sin(\alpha+\beta)=\sin \alpha \cdot \cos \beta + \cos \alpha \cdot \sin \beta$.

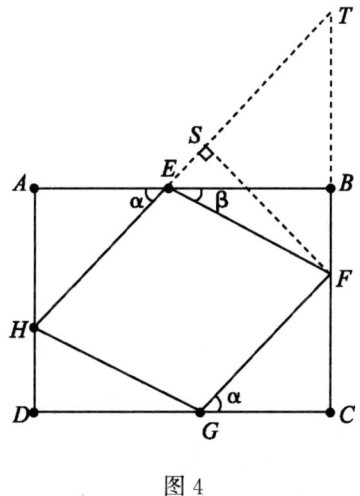

图 4

(3) $\because QM=a$,$HI=5$,

$\therefore$ 由（2）可知：$QR=MR=QM \cdot \sin 45°=\dfrac{\sqrt{2}}{2}a$，且 $RN=MI=5-\dfrac{\sqrt{2}}{2}a$.

$\therefore$ 由三角函数可求：$RP=NJ\left(5-\dfrac{\sqrt{2}}{2}a\right) \cdot \tan \beta$，

$\therefore S_{QRPK}+S_{MRNI}=QI \cdot RP+RN \cdot MR=\dfrac{\sqrt{2}}{2}a \cdot \left(5-\dfrac{\sqrt{2}}{2}a\right) \cdot \tan \beta+\left(5-\dfrac{\sqrt{2}}{2}a\right) \cdot \dfrac{\sqrt{2}}{2}a$

$=\left(5-\dfrac{\sqrt{2}}{2}a\right) \cdot \dfrac{\sqrt{2}}{2}a \cdot (\tan \beta+1)$.

令 $y=\left(5-\dfrac{\sqrt{2}}{2}a\right) \cdot \dfrac{\sqrt{2}}{2}a=-\dfrac{1}{2}\left(a-\dfrac{5\sqrt{2}}{2}\right)^{2}+\dfrac{25}{4}$.

$\because$ 点 H，F 分别在线段 AD 和线段 CB 上，

$\therefore AH=AE=\dfrac{\sqrt{2}}{2}a \leqslant AD$.

$\because 30° \leqslant \beta \leqslant 45°$,

$\therefore$ 当 $\beta=45°$ 时，$\tan \beta$ 有最大值 1.

①若 $AD \leqslant \dfrac{5}{2}$，则 $AH<\dfrac{5}{2}$，此时 $QM=a<\dfrac{5\sqrt{2}}{2}$，

二次函数 $y=-\dfrac{1}{2}\left(a-\dfrac{5\sqrt{2}}{2}\right)^{2}+\dfrac{25}{4}<\dfrac{25}{4}$.

$\therefore S_{QRPK}+S_{MRNI}<\dfrac{25}{4}\times(1+1)=\dfrac{25}{2}$，不符合题意；

②若 $AD>\dfrac{5}{2}$，则存在线段 $AH=\dfrac{5}{2}<AD$，此时 $QM=a=\dfrac{5\sqrt{2}}{2}$，

二次函数 $y=-\dfrac{1}{2}\left(a-\dfrac{5\sqrt{2}}{2}\right)^{2}+\dfrac{25}{4}$ 有最大值 $\dfrac{25}{4}$.

∵当 $\beta=45°$ 时，$\tan\beta$ 有最大值 1，∴此时 $AD=5$，

∴ $a=\dfrac{5\sqrt{2}}{2}$ 且 $\beta=45°$ 时，$S_{QRPK}+S_{MRNI}=\dfrac{25}{4}\times(1+1)=\dfrac{25}{2}$，满足题意.

综上所述，$AD=5$，$AE=\dfrac{5}{2}$ 且 $\beta=45°$ 时，有且只有此情形满足题意.

2. 解题流程图

（1）通过两对全等三角形，证明平行四边形；

（2）通过割补法寻找等量关系，通过等积法构造方程（等式），利用三角函数表达出空白部分面积；

（3）将已表达出的面积和代数式看作函数，通过研究题目的隐含条件和变量的取值范围，分析 AD 的不同长度来讨论函数的最值，从而解决存在性问题.

3. 解决问题的基本数学思想方法

化归思想，数形结合思想，类比思想，函数与方程思想，分类讨论思想.

四、试题评析

（一）试题编制的整体思路、方法呈现

1. 由特殊到一般，合理探究数学本质

提取阅读材料中的"等积法"作为核心方法，在其指导下将部分的研究对象一般化，如将"正方形"的背景一般化为"矩形"，当然也可以变式为其他特殊四边形，相应的结论和求解目标也会变化. 但不管怎样，命题必须围绕数学的本质属性展开.

2. 由静到动，缜密表述"变"中"不变"

第一问设置的是"静态图"，在图形中加入边长和角度的条件，为后续的代数式和函数的表示铺垫了变量和参数. 于是，图像的"动态"有如下的体现：拼接过程和边角变化是"动态"的外显特征，抽象出的函数模型的运动与函数、方程、不等式、图象的思维切换，是内在的"运动".

另一方面，在解答过程中，操作方式、相关证明思路和边长面积的表达方式均没有发生改变，也体现了"变"中的"不变"，因此在命题中，各个问题需要引导学生将思维"延续"，让思路"一脉相承".

3. 由浅入深，高观探寻衔接问题

在命制题目时，教师经常需要让自己站的更高一些，才能把握"全局". 第二、三两问浅层的意图呈现的是方程问题，但在命制时需明确如何利用条件构造出方程，以及如何在方程中铺垫多参数的问题和分类的思想.

另外，本题首先选取的是需要刻画的目标：边、角、面积关系，从而选取勾股定理、三角函数作为沟通边角关系的工具，于是编题时自然将目标指向"用边角关系布列方程"，很容易就构造出关系式子. 同时，利用等积法可以整理出公式：两角和的正弦公式，为学生将来的学习做铺垫的同时，也兼具公平性，用初中知识生成高中知识.

（二）核心素养的解读

1. 应用型试题，关注建模核心素养

本题是一题阅读应用类型的压轴题，设计以勾股定理的经典拼图证法为载体，以数学活动、动手操作为应用背景，考查学生在了解证明原理、阅读操作过程后，分析几何图形并综合应用的能力，利用图形探索和解决数学问题.

本题在题面设置上，需要学生经历三个过程：第一，能理解证法；第二，能读懂操作；第三，能应用证明. 试题引导学生经历阅读、模仿、推理、计算、应用等几个阶段，再现了数学学习、应用的过程，难度比较恰当. 不仅让数学建模思想有所体现，还让学生积累一定的基本活动经验，解题、析题的全过程也呈现发现、提出、分析、解决问题能力的四能要求.

2. 学习型试题，指向学科应用意识

本题同时也是一类学习型的试题，它遵循约定的规则或方法，提供学生未学过或将来需要掌握的内容，要求学生通过阅读、操作等形式进行理解和学习，并应用获得的知识和方法进一步探索、研究、解决相关问题.

这类题的功能和教育性在于：它的考查指向学生的学习能力，在解决问题的过程中，学生需要在有效阅读、理解材料和问题的基础上，进行有价值的发现和提炼，才能有效解决问题，体现了试题对数学学习过程和学习能力的关注，引导教师关注学习方法的指导以及对所学知识应用价值、外延价值的挖掘．

3. 探究型试题，考查深度抽象能力

本题属于策略开放探究题，以阅读理解题的方式，通过模仿、类比、试验、创新，综合运用所学知识，合理转化，抽象出数学模型．探究解题方法或设计解题方案．题目在合理转化的过程中，通过图形拼接抽象出等积法思维，几何模型，边、角的表示方法，进而抽象出函数模型．题中的第二、三问从所研究的复杂图形中提炼出边、角、面积之间的内在逻辑联系，并根据解题目标将这些关系做系统的处理，很好地考查了"数学抽象"能力．

本题所构建的思维情境，需要将实物裁剪平移拼接前后的不变特征对应到等积法，进而利用边、角关系表示面积，实现从现实世界中的具体事物和操作对应到数学概念、数学关系结构这一重要的数学抽象过程，体现了对水平数学化的关注，考查对具体问题表现出来的思维习惯和运用意识．

（三）本题的教育、教学价值

1. 传递数学文化，展示数学魅力

本题以课本阅读与思考材料中勾股定理的证明方法为设计背景，用拼接图形的方式再现了毕达哥拉斯证法的妙处，它传递了数学文化，让学生认识到数学公式和证法的价值，有丰富的教育价值和文化价值．

2. 关联课本内容，挖掘数学知识的内涵

本题也有很好的教学价值：提醒教师要注意强调课本中的重要方法，挖掘重要证明方法中的数学本质，并且让学生意识到，勾股定理并不只是公式上的应用，它的多种证法所传递的数学内涵也是很丰富的．

3. 多样知识综合，关注核心思想方法

题中展示的操作步骤和问题呈现出了数与形之间的融通，将图形拼接、代数式、三角形、四边形、三角函数、函数与方程、多参数问题等内容巧妙结合，将多个数学知识融为一体，展示了数学的魅力；另外，在解题中，数形结合、分类讨论、函数与方程、化归与转化四大数学思想方法，都有所体现.

4. 高中目标指引，关注初高中衔接问题

本题证明的公式为两角和的正弦公式，将会在高中出现，但本题的结论在没有用到高中知识和方法的前提下，既让学生接触了将来的重要公式，又让解题者了解三角函数的几何意义，并体会到了数形之间的融通，有着较浓的"初高中衔接"的味道.

五、命题拓展

在第（1）问中，除了解答中证明两组对边分别相等，还可以证明判定：两组对角分别相等的四边形是平行四边形，或者一组对边平行且相等的四边形是平行四边形. 有多种证明方法.

第（2）问证明公式：$\sin(\alpha+\beta) = \cos\alpha \cdot \sin\beta + \cos\beta \cdot \sin\alpha$.

当矩形条件改变为菱形、平行四边形时；当 AE 的长度为定长时；当 α 的度数改变时；当 β 的度数固定时，第（2）问的辅助线、证法和推导步骤和结论都没有发生改变，从而实现了多题一解.

第（3）问得到关系式 $S_{QRPK} + S_{MRNI} = \left(5 - \dfrac{\sqrt{2}}{2}a\right) \cdot \dfrac{\sqrt{2}}{2}a \cdot (\tan\beta + 1)$ 后，除了转化为求函数的最值，也可以用方程的观点解决：

令 $t = \left(5 - \dfrac{\sqrt{2}}{2}a\right) \cdot \dfrac{\sqrt{2}}{2}a = -\dfrac{1}{2}\left(a - \dfrac{5\sqrt{2}}{2}\right)^2 + \dfrac{25}{4}$，依题意得 $t(\tan\beta+1) = \dfrac{25}{2}$，

则 $\tan\beta = \dfrac{\frac{25}{2}}{t} - 1$，而 $\tan\beta = \dfrac{\frac{25}{2}}{t} - 1 \geqslant \dfrac{\frac{25}{2}}{\frac{25}{4}} - 1 = 1$（等号成立当且仅当 a

$=\dfrac{5\sqrt{2}}{2}$），则依然是讨论 AD 的长度，需要判断能否存在满足题意的 β 和满足题意的 a 值使等式成立.

由于原题不知道边 AD 的长度，如果给出该组边的长度，第三问的后续过程，同样要做分类讨论，但只需要考虑一类情况，降低了该问的难度；当 AE 长度固定，AD 长度为已知时，可以得到角度 α 的范围，研究该存在性问题的方法也是完全雷同的，从而以上多种变式能够采取同类的分析思考方式.

六、命题反思

该题有以下几个不足之处：题目字数偏多，不够简练；受到证法限制，部分相关问题必须围绕等积法展开；第三问中，已知角的范围求三角函数值的范围，并不作为考试的重点. 为了降低难度，题目中主动设置了一些变量，如角度 α 和长度 a，让学生的思考缺少了判断相关变量的环境，缺少了开放性，相关的命题方式和求解目标也受到了一些局限.

附 录

附录1　关于征集中考数学原创试题作品的通知

各位数学同仁：

如果您曾参加福建省蔡德清名师工作室研修或者说您希望在中考数学命题研修的路上认识更多的行者，我们热忱希望您参加由福建省蔡德清名师工作室发起的中考数学原创试题作品征集活动．现对活动内容和作品要求如下：

一、作品要求

完整的原创试题作品含试题展示、命题过程、试题评析、解答分析、命题拓展、命题反思等，内容请参照附件2的作品示例，排版请参照附件3的格式要求．

二、作品类型

原创试题作品重点关注以下五类，命制时可参考各类试题的考查要求．

1. 函数压轴题
2. 几何压轴题
3. 应用性试题（实际应用与学科应用）
4. 特色试题（如数学文化等）
5. 创新题型

开放型（条件开放、结论开放）、探究型（过程性、存在性）、活动型（操作、猜想）、学习型（新定义、阅读理解）等．

三、作品报送方式

作品统一用电子稿（word 排版）发送到邮箱 linpanfeng@163.com，并在主题上统一标明：作品类型＋姓名＋学校＋地区.

四、活动评选和表彰

1. 活动时间：即日起开始，截止日期为 2021 年 12 月 30 日.

2. 组织数学命审题专家或骨干教师，对所有初审合格的作品进行公平公正评审，获奖作品将统一收录在相关资源库，部分优秀作品的老师将应邀参加福建省初中数学蔡德清名师工作室组织的初中数学命题研修活动，特别优秀的作品可以推荐到相关 CN 刊物发表.

五、其他事项

1. 每位老师可上传参评一道题目（一篇作品），或多件作品，同时接受集体作品．教师须真实、正确填写本人单位、姓名、通信地址、联系电话等信息，信息不全不真的不纳入评选范围，提交作品后不得修改或更换．

2. 作者须对参赛作品文责自负，即对作品的原创性和真实性负责．已在正式刊物发表的作品或参加过其他活动的作品不能参与本次活动评审．

3. 本次活动由福建省蔡德清名师工作室发起，主办单位对所有参赛作品具有使用、出版及宣传的权利．

福建省蔡德清名师工作室
2021 年 6 月

附录2　命题作品示例

类比中构造　联系中变换

地区_____　学校_____　姓名_____

联系电话：_____　电子邮箱：_____

一、试题展示

……

二、命题过程

（一）命题立意

从六个维度：知识、方法、思想、能力、素养、难度中去选择，立意不必面面俱到．关于核心素养的检测标准可参照高中数学核心素养的评价水平．

（二）命题过程

命题原则上须为原创作品，并提供命题素材资料，说明命题立意、原创或改编过程，包括改编原型、改编思路、还能怎么改编等．

1. 命题过程：在明确命题的指导思想、命题目的、命题范围及要求的基础上，制定命题设计框架，确定题目的立意、选材、设问等特征，考虑信度、效度、难度、区分度等指标，确保试题的原创性、严谨性、科学性、导向性等性质，并编制题目和评分细则，完善题目．

2. 命题思路：改编的原型，改编的思路与方法，怎么想？从哪儿出发？改编的目的是什么？演变的过程（一稿、二稿、三稿），有没有什么规律或模式?

三、解答分析

注明标准答案及详细解析、评分标准，重点为思路分析、解法呈现.

（一）思路分析

本题的基本思路（思维链），解题的三个思维层次：一般性解决、功能性解决、特殊性解决. 易错点：题中的隐含条件，关键点：基本模型、通性通法.

（二）解法呈现

方法延伸（一题多解、多题一解）.

四、试题评析

从学科的角度对试题的教育、教学的价值进行定性分析与定量估测. 重点从考查的知识点、数学方法、思想、能力、核心素养等方面，特别地可以从核心素养的内涵与表现去分析.

五、命题拓展

还能怎么改编，方案 1：条件强化，方案 2……

最好有改编完整的试题与简解，若没有可以考虑提供改编思路.

六、命题反思

个人反思：有什么优点？还有什么不足或需要改进的地方？

附录3 格式要求

1. 题目（三号黑体，居中排，文头顶空一行）力求简明、醒目，反映出文章的主题.

2. 作者（小三号楷体，居中排，两字姓名中间空一全角格，作者之间用逗号区分，作者姓名居题目下方）.

3. 正文（正文字体全部为宋体，小四. 但大标题或小标题均加粗）

（1）正文中的序号及标题层次：文中的各种序号，全部按顺序左起顶格书写.

标题层次不宜过多，有标题才有序号，标题层次按第一层：一，第二层（一），第三层1，第四层（1）的顺序逐级标明，不同层次的数字之间加下圆点相分隔，最后一位数字后面不加标点，写法如下：

一 △△△△（章的标题，顶格，占一行）

（一）△△△△（条的标题，顶格，占一行）

1. △△△△（顶格，接正文）

（1）△△△△（顶格，接正文）

（2）英文格式

英文字体均使用 Times New Roman 字体，图均用几何画板，数学公式均用公式编辑器.

（3）文中图、表应有自明性，且随文出现. 图（表）须有图（表）题，紧随文后，且在同一页面. 图中文字、符号或坐标图中的标目、标值须写清. 图号按流水排序，如"图1""图2"，图注小五号宋体排图题下，居中，接排序号按流水排序，表序号按流水排序，如"表1""表2"，表栏头小五号宋体各栏居中.

参考文献

[1] 柯跃海.《选拔性数学考试的命题与评价》. 陕西师范大学出版总社[M]，2018年8月.

[2] 由学芹，刘克光. 一道中考压轴题的命制历程与思考[J]. 中学数学教学参考，2019（6）：44-46.

[3] 义务教育学科核心素养与关键能力研究项目组.《义务教育学科核心素养·关键能力　测评与教学　初中数学》，2018-06-01.

[4] 中华人民共和国教育部.《义务教育数学课程标准（2011年版）》. 北京师范大学出版社，2012-1.

[5] 蔡德清. 中考数学压轴题的命题研究与反思[J]. 福建中学数学，2010（11）：11-14.

[6] 晨旭. 中学数学考试命题研究[M]. 湖南教育出版社，1997.

[7] 陆丽丽. "动态"角度看线段最值问题[J]. 上海中学数学，2014（06）：37-39.

[8] 郑妤. 初中数学动点型几何问题的教学实践研究[D]. 杭州师范大学，2015.

[9] 庄亿农. 如何解决几何动点型问题[J]. 中学数学，2012（12）：82.

[10] 蔡德清. 中考数学压轴题的命题研究与反思[J]. 福建中学数学，2010（11）：11-14.

[11] 李远宏. 谈课改后初中数学中考命题变化[J]. 课程改革，2018（02）：136.

[12] 胡国平. 初中数学命题技巧和应用策略研究[J]. 新课程·中学，

2018（10）：18.

［13］朱小扣. 初中数学命题应遵循的原则［J］. 理科考试研究（初中版），2018（06）：4-5.

［14］刘宁. 小议抛物线解题的三个层次［J］. 数理化解题研究，2018（10）：42-43.

［15］孙小娟. 浅谈初中数学解题策略［J］. 基础教育论坛（中旬刊），2019（07）：28-29.

［16］钱德春. 试题编制，一门遗憾的艺术——2014年泰州中考数学第26题的分析与反思［J］. 中学数学杂志，2014（8）：51-52.

［17］中华人民共和国教育部.《义务教育数学课程标准》. 2011年版.

［18］教育部考试中心. 中国高考评价体系说明［M］. 北京：人民教育出版社，2020：1.

［19］朱华伟. 从数学竞赛到竞赛数学［M］. 北京：科学出版社，2016：11（405）.

［20］赵福生. 如何命制数学试卷［J］. 现代教育科学，2007：6.

［21］蔡德清. 基于课标的几何压轴题的编制过程及反思［J］. 福建教育 2013（11）：31-33.

［22］蔡德清，陈纪韦华. 函数压轴何处去，含参推理最应景［J］. 中学数学 2020（10）：69-72.

［23］林攀峰. 图形的联系与重构［J］. 福建教育 2020（2）：52-54.

［24］章兴姬. 融变换于试题命制探素养于思维提升［J］. 福建教育 2020（2）：49-51.

［25］陈巧珍. 一道填空压轴题的命制过程及反思［J］. 福建中学数学 2020（10）：1-3.

［26］陈纪韦华，林攀峰，蔡德清. 异构同源，彰显素养导向［J］. 中学数学杂志 2019（12）：56-60.

［27］雷鸣东. 起于形象，止于抽象［J］. 福建中学数学 2021（3）：3-7.

［28］蔡德清. 新定义的中考数学试题的命题阐释与思考［J］. 福建教育

2016（11）：36-38.

［29］蔡德清，陈纪韦华. 素养导向"新定义"能力考查"新图形"［J］. 福建教育 2019（10）：41-44.

［30］林红梅，蔡德清. 初中几何结构不良问题的命题策略与实践反思［J］. 福建教育 2021（6）：46-48.

［31］蔡德清. 基于数学文化的初中数学命题的设计［J］. 福建教育 2017（8）：57-59.

［32］韩朋成. 高中生物学结构不良问题的解决策略研究［D］. 四川师范大学，2015.

［33］David H. Jonassen，钟志贤，谢榕琴. 基于良构和劣构问题求解的教学设计模式（上）［J］. 电化教育研究，2003（10）：35.

后 记

作者参加中考数学命题近 20 年，课题研究已超过 10 年. 20 年的命题经历，10 年的课题研究让我在命题中尝遍命题的酸甜苦辣，并从中悟出一个公式：命题＋课题＋论文＋讲座＝成长，正应了道阻且长，行则必至.

2003 年，我第一次作为命题者参与中考，2008 年开始担任莆田市教师进修学院数学教研组组长，负责初中数学教研特别是命题工作. 或许是源于对命题的害怕抑或是内心的一种热爱，或者两者兼有，2010 年开始以课题的形式系统研究命题，主持全国教育科学"十一五"规划子课题"网络环境下的中考命题与数学教学的研究"（2010.12－2013.06），主持莆田市教师进修学院课题"中考数学命题研究"（2011.10－2013.11），主持省级课题两个，分别是福建省普通教育教学研究室课题"初中数学学业考试命题研究"（2012.02－2015.12），教育部福建师范大学基础教育课程研究中心课题"基于核心素养考查的中考数学命题研究"（2013.10－2015.10），主持 2017 年度全国教育规划"十三五"科学教育部重点课题"核心素养视角下的中考数学命题模式研究"（编号 DHA170351）（2017.05－至今），本书是也教育部重点课题的成果之一.

本书严格意义上还不是一本专业的命题著作，关于命题研究的理论性与系统性还不充分，更多的是命题作品汇编. 因为作品层次不一，体系也不够完整，有些引用也可能没提供出处，甚至还会有些值得商榷的地方，等等. 然而不足和问题都是成长的阶梯，任何成长都要迈过这道阶梯. 关键的是学会从问题中去其糟粕，汲取精华，命题如此，成长亦如此.

本书适宜一线的初中数学老师和优秀学生用以对命题的学习与研究，同时我们命题团队也正在编写：命题视角下的中考数学压轴题全解，从命题视

后　记

角对中考数学压轴题作全面系统的研究与解读，也是课题的成果之一，适合初三师生在中考复习备考时使用，可以称为姐妹篇.

　　本书能出版发行，得到很多领导与同仁的关心与支持！感谢莆田市教师进修学院、福建省中小学教师继续教育中心、莆田市名师工作室各位领导的支持. 感谢福建师范大学余文森、陈清华、柯跃海教授，福建省教科所吴明洪所长、郭少榕主任，《福建教育》杂志社陈勇生编辑，福建省普教室陈中峰、张弘老师对课题研究工作的关心与支持. 福建教育出版社林春森编审在本书策划、成稿、校对等都给予了专业的指导和热忱的帮助. 余文森、陈清华两位教授为本书作序，让本书增色不少. 最后要特别感谢福州教育研究院李霞教研员，因有共同目标，我们把福州与莆田两市命题比赛中的一等奖作品经过修订后作为本书的案例. 以下是一些案例或论文的提供者：福州的林经武、程小璐、范生娜、施平、章兴姬、陈巧珍、余清莺、林山杰、王建明、黄菁、刘鸿英、吴威等老师，莆田的林攀峰、陈纪韦华、雷鸣东、林红梅、陈斌、何智全、郑元贵、曾剑凡、郭媛媛、林金灿等老师. 聚沙成塔，集腋成裘，没有这些作品，便没有这本著作.

　　感谢教育部重点课题组及其子项目（含立项省教科规划 3 个课题、省名师工作室 2 个课题和莆田市 15 个课题）的课题组全体老师，感谢前行路上给我们许多关心、支持与鼓励的领导、老师，正由于各位同仁的默默奉献，才有这部著作呈现.

　　本书难成体系，亦无理论高度，但它真实反映了课题组在命题过程中的研究，在研究状态下的思考. 始生之物，其形必丑. 我们真诚期盼得到专家与同行的斧正，待再版时修正，不胜感激！

　　欢迎读者加入"命题有道交流群"QQ：236853210，在命题研究之路上，让我们彼此温暖，共同成长！

蔡德清

2021 年 6 月 8 日